Kreta

Zeit für das Beste

Highlights – Geheimtipps – Wohlfühladressen

»Kretas Geheimnis ist tief; wer seinen Fuß auf diese Insel setzt, spürt eine seltsame Kraft in die Adern dringen und die Seele weiten ...«

Níkos Kazantzákis

BRUCKMANN

Kreta

Zeit für das Beste

Klio Verigou
Rainer Hackenberg

BRUCKMANN

Vorangehende Doppelseite: Am Strand von Falasarna
Oben: Kilometerweite Olivenhaine prägen die kretische Landschaft.
Mitte: Bunte Bougainvilleen sind auf Kreta weit verbreitet.
Unten: Mühsam ist die Arbeit der kretischen Fischer.

INHALTSVERZEICHNIS

Oben: Kretas Strände sind vielfältig und oft noch recht unentdeckt wie bei Xerókambos.
Mitte: Bei älteren Dorffrauengehören Kopftücher zur Alltagskleidung.
Unten: Köstliche Leckereien – Die kleinen Ährenfische atherína gehören zum mezédes essen dazu.

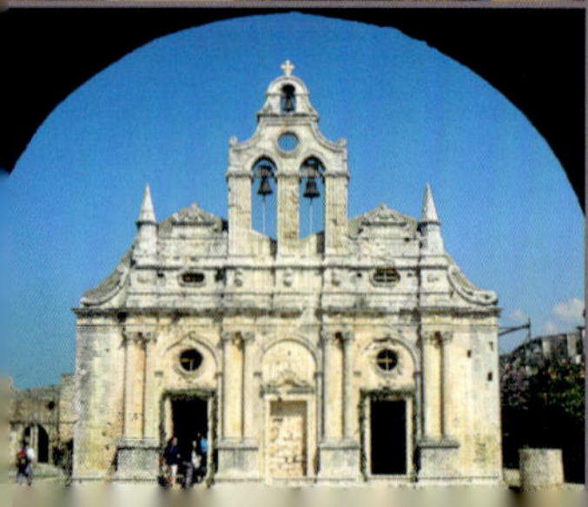

DIE TOP TEN

KNOSSÓS (S. 44)

Das größte und bedeutendste Palastzentrum der ersten Hochkultur Europas lässt auch archäologische Muffel staunen. Von Wissenschaftlern als »Disneyland der Archäologie« betitelt, sind die gut nachvollziehbaren Rekonstruktionen des minoischen Palasts auch für Laien geradezu ideal.

LASSÍTHI-HOCHEBENE (S. 124)

Auf über 800 m Höhe erwartet die Besucher ein fruchtbares Plateau mit ländlich gebliebenen Dörfern, umgeben von den Gipfeln des Díkti-Massivs. Bei einem Spaziergang über die Feldwege kann man den Bauern bei der Arbeit zusehen. In der Tropfsteinhöhle Diktéon Ándron verbrachte Göttervater Zeus seine Kinderjahre.

INSEL CHRISÍ (S. 170)

Eine Insel für Robinsonaden und ein Traumziel abseits der Zivilisation ist die kleine, unbewohnte Insel Chrisí vor Ierápetra. Am feinsandigen, kilometerlangen »Golden Beach« genießt man einfach nur Sonne, Strand und Meer mit Blick auf die kretischen Berge. Hier scheint Afrika nur einen Sprung entfernt zu sein.

RÉTHIMNO (S. 176)

Das Altstadtflair von Réthimno spüren Besucher bei einem Bummel durch die orientalisch anmutenden Gassen mit Moscheen, Minaretten und Holzerkern an osmanischen Wohnhäusern. Erlebenswert ist die Stadt auch am Abend, wenn in den Fischtavernen am venezianischen Hafen und in den *rakádika* der Altstadtgassen reges und geselliges Treiben herrscht.

KLOSTER ARKÁDI, ARCHÉA ELÉFTHERNA (S. 198)

Das Nationalheiligtum Kretas fasziniert durch eine prächtige Renaissancefassade und erzeugt mit seiner Geschichte Gänsehaut. Während eines osmanischen Angriffs ließen sich hier Hunderte Menschen in die Luft sprengen. Archäologie-Interessierte sollten die nahen, landschaftlich reizvoll gelegenen Reste des antiken Eléftherna erkunden.

APOKÓRONAS-HALBINSEL (S. 192)

Ländliches Leben an der kretischen Nordküste wird immer seltener. Bei einem Aufenthalt in einem der stilvoll restaurierten Dorfhäuser im Herzen der Apokóronas-Halbinsel wird jedoch schnell klar: Hier weiß man traditionelles Dorfleben mit modernen Tourismusansprüchen zu vereinen.

CHANIÁ (S. 224)

Chaniá ist für viele die schönste Stadt Kretas. Ob zu Fuß durch die schmalen Gassen mit venezianischen Bauten der Altstadt oder mit einer Pferdekutsche rund um den venezianischen Hafen, die Stadt, in der sich jahrtausendealte Geschichte mit modernem kretischem Leben harmonisch vereint, ist einfach ein Erlebnis wert.

HALBINSEL GRAMVOÚSA (S. 248)

Das Highlight Gramvoúsas ist zweifellos das südseehafte Atoll Bálos, das man am besten bei einem Tagesausflug kombiniert mit der hoch über den Wellen liegenden Festung auf der vorgelagerten Insel Ímeri Gramvoúsa besucht. In allen Türkis-, Grün- und Blautönen schimmert auch das glasklare Wasser bei Falássarna am Fuß der Halbinsel.

PALEÓCHORA BIS CHÓRA SFAKÍON (S. 256)

Die über Land teilweise nur erwanderbaren, dafür aber über den Wasserweg gut miteinander verbundenen Küstenorte versprechen erholsame Urlaubstage. Hier kann man ausgiebige Wanderrouten entlang der Küste und in eindrucksvollen Schluchten unternehmen. Versteckte Buchten und lange Strände am Libyschen Meer sind für den Badeurlaub ideal.

SAMARIÁ-SCHLUCHT (S. 264)

Trotz des großen Besucherandrangs zählt die Wanderung durch die weltberühmte Samariá-Schlucht in den Weißen Bergen zu den eindrucksvollsten und beliebtesten Aktivitäten der Insel. Die Bewältigung von 1250 m Höhenunterschied reizt ebenso wie die bis zu 350 m hohen Felswände und der Sprung ins Libysche Meer an ihrem Ende locken.

Oben: Einsame Buchten und Strände versprechen an Kretas Süd- und Ostküste ungestörte Badeerlebnisse. **Mitte:** Im Sommer stehen auf Chrisí die Thymiangewächse in voller Blüte. **Unten:** Weinreben und -kellereien prägen die Landschaft im Hinterland der Hauptstadt Iráklio.

Kreta – eine Welt für sich

Griechenlands größte und facettenreichste Insel ragt als lang gestrecktes Hochgebirge zwischen Ägäis und Libyschem Meer auf. An Kretas über 1000 km langer Küstenlinie versprechen weitläufige Strände und verschwiegene Buchten unvergessliche Badeerlebnisse. In den Städten vereinen sich historische Bauten mit modernem kretischem Leben, in verträumten Bergdörfern scheint die Zeit stehen geblieben zu sein.

Zahlreiche Kulturen hinterließen überall auf der Insel ihre Spuren, darunter vor allem auch die minoische Kultur als erste Hochkultur auf europäischem Boden. Wer Kreta entdecken und erleben will, braucht viel Zeit – deshalb kommen die meisten Besucher immer wieder!

Strandparadies im Mittelmeer

Strandliebhaber und Badenixen finden an Kretas kilometerlangen Sand- oder Kiesstränden an der Nordküste und zwischen hohen Dünen und Karstlandschaften mit flach ins Wasser abfallenden Stränden wie in Falássarna oder Frangokástello ideale Reviere vor. Absolutes Südseeflair bieten die Palmenhaine an den Stränden von Vái und Préveli oder die Lagunen von Bálos und Elafonísi mit in allen Blau-, Grün- und Türkistönen schimmerndem Wasser. Der Besuch lohnt jedoch nicht nur wegen Sonne, Strand und Meer. Auf Kreta finden auch Sportler, Kulturinteressierte und Naturliebhaber viel Sehens- und Erlebenswertes.

Faszination Binnenland

Kretas Bergregionen mit dem Psilorítis (2456 m) als höchstem Gipfel erheben sich unweit der Küs-

Steckbrief Kreta

Lage: Kreta (griech. Kriti) ist die größte Insel Griechenlands und die fünftgrößte im Mittelmeer. Sie liegt südlicher als Gibraltar und die tunesische Hauptstadt Tunis.

Fläche: 8336 km^2

Küstenlänge: 1046 km

Hauptstadt: Iráklio (oder Heráklion)

Landesflagge: 

Amtssprache: Neugriechisch

Einwohner: Auf Kreta leben etwa 621 000 Menschen. Die größten Städte sind Iráklio (173 450 Einwohner), Chaniá (108 310 Einwohner) und Réthimno (54 900 Einwohner), jeweils mit den eingemeindeten Vororten.

Währung: Euro

Zeitzone: MEZ + 1 Std. Kreta ist Deutschland also ganzjährig eine Stunde voraus.

Geografie: Kreta ist etwa 260 km lang und 12–60 km breit. Es wird im Norden vom Kretischen Meer und im Süden vom Libyschen Meer gesäumt. Eine größtenteils über 2000 m hohe Gebirgslinie mit zahlreichen Schluchten und Höhlen prägt Kreta: die Weißen Berge (Lefká Óroi) im Westen, das Ida-Gebirge mit dem Psiloritis als höchstem Berg (2456 m), das Díkti-Gebirge und das niedrigste Gebirge Thrípti (1476 m) im Osten. Die größte und fruchtbarste Ebene ist die Messará mit 140 km^2.

Verwaltung: Kreta ist eine der 13 Regionen Griechenlands und besteht aus den vier Regionalbezirken (*periferiakí enótita*) Iráklio, Chaniá, Réthimno und Lassíthi. Eine weitere Unterteilung der Bezirke stellen die Gemeinde-Kreise (*dímos*) dar.

Wirtschaft und Tourismus: Der bedeutendste Wirtschaftszweig Kretas ist der Tourismus. Im Jahr 2011 sind über die kretischen Flughäfen etwa 2,8 Millionen ausländische Touristen eingereist. Doch ist der Tourismus Kretas hauptsächlich ein Saisongeschäft. Im Winter sind die meisten in dieser Branche Beschäftigten arbeitslos und leben mit den Ersparnissen des Sommers. Von hoher Bedeutung ist neben dem Tourismus vor allem die Landwirtschaft mit den Haupterzeugnissen Oliven und Olivenöl, Trauben und Wein, Kartoffeln, Zitrusfrüchte, Tomaten, Gurken, Käse, Lamm- und Ziegenfleisch. Bedeutsam ist für den Arbeitsmarkt auch die Universität Kreta mit Fakultäten in Chaniá, Réthimno und Iráklio.

Religion: Fast 100 % der Kreter gehören der griechisch-orthodoxen Kirche an.

Bevölkerung: Von den 621 000 registrierten Einwohnern Kretas (Stand: 2011) lebt über ein Viertel in der Inselhauptstadt Iráklio. Dabei liegt die Bevölkerungsdichte der Insel mit 74,5 Einwohnern pro Quadratkilometer deutlich unter dem deutschen Durchschnitt mit 230 Einwohnern pro km^2. Hinzu kommen zahlreiche unregistrierte Tagelöhner, vorwiegend aus Albanien, Bulgarien, Afrika und Asien.

Oben: Ein Paradies für Wanderer – Kreta verzaubert mit Schluchten, die von den Bergregionen ans Meer führen.
Unten: Kulturell Interessierte erfreuen sich auf Kreta an verstreut liegenden minoischen Palastanlagen und »Villen«.

te zwischen dem Norden mit großen Städten und lebendigen Urlaubsorten und dem Süden, der idyllische und weniger besuchte Badeorte verspricht. Stille Hochebenen und versteckte Täler bergen Hunderte traditionelle und verschlafene Dörfer mit romantischen Berghotels, jahrhundertealte Klöster, byzantinische Kirchen und urige Schäfereien. Hinauf gelangt man über steile Serpentinen mit atemberaubenden Aussichten entlang der Hänge der Weißen Berge (Lefká Óri), des Psiloritis-Massivs, des Díkti- und des Thrípti-Gebirges. Immer wieder führen wilde Schluchten mit faszinierenden Felsformationen aus der Bergwelt zum Meer.

Facettenreich sind nicht nur die unterschiedlichen Berg- und Tallandschaften, sondern auch die Möglichkeiten, sie zu erleben. Abwechslungsreiche Ausflüge lassen sich von den Badeorten per Auto, Moped oder Linienbus als Tages- oder Halbtagestouren zu besuchenswerten Attraktionen gestalten. In unmittelbarer Nähe zur Küste begeistern ursprünglich gebliebene Dörfer wie Kritsá und Pollirínia, die minoischen Palastanlagen Mália und Knossós, einige Spaßbäder, gute Reitställe und vieles mehr.

Kreta – Geburtsstätte Europas

Schon vor über 3500 Jahren errichtete die erste Hochkultur Europas prächtige Palastzentren auf Kreta. Der modernen Welt ist jedoch erst seit Anfang des 20. Jahrhunderts bekannt, dass es die Minoer, die Menschen dieser Zeit, überhaupt gab. Da entdeckte der britische Archäologe Sir Arthur Evans (1851–1941) Zeugnisse der ersten Hochkultur auf europäischem Boden. Bis heute ranken sich viele Sagen und Rätsel um die Minoer: Warum waren die Palastanlagen gänzlich unbefestigt? Welche Funktion hatte das minoische Stierspringen mit dem verehrten Tier? Handelte es sich dabei um reine Sportveranstaltungen oder doch um kultische Zeremonien? Diese und viele andere Fragen werden die Archäologen wohl noch einige Zeit beschäftigen. Auch woher genau die Minoer stammten und wie sie lebten, kann bisher nur gemutmaßt werden.

Sicher ist jedoch, dass unser Kontinent Kreta seinen Namen verdankt. Göttervater Zeus entführte die phönizische Königstochter Europa dereinst von den Gestaden ihrer Heimat auf seine Geburtsinsel und zeugte hier mit ihr einen Sohn. Die Mythologie gab ihm den Namen Minos, und seine Nachkommen als Herrscher über Kreta trugen diesen Namen als Titel. Soweit die Mythologie. Doch sind sich die Archäologen heute sicher, dass es in der minoischen Kultur keinen Alleinherrscher gab. Die von Kulten geprägte Gemeinschaft wurde vermutlich von einer Art Priester-Aristokratie gelenkt. Ihre faszinierende Kunst und Architektur kann man auf der Insel bestaunen. Die vier minoischen Paläste Knossós, Festós, Mália und Zákros erzählen ihre Geschichten und liegen inmitten traumhaft schöner Landschaften.

Minoische Kunst und Architektur

Außer den großen Palastzentren liegen Nekropolen, Gipfelheiligtümer und Kulthöhlen aus minoischer Zeit wie in einem riesigen Freilichtmuseum auf der ganzen Insel verstreut. Ein Rundgang durch Kretas Archäologische Museen zeigt eine breite Palette einzigartiger minoischer Kunst, zahlreiche Keramikfunde, Schrifttafeln, Goldschmuck oder Siegel.

Prägend für die minoische Kunst sind auch die vielfältigen Wandmalereien, die man im Archäologischen Museum von Iráklio sowie als Rekonstruk-

Oben: Die Überreste bon Ítanos liegen einsam nahe Vái am Meer.
Mitte: In vielen byzantinischen Kirchen sind bis heute jahrhundertealte Fresken erhalten.
Unten: Kulturreste der Minoer: Tönerner Aufbewahrungsbehälter, *píthos*, im Palast von Mália.

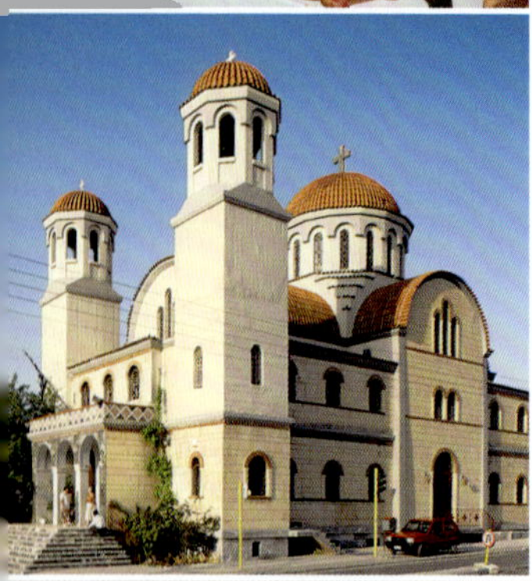

Oben: Das Wappentier der Venezianer, der Markuslöwe, an der Nordostseite der Festung Koúles in Iráklio.
Mitte: Ein beliebtes Souvenir: handgemachte Museumskopien im Atelier Ceramica in Ágios Nikálos.
Unten: Auffällig: die große Tessáron Martíron in Réthimno.

tionen in Knossós sehen kann. Sie schmückten nicht nur die Paläste, sondern auch die sogenannten minoischen »Villen«, kleinere Landsitze wie Agía Triáda. Die Fresken zeigten Tiere, Pflanzen, Prozessions- und Kultmotive.

Weniger vielseitig, und dennoch für Laien zunächst recht schwierig nachvollziehbar, ist der Aufbau der Paläste. Denn bis auf Knossós wurde kein weiterer Palast rekonstruiert. Orientieren kann man sich an ähnlichen Strukturen und einigen charakteristischen Merkmalen.

Die raffiniert konstruierten Paläste mit Wasserversorgungssystemen und vielen Luft- und Lichtschächten prägte eine Architektur mit verwinkelten Gängen und ineinander verschachtelten Räumen auf mehreren Ebenen, die einen zentralen Hof umgaben. Auf der Westseite der Komplexe lagen die zentralen Kulträume und dahinter ein weiterer Hof, der von Prozessionswegen durchzogene Westhof. Diese leicht erhöht gelegenen, gepflasterten Wege dienten vermutlich der Darbringung von Opfergaben bei Kultveranstaltungen. Flüssigkeiten wurden in einem Rhyton, einem aus Ton oder wertvolleren Materialen hergestellten Gussgefäß, transportiert. Ein weiteres charakteristisches Aufbewahrungsgefäß für flüssige und feste Lebensmittel waren die sogenannten *píthoi.* Sie wurden in Magazinräumen gelagert. Wie auch die Werkstätten und die größeren als Wohn- und Re-

Im Archäologischen Museum von Ágios Nikólaos.

präsentationsbereiche interpretierten Räume mit Polythyra, einer auffälligen Raumtrennung durch steinerne Pfeiler, wurden sie rund um den Zentralhof angelegt.

Kultischen Reinigungen und Waschungen dienten die abgesenkten, über Stufen zugänglichen Lustralbäder, die ebenfalls nahe dem Zentralhof lagen. Wie auch viele andere Bereiche der Paläste wurden die Lustralbäder von Säulen aus Holz umgeben. Heute weisen auf die gänzlich zerstörten, einst nach oben hin breiter werdenden, roten Säulen nur noch steinerne Basen und Abbildungen aus minoischer Zeit hin.

Einwanderung vom griechischen Festland

Mit der Zerstörung der minoischen Paläste um 1450 v. Chr. begann die Einwanderung der griechischstämmigen Mykener, die auf der Insel hauptsächlich Spuren in Gestalt ihrer Tholos-Gräber hinterließen. Bedeutendstes Zeugnis dieser Zeit ist die Linear-B-Schrift, die im Gegensatz zur früheren Linear-A-Schrift der Minoer bereits entziffert werden konnte.

Nach den Mykenern wanderte ab etwa 1200 v. Chr. der griechische Stamm der Dorer ein. Die Insel erlebte sowohl wirtschaftlich als auch kulturell einen Niedergang. Aufgrund der unzureichenden Erforschung dieser Epoche zwischen dem 12. und 8. Jahrhundert wird sie unter dem Begriff »Dunkle Jahrhunderte« zusammengefasst. Vermutlich entstanden zu dieser Zeit aber die Ursprünge der Geschichtsschreibung – die Mythologie. Ab dem 7. Jahrhundert entwickelten sich in ganz Griechenland und somit auch auf Kreta viele Stadt- und Inselstaaten, die sogenannten *pólis*, deren Überreste man auf Kreta noch in Lató,

Oben: In der minoischen »Villa« Agía Triáda wurden viele Fresken und Tontäfelchen gefunden.
Mitte: Bei den Ausgrabungen der antiken Stadt Ítanos ist man oft allein.
Unten: Die Kirche Agía Triáda in Ágios Nikólaos birgt Wandmalereien im byzantinischen Stil.

Oben: Vor Errichtung des Soldatenfriedhofs in Máleme hat man viele Gefallene im Kloster Goniá bei Kolimbári beerdigt.
Mitte: In der Kirche Panagía i Kerá in Kritsá sind Fresken aus dem 13. bis 15. Jahrhundert erhalten.
Unten: Überreste der dorischen Stadt Lató nahe Kritsá.

Aptéra oder Polirrínia besichtigen kann. Auffällig im Vergleich zu den minoischen Palastzentren war ihre Lage auf einsamen Hügeln mit Sicht auf die Küste.

In der Zeit der Klassik ab 480 v. Chr. erlebte das übrige Griechenland in den Bereichen Kunst – und Kultur seine Blütezeit. Kreta blieb außen vor und die Stadtstaaten der Insel bekriegten sich untereinander. Bedeutendes Zeugnis dieser Zeit ist die Inschriftentafel von 450 v. Chr. aus Górtis mit dem ältesten Gesetzeskodex Europas, der eine gute Organisationsstruktur der Stadtstaaten vermuten lässt. Kulturell brachte auch die Zeit des Hellenismus keinen nennenswerten Umbruch. Piraten nutzten wie in Falássarna die Häfen der Insel. Erst mit der Eroberung Kretas durch die Römer 67 v. Chr. gewann Kreta wieder an Stabilität und Bedeutung.

Die Römer und die frühchristliche Kirchenarchitektur

Kreta wurde als Teil einer römischen Provinz mit der mächtigen Hauptstadt Górtis, wo heute noch Überreste von Tempeln, Theatern und Thermen besichtigt werden können, auch für Rom bedeutend. Mit der Teilung des Römischen Reichs in das West- und Oströmische Reich 395 n. Chr. fiel Kreta an die Oströmer, die von Byzanz (dem heutigen Istanbul) aus regierten. Deutlich sind bis heute auf der gesamten Insel die Folgen des im Jahr 380 zur Staatsreligion erklärten Christentums erkennbar. Etwa 1000 Kirchen und Kapellen, die man z.T. anstelle heidnischer Heiligtümer erbaute, zeugen noch von der byzantinischen Epoche.

Der allgemeine Typus der damaligen Gotteshäuser, die im gesamten Römischen Reich verbreitet waren, wird Basilika genannt. Charakteristisch war ein breites, hohes Mittelschiff mit Fenstern für die Lichtdurchflutung. An seinen Längsseiten schlossen sich flachere Seitenschiffe an. Hinter dem Eingangsportal im Westen lag ein Vorraum, der Narthex, der in den Gemeinderaum, den Naos, führte. Im Osten schloss sich die halbrunde Apsis, der Altarraum, an. Die Böden der Basiliken wurden mit Mosaiken geschmückt. Nach dem Einfall der Araber im 9. Jahrhundert waren die finanziellen Möglichkeiten der Kreter gering. Es mussten kleinere Kirchen her, die in Form von Kreuzkuppelkirchen errichtet wurden. Der quadratische Naos wurde mit einer Kuppel überdacht und von vier kreuzförmig angelegten Tonnengewölben umgeben. Nachdem Kreta im Jahr 960 wieder ins Byzantinische Reich eingegliedert wurde, errichtete man weitere Kirchen und Klöster, die schlichter als ihre Vorgänger waren. Anstelle kunstvoller Bodenmosaike schmückten die Kirchen nun Wandmalereien. Auch heute noch werden die griechisch-orthodoxen Kirchen mit traditionellen Fresken im byzantinischen Stil ausgemalt.

Spuren der Venezianer

Bis heute sind die Hinterlassenschaften der Serenissima, die ab 1204 mehr als 400 Jahre auf Kreta herrschte, deutlich erkennbar. Die Venezianer

Glockenturm des Klosters Kapsá bei Makrigialós.

Oben: Die Werke des Alkibiádes Skoulás zeugen von der leidvollen Geschichte des Dorfes Anógia.
Mitte: Das Museum des Klosters Toploú zeigt religiöse Kultgegenstände.
Unten: Die Kirche des Klosters Goniá in Kolimbári schmücken Fresken aus dem 17. Jahrhundert.

Oben: Von den Venezianern geprägt: Hausfassade in der Odós Arkadíou in der Altstadt von Réthimno.
Unten: Der gepflegte Stadtpark von Chaniá ist eine grüne Oase nahe der Altstadt.

prägten nicht nur die kretische Architektur, sondern auch die Landschaft. Sie waren es, die den Olivenbaumanbau auf der Insel förderten und Festungen erbauten, die heute noch wie auf Spinalónga oder Gramvoúsa gut erhalten sind. Markant sind auch die mächtigen Mauerringe, die sie um die kretischen Städte anlegten.

Auch in der Wohnhausarchitektur sind bis heute Spuren der Venezianer erkennbar. In Réthimno und Chaniá bauten die adligen Venezianer kleine Stadtpaläste, in denen heute viele romantische und stilvolle Hotels untergebracht sind. An Wohnhäusern sind teilweise Spolien aus dieser Zeit erhalten. Bestaunen kann man außerdem hübsche Brunnen und die Loggien, die einstigen zentralen Treffpunkte der venezianischen Oberschicht.

Im Kirchenbau übernahm man Elemente aus der Gotik und der Renaissance. So weisen u.a. die Klöster Agía Triáda auf der Akrotíri-Halbinsel und Arkádi prächtige Renaissancefassaden mit ornamentierten Portalen und vorgesetzten Halbsäulen auf. Ausgemalt wurden die Kirchen weiterhin im byzantinischen Stil, der von der Frührenaissance beeinflusst wurde: Mimik und Gestik der Heiligen wurden lebendiger und man verwendete wärmere Farben. Es bildete sich der sogenannte kretische Stil heraus.

Ein Hauch von Orient

Die Venezianer wurden ab 1645 von den Osmanen als Fremdherrscher auf Kreta abgelöst, die vor allem die Architektur der Städte prägten. Da viele Bauwerke aus osmanischer Zeit nach der Befreiung 1898 von den Kretern zerstört wurden und die Kreter den kulturellen Wert von Moscheen und Minaretten erst in den 1970er-Jahren erkannten, ist das orientalische Flair nur noch in

Chaniá, Réthimno und Ierápetra zu spüren. Die Osmanen verwandelten Kirchen in Moscheen, errichteten Minarette und bauten Badehäuser, die Hamams. Osmanische Einflüsse lassen sich auch gut an einigen Wohnhausfassaden in Réthimno erkennen. Dort setzte man den Häusern Holzerker vor, die bis heute das Altstadtbild prägen.

Die Folgen der Fremdherrschaft

Die jahrhundertelange Fremdherrschaft bis 1898 hatte nicht nur Auswirkungen auf die kretische Architektur und Kultur, sondern auch auf die Kreter. Sie schützten und wehrten sich, nahmen die Fremdherrscher nicht ohne Widerstand hin. Blutige Aufstände mit dramatischen Folgen wie der Massenselbstmord von Arkádi während der osmanischen Zeit oder die Unterstützung der kretischen Widerstandskämpfer und der Alliierten gegen die Deutschen während des Zweiten Weltkriegs prägen bis heute die Werte der Insulaner.

Schon während der Freiheitskämpfe gegen die Osmanen spielte die griechisch-orthodoxe Kirche eine wichtige Rolle. Sie ist als Gründungspfeiler der Nation bis heute allgegenwärtig. Zahlreiche Kirchen, Kapellen und von Mönchen und Nonnen belebte Klöster wie Píso Préveli, Toploú und Arkádi warten auf Besucher. In Dörfern und Städten sind Kirchen heute der Mittelpunkt. Die Hauptkirche steht am zentralen Platz, der Platía, die es in fast jedem Dorf gibt und die das Zentrum des öffentlichen Lebens darstellt.

Ein Volk für sich – Kretas Menschen

Will man das wahre Kreta kennenlernen, reicht es nicht, die Badeorte, die kulturellen Sehenswürdigkeiten oder die Landschaft zu erkunden. Die tolle

Oben: Minoischer Sarkophag im Archäologischen Museum von Chaniá.
Mitte: Im Archäologischen Museum von Kíssamos werden auch römische Skulpturen ausgestellt.
Unten: Wichtiger Treffpunkt in Réthimnos Altstadt: die stimmungsvollen *rakádika* in der Odós Vernádou.

Oben: Kretischer Zeitvertreib: Männer im *kafenío* beim Kartenspiel. **Mitte:** Besonders in den Dörfern legt man in den Vorhöfen der Häuser Wert auf bunten Blumenschmuck. **Unten:** In den kretischen Familienbetrieben arbeiten meist mehrere Generationen zusammen.

Atmosphäre auf der Insel wird in erster Linie von den Menschen bestimmt. Ihre wichtigsten Güter – Freiheitsliebe, Familie, Freundschaft und Geselligkeit – sind überall erkennbar.

Trotz der Zugehörigkeit zu Griechenland betrachten sich die Kreter als ganz besonderes Volk mit individuellen Regeln, Grundsätzen, Werten und besonders lang anhaltenden Traditionen. Mit Stolz fühlen sie sich in der Heimat erst einmal als Kreter und dann als Griechen. Außerhalb der Landesgrenzen sind sie natürlich zunächst Vollblutgriechen und fühlen dies auch.

Nur die Wirtschaftskrise, die auf der Insel, bis auf die Teilnahme an landesweiten Streiks, (noch?) kaum zu spüren ist, entfachte in den vergangenen Jahren immer wieder inoffizielle Diskussionen über eine erneute Unabhängigkeit vom griechischen Staat. Glücklicherweise ist der kontrovers diskutierte Gesprächsstoff jedoch nur ein Thema, mit dem sich die Kreter die Zeit bei einem *rakí* – einem Tresterschnaps aus bereits ausgepressten Weintrauben – vertreiben. Eine Unabhängigkeit Kretas wäre für Griechenland wohl verheerend. Kreta leistet mit einem jährlichen Besucherandrang von über 2,5 Millionen Touristen nämlich einen großen Beitrag zur griechischen Wirtschaft.

Reden, reden, reden

Die Atmosphäre bei einem Kreta-Urlaub macht besonders die Kommunikationsfreude der Einheimischen aus. Auf Kreta schließt man schnell Freundschaften. Kommt man als Fremder auf die Insel, reicht es oft, zweimal in derselben Taverne zu essen, um als Freund wieder zu gehen. Hauptsache, man begegnet dem Wirt oder Kellner mit der gleichen Offenheit, hat Lust sich zu unterhalten und Smalltalk über Land und Leute zu führen.

Ausfallende Kritik sollte jedoch mit Vorsicht geübt werden. Die temperamentvollen Kreter haben ein stark ausgeprägtes *filótimo*, ein Gefühl, das mit Würde, Ehre, Stolz, Respekt und Tugend nur unzureichend übersetzt wird, aber leicht verletzt werden kann. Das bedeutet jedoch keineswegs, dass man Fremden gegenüber verschlossen ist. Ganz im Gegenteil, Kreter sind gastfreundlich und offen. Und sie reden gerne: am Telefon, beim Plausch mit den Nachbarn auf der Straße, beim stundenlangen Kaffeetrinken und, wenn man Fremden nicht anders helfen kann, auch mit Händen und Füßen.

Ausgeprägte Kaffeehauskultur

Die Geselligkeit der Kreter ist besonders gut in den Kaffeehäusern zu spüren. Im traditionellen *kafenío* laden sie gerne mal zu einem *rakí* ein. In den einst nach Parteien aufgeteilten Kaffeehäusern sitzen meist ältere Herren bei *ellinikós* kafés, griechischem Mokka, philosophieren den ganzen Tag über Gott und die Welt oder spielen *távli* (eine Art Backgammon) und Karten.

In den Städten sterben die *kafenía* jedoch seit einigen Jahren aus, denn die jünger werdende, westlich orientierte Kundschaft steht auf moderne Lokale. In trendigen Strand- und Straßencafés mit Loungedesign verbringen alle Kreter gerne viel Zeit, und die nimmt man sich in allen Lebenslagen. Begleitet wird das auch in den *kafenía* übliche stundenlange Verweilen von Klängen aus der griechischen und internationalen Musikszene, die mal laut und mal leise aus Lautsprechern tönt oder gleich vom DJ aufgelegt wird. Mit der Art des Lokals ändert sich auch die Kaffeekultur. Anstelle von Mokka trinkt man heute eisgekühlten Nescafé Frappé oder Freddo Cappuccino. Wichtig ist bei diesen Kaffeesorten, dass man sie im Vo-

Oben: Perfekt für heiße Sommertage: eisgekühlter Freddo Cappuccino im malerischen Hafen von Loutró.
Mitte: Traditionell wird der griechische Mokka im Messingkännchen gekocht und serviert.
Unten: In den Dörfern ersetzen oft fahrende Händler den Supermarkt.

Geschichte im Überblick

6100–3100 v. Chr. Neolithikum. Siedler unbekannter Herkunft.

3100–2100 v. Chr. Vorpalastzeit. Erste befestigte Siedlungen mit sich langsam entwickelnden Verwaltungsstrukturen. Als erste Metalle werden Kupfer und Zinn zu Bronze legiert. Verwendung der ersten Töpferscheiben.

2100–1700 v. Chr. Altpalastzeit. Die sich entwickelnden Eliten ziehen kultische Aufgaben an sich. Es entstehen minoische Machtzentren in Form von städtischen Palästen und die erste Hieroglyphenschrift. Zerstörung der Paläste durch Erdbeben.

1700–1450 v. Chr. Neupalastzeit. Auf den Ruinen der Paläste werden prächtigere erbaut, außerdem entstehen neue Städte. Der Fernhandel weitet sich aus und die Linear-A-Schrift wird eingeführt. Untergang durch Brände und andere Naturkatastrophen.

1450–1000 v. Chr. Nachpalastzeit. Mykener vom griechischen Festland übernehmen die Macht. Rückzug der Minoer in die Gebirgswelt. Einführung der Linear-B-Schrift.

10.–7. Jh. v. Chr. Dorische Epoche. Vom griechischen Festland wandern dorische Siedler mit ersten Eisenwaffen ein und gründen neue Stadtstaaten.

6.–1. Jh. v. Chr. Archaik, Klassik und Hellenismus. Auf dem griechischen Festland und in der Ägäis bilden sich Stadtstaaten. Die Stadtstaaten auf der Insel bekriegen sich häufig untereinander. Kreta wird kulturell und politisch bedeutungslos.

67 v. Chr.–395 n. Chr. Römische Herrschaft. Zusammen mit Libyen bildet Kreta eine römische Provinz mit Górtis (Gortyn) als Hauptstadt. Ab 59 n. Chr. beginnt die Christianisierung Kretas.

395–1204 Byzantinische Epoche. Kreta fällt unter die Herrschaft Konstantinopels (dem heutigen Istanbul). Das Christentum wird Staatsreligion, Kirchen und Klöster entstehen.

826–961 Arabische Eroberung. Araber (Sarazenen) besetzen die Insel, zerstören die frühchristlichen Basiliken und legen den Handel mit dem übrigen Reich lahm.

961 Der byzantinische Feldherr und spätere Kaiser Nikifóros Fokás kann Kreta zurückerobern. Kreta gehört wieder zum Byzantinischen Reich.

1204–1669 Venezianische Herrschaft. Im 4. Kreuzzug (1202–1204) wird unter Führung der Handelsstadt Venedig Konstantinopel erobert. Kreta wird Venedig zugesprochen. Chaniá wird Inselhauptstadt. Rege Bautätigkeit. Kreta erlebt erneut eine kulturelle Blütezeit.

1645–1669 Türkenkriege. Landung türkischer Truppen bei Chaniá und Eroberung der Stadt. 1646 fällt Réthimno. Zwei Jahre später beginnt die 21-jährige Belagerung von Iráklio.

1669–1898 Osmanische Herrschaft. Kirchen werden in Moscheen umgewandelt. Aufstände gegen die fremden Herrscher, die durch Gründung des neugriechischen Staats 1830 gefördert werden. Europäische Großmächte schalten sich in den griechisch-türkischen Krieg ein.

1898–1913 Autonomie. Kreta steht unter dem Schutz der Großmächte Frankreich, Italien, Großbritannien und Russland, bleibt aber unter osmanischer Oberhoheit. Der griechische Prinz Geórgios ist erster Hochkommissar. Kreter fordern Anschluss an Griechenland.

1913 Vereinigung Kretas mit Griechenland.

1917 Griechenland tritt aufseiten Alliierten in den Ersten Weltkrieg ein.

1922 Der Versuch, sich bis nach Kleinasien auszuweiten, *Megáli Idéa* (Große Idee) genannt, scheitert. Ministerpräsident Elefthérios Venizélos vereinbart einen Bevölkerungsaustausch zwischen beiden Staaten. 22 000 Türken verlassen Kreta, 34 000 Griechen aus Kleinasien siedeln sich auf Kreta an.

1941–1944 Deutsche Besatzung. Der Partisanenkrieg führt zu grausamen Vergeltungsaktionen und Massakern gegen die Zivilbevölkerung. Viele Dörfer werden völlig zerstört.

1944–1949 Bürgerkrieg. Blutige Kämpfe zwischen regierungstreuen und kommunistischen Gruppen. Niederlage der Kommunisten.

1967–1974 Militärdiktatur. Die Militärjunta herrscht in Griechenland.

1974 Volksabstimmung. Niederlage der Monarchie. König Konstantínos flüchtet ins Exil. Danach entwickelt sich unter dem konservativen Ministerpräsidenten Konstantínos Karamanlís eine moderne, westlich orientierte Demokratie

1981 Eintritt in die EG/EU.

2002 Einführung des Euro.

2008 Die Erschießung eines 15-Jährigen durch einen Polizisten war zusammen mit Wut über hohe Arbeitslosigkeit, Korruption, Finanzskandale und ansteigende Kosten der Auslöser für Ausschreitungen im ganzen Land.

2010–2011 Griechenland kann bislang nur durch massive finanzielle Unterstützung und Bürgschaften der EU und des Internationalen Währungsfonds vor dem Staatsbankrott bewahrt werden. Sparmaßnahmen wie Gehalts- und Rentenkürzungen, Steuererhöhungen und Stellenstreichungen treffen besonders Menschen mit niedrigem Einkommen. Es kommt immer wieder zu Streiks und Demonstrationen, die sich aber im Wesentlichen auf Athen konzentrieren.

2011 Ministerpräsident Geórgios Papandréou von der sozialistischen Partei PASOK tritt im November zurück und übergibt sein Amt an den unabhängigen Ökonomen und ehemaligen Vizepräsidenten der EZB, Loukás Papadímos. Die Übergangsregierung aus Mitgliedern der PASOK, der konservativen Néa Dimokratía und der kleinen Rechtspartei LAOS soll bis zu den geplanten Neuwahlen im Frühjahr 2012 alle notwendigen Sparmaßnahmen und Reformen in der total überforderten Verwaltung durchsetzen.

raus mit oder ohne Milch bzw. Zucker bestellt. Es gibt verschiedene Varianten: *skéto* – ohne alles, *me/xorís gála* – mit/ohne Milch, *métrio* – mit etwas Zucker und *glikó* – mit viel Zucker. Zum Kaffeetrinken gehört aber auch die richtige *paréa*, die Gruppe, mit der man beisammensitzt. Nur selten sieht man Kreter alleine in einem Café sitzen.

Restaurant, Taverne, Rakádiko

Gemeinsam mit der *paréa* geht man natürlich auch essen. Ob mit der Familie oder mit Freunden, zu Hause, in der Taverne oder im Restaurant – das Essen in der Gruppe, zu der auch immer die Kinder gehören, ist wichtig. Kulinarische Genüsse erlebt man auf Kreta sowohl in einfachen Dorftavernen als auch in modernen Feinschmeckerlokalen in den Städten. Die kretischen Gerichte bieten eine große Auswahl an geschmortem Gemüse und überbackenen Gerichten. Fleisch und Fisch werden in traditionellen Tavernen oft nach Gewicht bestellt und kommen auf den Holzkohlegrill. Offene Weine und *rakí* werden für alle zusammen in Karaffen bestellt.

Ideal, um möglichst viele kretische Leckereien zu probieren, sind die vielfältigen Vorspeisen, die *mezédes* oder *mezedákia*, die auf Kreta im *mezedopolío* oder in den nach dem Tresterschnaps benannten *rakádika* serviert werden. Bei den Kretern kommen die *mezédes* für die ganze *paréa* in die Mitte des Tisches. So können alle probieren – und das Essen trägt zur Kommunikation bei.

Tradition und Moderne

Selbst die jungen Leute, die mit italienischer Designerkleidung tagsüber in stylishen Cafés sitzen und abends internationalen Pop, House und RnB in Clubs und Bars hören, suchen auf Kreta die Nähe zur Ursprünglichkeit und den Traditionen.

Oben: Fisch und Meeresfrüchte werden in den Tavernen und Restaurants ansprechend präsentiert.
Mitte: Ein Teller *mezédes* im Parkcafé Kípos im Stadtpark von Chaniá.
Unten: Wirt Jánnis Prokopákis im Weinkeller seines Restaurants Veneto in Réthimno.

Kreta – eine Welt für sich

Mit der *paréa* oder der Familie fährt man zu Tavernen in Bergdörfern, geht anstatt in Clubs auf Dorffeste oder fährt am Wochenende zu den Großeltern und hilft bei der Landarbeit. Die enge Verbindung der Familie wird auch durch die zahlreichen Familienbetriebe deutlich. Junge Kreter kehren nach dem Studium nach Hause zurück und arbeiten zusammen mit ihren Verwandten. Auch wenn das nicht immer einfach ist, zeugt es doch von einem starken Zusammenhalt, denn die Familie gewährleistet auch die soziale Absicherung.

Auf Kreta gilt es, alte Bräuche und moderne Lebensweisen in Einklang zu bringen. Einerseits sieht man junge Europäer, die mit modernem Styling den Fortschritt ihres Landes präsentieren wollen, andererseits trifft man auf Dörfern alte Herren mit traditionellen männlichen Attributen: dem Hirtenstock, der *bráka* (die typisch kretische Pumphose), dem Fransenkopftuch *saríki* und dem *kombolói*, einer Kette aus Kugeln, die als Fingerspiel dient. Ältere Frauen sind oft ganz in Schwarz gekleidet und tragen ein Kopftuch, das seit Jahrhunderten zur weiblichen Alltagskleidung gehört.

Kretisches Umweltbewusstsein

Dank finanzieller Unterstützung der Europäischen Union wird das Umweltbewusstsein junger Kreter immer größer. Neue private Unternehmen kümmern sich um Recycling, Städte bauen biologische Kläranlagen, und langsam wird auch der Wert der Windenergie erkannt. Die Sonnenenergie, die bisher nur zur Warmwasseraufbereitung diente, weiß man erst seit Kurzem zu nutzen. Immer mehr Photovoltaik-Parks enstehen im Osten der Insel. Wesentlich sind für Kreta auch Wiederaufforstungsmaßnahmen wie im Palmenhain von Préveli und der Schutz von Wildpflanzen und -tieren wie im eingezäunten Nationalpark Samariá. Fakt ist,

Oben: Oliven sind das wichtigste landwirtschaftliche Erzeugnis Kretas.
Mitte: Die restaurierten Häuser im ehemaligen Fischerdorf Pláka beherbergen erkundenswerte Läden.
Unten: Ostern feiert die ganze Familie mit einem Festmahl ausgiebig das Ende der Fastenzeit.

dass es im kretischen Ökosystem viel zu schützen gibt. Strände, Flüsse, Schluchten und Höhlen sind nicht nur aufgrund der unwissenden und dem Umweltschutz oft gleichgültig gegenüberstehenden Bevölkerung gefährdet, sondern auch durch den Tourismus. Inzwischen wird z.B. in einigen Schluchten Eintritt verlangt, um Wächter zur Verfügung zu stellen und um sie säubern zu können.

In den Kinderschuhen steckt auf Kreta auch der Tierschutz. Bisher sind hauptsächlich auf der Insel lebende Ausländer in diesem Bereich aktiv. Auch die Überfischung im Meer rund um die Insel ist ein Problem. Wer im Bereich Tierschutz helfen möchte, kann sich z.B. bei dem engagierten Tierschutzverein Arche Noah in Chaniá informieren (www.archenoah-kreta.com).

Die kretische Flora

Die Vielseitigkeit und Schönheit der kretischen Natur wird Besuchern besonders zwischen April und Juni bewusst. Dann blüht alles, was Kreta an Pflanzen zu bieten hat. Durch erhöhtes Wasseraufkommen im Winter bekommt die hiesige Pflanzenwelt genügend Wasser. Obst- und Mandelbäume, Oleander, Kastanien und Ginster stehen im Frühjahr in voller Blüte, die Wiesen sind Meere aus Klatschmohn, Narzissen, Anemonen und wilden Tulpen.

Fährt man an trockenen und unfruchtbaren Berghängen entlang, erblickt man Macchia, Mastixsträucher, Kiefern, Steineichen, Johannisbrot- und Erdbeerbäume. Außerdem liegt der Duft von zahlreichen Kräutern wie Oregano – die endemische Art heißt *díktamos* (Diptam-Dost) –, Rosmarin, Thymian und Lavendel in der Luft.

An der Küste wachsen vor allem Platanen, Zypressen und Eukalypten, die als Alleenbäume beliebt

Oben: Die nur im Sommer bewohnte Katharó-Hochebene liegt auf 1100 m Höhe oberhalb von Kritsá.
Mitte: Eine der vielen Spezialitäten: gefüllte Weinblätter, *dolmadákia*.
Unten: Auch die Kleinen bewahren die kretische Volksmusik, hier mit dem Streichinstrument Lyra.

sind. Zahlreiche Strände sind mit Tamarisken bewachsen, manchmal auch mit der Kretischen Dattelpalme wie in Vái oder Préveli. Die Gärten zieren meist prächtige Bougainvilleen, Obstbäume, Mispeln und Kräuter wie Minze und Basilikum.

Kultiviert werden auf Kreta vor allem Olivenbäume (geschätzt 15 Mio. Bäume). Die Erntezeit dauert von November bis Januar. Zweitwichtigste Kulturpflanze ist der Wein, dessen Anbau wie der des Ölbaums bis in minoische Zeiten zurückgeht. Außerdem werden auf Kreta große Mengen Frühgemüse in Gewächshäusern sowie Zitrusfrüchte, Bananen, Kartoffeln und Getreide angebaut.

Nutz- und Wildtiere

Allgegenwärtig sind in den kretischen Bergdörfern immer noch Nutztiere wie Maulesel, Ziegen und Schafe. Urlauber werden besonders an den Straßen in den Bergen mit Schaf- und Ziegenherden konfrontiert. Autofahrer müssen damit rechnen, dass eine Herde den Weg versperrt oder am Straßenrand spazieren geht. Meist reicht kurzes Hupen und die Tiere machen den Autos Platz. Doch sollte man auch mal mit Stau rechnen.

Das berühmteste Säugetier, das hier wild lebt, ist die Wildziege *kri-krí* (*Capra aegagrus creticus*). Die *kri-krí* lebt in kaum zugänglichen Abschnitten der Weißen Berge, wo man sie nur selten zu Gesicht bekommt, und auf den vorgelagerten, unbewohnten Inseln Agíi Pándes, Día und Agíi Theodóri. Besucher können die Wildziegen bei Bootstouren rund um die drei Inselchen oder von Nahem in den Stadtparks von Chaniá und Réthimno sehen.

Ein perfekter Naturraum für verschiedene Greifvogelarten bleiben weiterhin die Bergregionen und unberührten Schluchten der Insel. Mit etwas

Oben: Palmen findet man auf Kreta nicht nur in Hainen. Sie schmücken viele Klosterhöfe wie in Píso Préveli.
Mitte: Die Frucht der Wildbirne ist aufgrund ihres bitteren Geschmacks nicht genießbar.
Unten: Olivenhaine prägen die meisten Landschaftsabschnitte Kretas.

Glück sieht man hier umherkreisende Gänse- und Bartgeier oder Stein- und Habichtadler.

An den Stränden legt zwischen Juni und September die Meeresschildkröte, *Caretta caretta*, ihre Eier ab. Dazu kommen die faszinierenden Tiere nachts an die Sandstrände und graben Gruben in den Sand. Durch den Tourismus sind ihre Nester jedoch gefährdet.

Lektüre für unterwegs

Das antike Kreta. Ángelos Chaniótis, München, 2004. Gute Einführung in die Geschichte und Kultur Kretas von den Minoern bis zur Spätantike.

Damals in Matala. Von Hippies, Höhlen und Dylan-Songs. Arn Strohmeyer, Selbstverlag, Bremen, 2006. Textsammlung von Berichten der Einwohner und Ex-Hippies aus Matalá.

Freiheit oder Tod. Níkos Kazantzákis, Rowohlt, Reinbeck, 1954. Der »absolute« Kreta-Roman erzählt vom Freiheitskampf der Kreter gegen die Türken im 19. Jahrhundert.

Griechenland – eine €UROpäische Tragödie. Die Hintergründe der Euro-Krise. Wassílis Aswestópoulos, Ambition, 2011. Hintergründe, Ursachen und Berichte zur griechischen Finanzkrise.

Tage auf Kreta. Klaus Bötig, Hans-Jürgen Gaudeck, HSB, Stuttgart, 2007. Persönliche Reiseimpressionen, festgehalten in poetischen Texten und ausdrucksstarken Aquarellen.

Wildblumen Kretas. Vangélis Papiomytóglou, Mediterraneo Editions, Athen, 2006. Anschauliche Präsentation von mehr als 500 auf der Insel wachsenden Pflanzen mit reichlich Bildmaterial.

Oben: Schafe überall: Außerhalb der Orte sind die Nutztiere stets präsent. **Mitte:** Auch Ziegen gönnen sich ein Sonnenbad in der Nähe von Elafonísi. **Unten:** Farbenfrohe Flora und Fauna: ein Schmetterling auf einer Distel. **Rechte Seite:** Die Lagune von Bálos auf der Halbinsel Gramvoússa.

IRÁKLIO UND UMGEBUNG

Vorangehende Doppelseite: Blick von Anemospiliá auf Kretas größtes Weinanbaugebiet bei Archánes.
Mitte: Vom Bergdorf Rogdiá überblickt man die ganze Hauptstadt.
Unten: In Iráklio wurden viele osmanische Bauten zerstört, darunter das Minarett auf der Festung Koúles.

1 Die Altstadt von Iráklio

Am Puls des kretischen Lebens

Vielen europäischen Städten mit langer Geschichte mag man eine gewisse Altersschönheit zubilligen – Iráklio nicht. Die kretische Hauptstadt hat unter dem Zahn der Zeit und planlosem Wildwuchs im 20. Jahrhundert gelitten. Innerhalb der nahezu vollständig erhaltenen mittelalterlichen Stadtmauern gibt es dennoch einiges zu sehen. Vor allem pulsiert in Iráklio das Leben. Eine Flaniermeile lädt zum Bummeln oder Joggen am Meer ein.

Die Stadt, deren Namen man auch noch veraltet als »Heráklion« oder »Iráklion« geschrieben findet, ist mit rund 173 000 Einwohnern (inkl. Vororte) die größte Kretas und die viertgrößte im ganzen Land. Sie ist die Einkaufsmetropole für die ganze Insel, Universitätsstandort, Sitz der Europäischen Datenschutzbehörde ENISA und hat eins der besten Krankenhäuser Kretas. Vom Winterschlaf wie in kleinen Küstenorten der ägäischen Inselwelt ist in Iráklio nichts zu spüren. Im Sommerhalbjahr

MAL EHRLICH

ROMANTISCHES IST RAR

Die Gegend rund um den Fährhafen ist eine der hässlichsten der Stadt. Die kahlen Kais für Frachter und Passagierschiffe auf der Meerseite und die dreispurige Straße mit viel Verkehr sind zum Flanieren völlig ungeeignet. Schöner wird es erst ab dem Fischereihafen. Dort lädt die Hafenmole, die zur Koúles-Festung führt, zu romantischen Spaziergängen oder zum Joggen ein. Westlich des Hafens schufen die Stadtväter eine Flaniermeile mit Bänken, kleinen Grünflächen und einigen Palmen.

gesellen sich täglich Tausende von Urlaubern zu den Einheimischen – Kreuzfahrttouristen, Tagesausflügler oder auch Badeurlauber, die in einem der Vororte ihre Ferientage verbringen.

In dem weiten Areal zwischen den mittelalterlichen Stadtmauern und dem Meer konzentrieren sich die Museen und vereinzelte historische Bauten, die die »Stadtentwicklung« überdauerten. Hauptverkehrsadern wurden in Fußgängerzonen verwandelt, an der Uferstraße verläuft eine hübsche Promenade. Gassen und Plätze locken schon tagsüber überwiegend junge Leute in die Straßencafés. An den Haupteinkaufsstraßen Kalokerinoú und Dedálou liegen Modegeschäfte und Juweliere jeder Preisklasse ebenso wie gute Kunsthandwerksläden, Buch- und Musikhandlungen. Hier lassen die Irakliöten schick gestylt den Tag in modernen Bars und Clubs ausklingen.

Geschichte – viele Besatzer, viele Namen

Iráklio hat in seiner Entwicklung immer wieder den Namen ändern müssen. Der ursprüngliche Name Heráklion – nach Herakles, dem römischen Herkules – stammt aus der Antike. Besiedelt war das heutige Stadtgebiet schon zu minoischer Zeit als kleiner Hafen des Palastzentrums von Knossós (siehe Seite 44). An Bedeutung gewann die Siedlung jedoch erst während der Araberherrschaft, als sie Rabd al Khandak (»Festung mit Graben«) hieß. Unter Nikifóros Fokás eroberten die Byzantiner die Stadt zurück und nannten sie Chandax. 1204 folgte mit der venezianischen Herrschaft die Umbenennung in Candia. 1669 eroberten die Osmanen die Stadt und änderten ihren Namen in Megálo Kástro (»Große Festung«). Nach der Befreiung im Jahr 1897 besann man sich wieder auf den antiken Namen Iráklio. Die Funktion als

AUTORENTIPP!

DINING AUF DEM DACH

Das Restaurant Herb's Garden mit Blick auf den venezianischen Hafen ist eine der besten kulinarischen Adressen der Stadt. Die schlichte und doch elegante Dachterrasse im Lato Boutique Hotel ist mit kretischen Kräutern dekoriert und ein idealer Ort für ein exquisites Essen. Chefkoch Pétros Kosmadákis zaubert kulinarische Köstlichkeiten par excellence. Die Verbindung kretischer und mediterraner Küche, zubereitet aus lokalen Produkten und Kräutern, ist seine Spezialität und große Leidenschaft. Schon als Sechsjähriger entdeckte Pétros seine Liebe zum Kochen und durfte seine Großmutter in der Küche unterstützen. Inspiration für seine Kreationen holt sich der Chefkoch heute nicht nur auf Kreta, sondern in ganz Griechenland. Themenabende, bei denen ein Produkt wie z.B. der Zackenbarsch im Mittelpunkt steht, versprechen großartige 5-Gänge-Menüs, kombiniert mit interessanten Weinen. Reservierung empfehlenswert.

Herb's Garden. Odós Epimenídou 15, Mai–Oktober tägl. 14–24 Uhr, Tel. 28 10 334 971, www.lato.gr

AUTORENTIPP!

STRÄNDE IN DER NÄHE
Iráklio ist die einzige Stadt der Insel, in der kein Strand zu Fuß erreichbar ist. Neue Vororte haben die Strandabschnitte rund um die Altstadt ersetzt. Die besten nahen Strände liegen in dem westlichen Vorort Ammoudára sowie in Karterós und Amnisós im Osten. Man erreicht sie recht schnell mit dem Auto oder mit dem Stadtbus 6 (Richtung Ammoudára) und 7 (Richtung Karterós & Amnisós) ab der Platía Eleftherías. Während der 6 km lange Sandstrand von Ammoudára hauptsächlich von Touristen aus den guten Hotels des Orts besucht wird, fahren die Iraklióten gern an die Strandabschnitte mit zahlreichen Beach Bars zwischen Karterós und Amnisós. Die rauchenden Schlote eines Kraftwerks am westlichen Ende von Ammoudára und die Einflugschneise des Flughafens über den Sandstränden im Osten scheinen das Badevergnügen nicht besonders zu schmälern.

Die Arbeit der kretischen Fischer wird aufgrund der Überfischung der Ägäis immer beschwerlicher.

Hauptstadt bekam Iráklio nach der osmanischen Herrschaft erst 1972 zurück.

Die Stadtmauer

Die im 16. Jahrhundert erbaute, einst 3,5 km lange Stadtmauer mit ihren ehemals sieben Bastionen, die durch ein unterirdisches Tunnelsystem verbunden waren, galt als die modernste ihrer Zeit. Dank der wehrhaften Mauer konnte das damals venezianische Candia von 1648 bis 1669 ganze 21 Jahre lang der Belagerung der türkischen Truppen Widerstand leisten. In ihrem letzten großen Kampf um die Vorherrschaft im Mittelmeerraum waren die Venezianer den Osmanen von Anfang an zahlenmäßig weit unterlegen, obwohl sie Söldner anheuerten. Nach zahlreichen heftigen Gefechten und einem erbitterten »Minenkrieg« fiel Candia am 27. September 1669 an die Türken. In den Jahren des Kampfes verloren insgesamt 30 000 Christen und über 110 000 Osmanen ihr Leben.

Den touristischen Wert der Stadtmauer hat die Stadt noch nicht voll ausgeschöpft. Ein Spaziergang über die Stadtmauer ist nicht möglich. Am westlichen Ende der Einkaufsstraße Odós Kalokerinoú ist das recht orientalisch anmutende Chaniá-Tor sehenswert. Seinen Namen verdankt es seiner Ausrichtung nach Chaniá (siehe S. 224 ff.). Auf der südlichen Martinengo-Bastion, die man über die Odós Nikoláou Plastíra erreicht, liegt das einfache Grab des Dichters Níkos Kazantzákis (1883–1957), dem Autor des Romans *Alexis Sorbas*, der in seinen Werken vielfach Türkenherrschaft und religiöse Heuchelei thematisierte. Hoch über den Häusern der Stadt erhebt sich auf der Bastion ein schlichtes Holzkreuz über dem Steingrab mit der Inschrift »Ich hoffe nichts, ich fürchte nichts, ich bin frei«. Kazantzákis war zwar gläubig, folgte mit seinen Ansichten jedoch nicht den Vorstellungen

Rundgang durch die Altstadt

Ⓐ **Archäologisches Museum** – Eine Übergangsausstellung (seit 2006 wird renoviert) präsentiert die wichtigsten minoischen Funde der Insel (siehe Seite 38–42). Platía Eleftherías/Odós Doúkos Beaufort, Di–So 8–20 Uhr, Mo 13.30–20 Uhr, Eintritt 4 €.

Ⓑ **Morosini-Brunnen** – Der 1628 erbaute Brunnen war Endpunkt eines Aquädukts, der Wasser von dem 15 km entfernten Berg Joúchtas in die Stadt leitete. Platía Venizélou.

Ⓒ **Kirche Ágios Minás & Ikonenmuseum** – Gleich neben der Kathedrale Ágios Minás stellt das Ikonenmuseum u.a. sechs Werke von El Grecos Mentor Michaíl Damaskinós aus. Platía Agías Ekaterínis, Tel. 28 10 288 825, Mo–Sa 10–16 Uhr (wegen Restaurationsarbeiten evtl. abweichend).

Ⓓ **Kirche San Marco** – Die dreischiffige Kirche von 1239 dient als Städtische Galerie mit wechselnden Ausstellungen. Platía Venizélou, Tel. 28 10 399 228, die Öffnungszeiten variieren.

Ⓔ **Kirche Ágios Títos** – Hier liegt die Schädelreliquie von Titus. Bis 1922 war dies die Hauptmoschee (Jeni Tzamí) von Iráklio. Rechts ist noch der Ansatz des ehemaligen Minaretts erkennbar. Platía Agíou Títou, tägl. 7–12 und 17–20 Uhr.

Ⓕ **Koúles Festung** – Viom Dach aus hat man eine schöne Aussicht. Zwei der Außenmauern schmückt je ein Markuslöwe. Fischereihafen, Mai–Okt. Di–So 8.30–19 Uhr, sonst 8.30–15 Uhr, Eintritt 2 €.

Ⓖ **Historisches Museum** – Hier sind u.a. zwei Gemälde El Grecos und ein Nachbau des Arbeitszimmers von Níkos Kazantzákis zu sehen. Odós Sof. Venizélou 27, Tel. 28 10 283 219, Mo–Sa 9–17 Uhr, www.historical-museum.gr, Eintritt 5 €.

Ⓗ **Naturhistorisches Museum** – Das erst teilweise fertiggestellte Museum widmet sich der Flora und Fauna des Mittelmeers. Odós Sof. Venizélou, Tel. 28 10 282 740, Mo–Fr 9–14 Uhr, So 10–16 Uhr, www.nhmc.uoc.gr, Eintritt 6 €.

Oben: Die Hauptkirche von Iráklio, Ágios Minás, weist neoklassizistische Elemente auf.
Mitte: Ein schöner Spaziergang führt über die Mole des Fischereihafens zum Kastell Koúles.
Unten: Zentrum von Iráklio und Treff in der Altstadt: der Morosini-Brunnen.

der griechisch-orthodoxen Kirche. Eine letzte Ruhestätte auf einem griechisch-orthodoxen Friedhof wurde dem bekannten Schriftsteller verwehrt.

Das Herz der Stadt

Den Mittelpunkt der Stadt bildet die Platía Venizélou mit dem venezianischen Morosini-Brunnen, den die Kreter *liontária* nennen, nach den vier Löwen, die auf dem Brunnen sitzen. Francesco Morosini, damals der venezianische Statthalter, stiftete den Brunnen im Jahr 1628. Seine acht Wasserbecken sind mit Reliefs verziert, die u.a. den Meeresgott Poseidon, Zeus mit Europa und Fabelwesen aus dem Meer zeigen.

An der Platía Venizélou beginnen auch die meisten Einkaufsstraßen. Überquert man südlich die Odós Ídis schließt sich die ehemalige Marktgasse Odós 1866 mit Souvenirgeschäften, Ramschläden und *rakádika* an. Das osmanische Brunnenhaus am Ende der Straße ist heute ein *kafenío*. Eine römische Statue ohne Kopf prägt den Bembo-Brunnen von 1588.

Von der Odós 1821 zweigen Gassen zu Iráklios byzantinischer Kathedrale Ágios Minás ab. Sie wurde zwischen 1862 und 1895 erbaut und ist nach dem Patron der Stadt benannt. Traditionelle Wandmalereien aus den 1960er-Jahren schmücken das Innere. Nebenan ist in der Kirche Agía Ekateríni aus dem Jahr 1555 das Ikonenmuseum untergebracht.

Der venezianische Hafen

Die Fußgängerzone 25 Avgoústou verbindet die Platía Venizélou mit dem venezianischen Hafen. Schräg gegenüber dem Morosini-Brunnen geht es zunächst an der ehemaligen Kirche San Marco vorbei. Das Rathaus befindet sich in der nur wenige Schritte entfernten, von 1626 bis 1628 im Renaissancestil erbauten Loggia. Sie diente früher der venezianischen Oberschicht als Clubhaus.

Auf dem Platz dahinter liegt die dem ersten Bischof Kretas geweihte Kirche Ágios Títos. Der 1869 als Moschee errichtete Bau wurde erst 1922 in ein orthodoxes Gotteshaus umgewandelt. Von ihrer ersten Funktion zeugt heute nur noch der Ansatz eines Minaretts. In einer moslemischen Grabnische ruht in der Kirche die Schädelreliquie des Apostel Titus. Die seit Beginn der osmanischen Herrschaft in Venedig aufbewahrte Reliquie wurde erst 1966 wieder zurück nach Kreta gebracht. Vorbei an zahlreichen Reisebüros, Banken und Autovermietungen geht es zum Fischereihafen mit der trutzigen venezianischen Festung Koúles. Gegenüber sind die Reste überwölbter venezianischer Schiffshallen zu sehen.

Die Uferpromenade

Die Uferpromenade westlich des Hafens wurde erst kürzlich umgestaltet und lädt trotz der verkehrsreichen angrenzenden Straße zu Spaziergängen am Mittelmeer ein. An einigen Fischtavernen vorbei geht es linker Hand an der großen restaurierten Kirche Ágios Pétros aus dem 14. Jahrhundert vorbei zum Historischen Museum. Im ersten Obergeschoss des klassizistischen Gebäudes mit modernem Anbau sind zwei Gemälde des kretischen Künstlers El Greco sehenswert: »Anblick des Berges Sinai und des Katharinenklosters« und die »Taufe Christi«. Sie sind unsigniert, gelten aber als Originale. Weiter Richtung Westen zeigt das Naturhistorische Museum der Universität Kreta in einem ehemaligen Elektrizitätswerk u.a. Überreste von Säugetieren aus dem Eiszeitalter, die der deutsche Paläontologe Siegfried E. Kuss in den 1960er-Jahren auf Kreta entdeckte.

AUTORENTIPP!

STYLISH AUSGEHEN

Egal, ob in der Woche oder am Wochenende, das Ausgehverhalten der Kreter ist ein ganz Besonderes. Den jährlich neuen, modernen Trends folgenden Locations passen sich auch die Gäste an: Kreter und Kreterinnen gehen abends nie ungestylt aus dem Haus. In Iráklio hat sich die Uferpromenade mit zahlreichen Bars und Clubs zum absoluten In-Treff entwickelt. Gen Westen reiht sich ein In-Club an den anderen. Moderne Lounge-Möbel, interessante Lichteffekte und jährliche Renovierungen sind ein Muss.

Beginnen kann man am frühen Abend in dem modernen Einkaufs- und Ausgehzentrum Talos-Plaza, das mit Cafés und Sport-Bars viele junge Leute zum Relaxen anzieht. Weiter geht es von hier entweder ans Meer zum großen Open-Air-Club Envy oder in eine der Club-Bars Richtung Innenstadt. Am Wochenende stehen die Menschen mit ihren Getränken bis draußen auf die Straße, während internationale und griechische Pop- und House-Musik aus den Boxen dröhnt. Im Sommer stehen auch oft griechische Popsänger auf der Bühne. Turnschuhe, Sportkleidung oder Shorts sind ein No-Go!

Infos und Adressen

INFORMATION

EOT (Griechische Zentrale für Fremdenverkehr). Platía Elefthería s/ Odós Xanthoulídi 1, Tel. 28 10 246 299, April–Okt. tägl. 8.30–20.30 Uhr, Nov.–März tägl. 8.30–15 Uhr, www.heraklion.gr (auf Englisch).

ESSEN UND TRINKEN

Parasies. Auf der Platía neben dem Historischen Museum: Vorzügliche Fleischgerichte vom Holzkohlegrill und Gemüse aus biologischem Anbau. Platía Istorikoú Mousíou, Tel. 28 10 225 000.

Ligo krasi ... ligo thalassa. »Ein wenig Wein ..., ein wenig Meer« ist das In-Fischlokal der Altstadt. Köstliche Fischgerichte und gute kretische Weine lassen über den oft überforderten Service hinwegsehen. Odós Marinéli/ Ecke Mitsotáki, Tel. 28 10 300 501.

Kouzina tis Pópis. Die *mezédes* in Pópis gemütlichem *rakádiko*, das besonders bei Studenten beliebt ist, bringen einen Hauch von Nordgriechenland und Nordafrika an den Gaumen. Odós Smírnis 19, Tel. 28 10 222 124, tägl. ab 18 Uhr.

Platia. Das Fast-Food-Lokal verkauft bis spät in die Nacht riesige *píta* mit Gyros, Souvlaki oder biftéki, Joghurt, Tomaten und Pommes. Platía Kallergón 98 a, Tel. 28 10 285 965.

Fyllo ... sofies. Herzhaft oder süß mit Käse oder Pudding gefüllte Blätterteigpasteten, ein guter Snack für zwischendurch. Platía Venizélou 33, Tel. 28 10 284 774.

Pantopoleion Gefseon. Außerhalb der Stadtmauer servieren Giórgos Roubákis und Níkos Kourougkiavoúris kreative Vorspeisen, kretische und internationale Hauptgerichte sowie köstliche Desserts. Auch hausgemachte Produkte zum Mitnehmen. Odós Ethnikís Antistáseos 72, Tel. 28 10 230 111.

Hier kann man schon vor dem Bestellen sehen, was auf den Teller kommt.

ÜBERNACHTEN

Lena. Einfaches Hotel mit preiswerten, sauberen Zimmern für ein bis vier Personen mit oder ohne eigener Dusche/WC. Odós Lahaná 10, Tel. 28 10 223 280, www.lena-hotel.gr

Atrion. Einige der 60 in Erdtönen gehaltenen Zimmer des ruhig gelegenen Mittelklassehotels haben Meerblick und kleine Balkone. Odós Chronáki 9, Tel. 28 10 246 000, www.atrion.gr

Kastro. Das moderne Hotel mit 39 geräumigen Zimmern liegt ruhig und dennoch sehr zentral. Odós Theotokopoloú 22, Tel. 28 10 284 185, www.kastro-hotel.gr

Lato Boutique Hotel. Dieses moderne Hotel mit Blick auf den alten und neuen Hafen besticht durch stylisches Design und exzellenten Service. Das Restaurant zählt zu den besten der Stadt. Odós Epimenídou 15, Tel. 28 10 228 103, www.lato.gr

Megaron. Die schickste Adresse der Stadt ist das 2003 eröffnete Luxushotel in einem Gebäude aus den 1920er-Jahren oberhalb des Hafens. Die 58 Zimmer und Suiten, der Health-Club und ein Pool auf der Dachterrasse bieten Entspannung pur. Odós Doúkos Beaufort 9, Tel. 28 10 305 300, www.gdmmegaron.gr

NACHTLEBEN

Mare. In der modernen Café-Bar für einen Drink direkt am Meer werden auch internationale Gerichte serviert. Odós Sof. Venizélou, Tel. 28 10 241 946.

50–50. Das neuartige *rakádiko* kombiniert Barbetrieb, und man kann auch tanzen. Die laute Musik erschwert allerdings das Unterhalten, also schwingen irgendwann fast alle das Tanzbein. Odós 1866 20, Tel. 28 10 286 220.

Sarantavga. Das winzige *rakádiko* wird schon seit 1924 in der Familie von Giórgis Stathákis von Generation zu Generation weitergegeben. Zum *rakí* oder Wein serviert er die obligatorischen *mezédes*. Odós 1866 61, Tel. 28 10 341 494.

Pagopoieio. Restaurant, Bar und Theater der Wirtin Chrissánna Karélli in einem: Hier serviert sie ihren Gästen saisonal wechselnde mediterrane Gerichte in geschmackvoller Atmosphäre mit modernen Details, häufig begleitet von Jazz-Musik. Platía Agíou Títou 1, Tel. 28 10 346 028, www.pagopoieion.gr

Envy. Der größte Open-Air-Club der Stadt ist tagsüber ein Café. Abends tanzt die Jugend zu griechischer und internationaler Popmusik. Odós Sof. Venizélou. Eintritt frei.

EINKAUFEN

Aerakis. Der alteingesessene Musikladen führt griechische und kretische Musik, Naturprodukte und gibt Auskunft über aktuelle Musik-Veranstaltungen. Odós Dedálou 35, Tel. 28 10 225 758, www.aerakis.net

Folli Follie. Bei Griechenlands international erfolgreichem Label gibt es Schmuck und Accessoires zu angemessenen Preisen. Odós Dedálou 23, Tel. 28 10 346 354.

Tzobaíri. Hübscher Silber- und Goldschmuck mit verspielten Details für Groß und Klein. Odós Tzouláki 7, Tel. 28 10 244 127.

Dedalou. Geschmackvolle Galerie mit handgemalten Ikonen und antikem Schmuck. Odós Dedálou 11, Tel. 28 10 346 353.

Das Shopping- und Vergnügungs-Center Talos Plaza.

Bournazos. Klassische und moderne Schuhe vom populären griechischen Schuhlabel. Odós Zográfou 11, Tel. 28 10 344 641.

VERANSTALTUNGEN

Summer Festival. Von Juni bis September Veranstaltungen wie Konzerte, Vorträge oder Ausstellungen. Die Termine werden durch Aushänge oder über das Fremdenverkehrsamt bekannt gegeben.

Jazz Meeting. Seit 2008 findet im Juni und Juli ein zehntägiges Jazz-Festival mit griechischen und internationalen Künstlern statt. Infos auf der Webseite: www.kostaskouvidis.com

AKTIVITÄTEN

Astoria Cinema. Aktuelle Filme in Originalsprache mit griechischen Untertiteln. Platía Eleftherías, Tel. 28 10 226 191.

Cretan Adventures. Renommierter Veranstalter mit riesigem Outdoor-Angebot wie Wandern, Mountainbike-Touren, Extremsport, Ausflüge für die ganze Familie oder nach Santorin. Odós Evans 10, Tel. 28 10 332 772, tägl. 9–17 Uhr, www.cretanadventures.gr

Mitte: Minoischer Sarkophag – das minoische Kulturgut Kretas ist weltweit einzigartig.
Unten: Eine der bekanntesten Wandmalereien aus dem minoischen Palast von Knossós ist das Prozessionsfresko.

2 Archäologisches Museum

Einblicke in das Leben der Minoer

Die einzigartige Sammlung minoischer Kunst im Archäologischen Museum von Iráklio zeigt Objekte aus dem Alltag der Kreter ab dem 7. Jahrtausend v. Chr. Weltberühmte minoische Funde wie der Bienenanhänger, der Stierkopf, die Schlangengöttin und der Dískos von Festós zählen zu den spektakulärsten Ausstellungsstücken aus der Zeit vom Neolithikum bis in die Nachpalastzeit.

Das Archäologische Museum von Iráklio besitzt die größte minoische Sammlung der Welt. 2007 wurde es geschlossen, um es museumsdidaktisch auf den neuesten Stand zu bringen und um Platz für neue Funde zu schaffen. Wahrscheinlich werden die Sanierungsarbeiten noch einige Zeit andauern. Währenddessen zeigt eine Übergangsausstellung in einem großen Raum mit 30 Vitrinen

MAL EHRLICH

ÜBERGANGSAUSSTELLUNG

Die umfangreichen Modernisierungsarbeiten der ursprünglichen Ausstellungsfläche führen zu einigen Störungen des Museumsbetriebs. In der kleinen Übergangsausstellung ist für die vielen Besucher oft nicht genügend Platz. Bei allen, die morgens nicht aus dem Bett kommen, ist Geduld gefragt. Leider kann auch keine der zuständigen Behörden sagen, wann die gesamte Ausstellung des zweitgrößten griechischen Museums wiedereröffnet wird, um alle Exponate besichtigen zu können.

400 der repräsentativsten und schönsten Exponate der Sammlung.

Die farbenfrohe Wandmalerei »Prinz mit den Lilien« repräsentiert gleich zu Beginn des Rundgangs den zeitlichen Schwerpunkt des Museums: die Neupalastzeit zwischen 1700 und 1450 v. Chr. Der Fund aus dem Palast von Knossós (siehe Seite 49) zeigt vermutlich einen Priesterkönig und ist die größte lebensgroße männliche Einzeldarstellung aus minoischer Zeit. Die Exponate in der ersten Vitrine stammen aus dem Neolithikum. Besonders auffallend ist eine weibliche Tonfigur – eine Frau mit kräftigen Beinen, Brüsten und breiter Hüfte. Sie stellt eine Fruchtbarkeitsgöttin dar.

Vorpalastzeit

Die zweite Vitrine birgt Funde aus der Vorpalastzeit. Das Spendgefäß in Form eines Stiers, dessen Kopf von drei Männern umklammert wird, gibt Rätsel auf. Versuchen sie ihn zu bändigen oder kämpfen sie mit ihm? In der nächsten Vitrine verdeutlicht filigran gearbeiteter Gold- und Kristallschmuck von 2500 bis 2300 v. Chr. das gut entwickelte Kunsthandwerk dieser Epoche.

Altpalastzeit

In Vitrine 4 sind die ersten Funde aus der Zeit zwischen 2000 und 1700 v. Chr. zu sehen. Auf einer Tonschale aus Paleóchora ist ein Hirte beim Hüten seiner Schafe abgebildet. Edel und kostbar sind die vier farbenfrohen, nur 1mm dünnen Gefäße im Kamáres-Stil aus Festós. Eine Vase mit aufgesetzten Lilien stammt aufgrund des identischen Musters vermutlich aus einem »Set« mit dem nebenstehenden Spendgefäß. Vitrine 7 birgt den bekanntesten Goldschmuck minoischer Zeit: Der Bienenanhänger aus Mália zeigt zwei Bienen, die einen Tropfen Honig in einer Wabe ablegen.

AUTORENTIPP!

KEINE »BILLIG-KOPIEN«

Andenken, Mitbringsel und Souvenirs sind auf ganz Kreta in allen Preiskategorien erhältlich. Leider werden oft billige China-Importe als handgemachte kretische Waren verkauft. Wer qualitativ gute Produkte erstehen möchte, sollte bei der Auswahl zweimal hinsehen.
Gleich gegenüber vom Archäologischen Museum liegt das beste Souvenir-Geschäft von ganz Iráklio. Schon seit dem Jahr 1932 unterstützt Eleni Kastrinoyanni kleine Unternehmen und freischaffende Kunsthandwerker und präsentiert echte Handarbeit. Zum Sortiment gehören Stickereien, Webarbeiten, Keramik, Museumsrepliken und Schmuck griechischer und kretischer Kunsthandwerker. Wer ein Geschenk für Freunde oder eine persönliche Erinnerung an den Kreta-Urlaub sucht, wird bei dieser großen Auswahl sicher fündig.

Eleni Kastrinoyanni. Platía Eleftherías 1, Tel. 28 10 226 186.

AUTORENTIPP!

KEINE LUST AUFS MUSEUM?
Sie interessieren sich eigentlich nicht für Archäologie und finden Museen eher langweilig? Dann ist die Übergangsausstellung genau das Richtige. Die Highlights des Museums kann man hier in weniger als einer Stunde kennenlernen. Stellen Sie sich einfach mal vor, Sie dürfen fünf Produkte ihrer Wahl aus einem Kaufhaus mitnehmen. Dann sehen Sie Spielwaren, Handtaschen, Schmuck und Einrichtungsdesign der alten Kreter schon ganz anders. Die Wandmalereien mit ihren warmen Farben, Vasen aus Ton, Bronze oder Bergkristall, eine hübsche Handtasche aus Ton, der bis zu 4500 Jahre alte Goldschmuck mit Lasurstein oder Amethyst werden für Fantasievolle zu Eye-Catchern. Auch für die Kleinen findet sich etwas im Sortiment – ein minoisches Brettspiel und ein Hausmodell aus Ton. Und schon erwachen alte Zeiten zum Leben, und die Menschen, die diese Dinge einst nutzten und herstellten, sind dem Betrachter auf einmal ganz nah.

Neupalastzeit

Mit dem Modell eines Hauses von 1600 v. Chr. geht es in Vitrine 8 mit der Neupalastzeit weiter, der Epoche, aus der die meisten hier ausgestellten Funde stammen. Deutlich spiegeln die danebenliegenden Fayenceplättchen des Stadtmosaiks von Knossós die Architektur jener Zeit wider. Die für die Neupalastzeit typischen Motive auf Tongefäßen sind in der nächsten Vitrine gut zu erkennen: Beliebt waren Abbildungen der Meereswelt mit dem Oktopus als Hauptmotiv, florale Muster oder Doppeläxte. Ein handtaschenähnliches Gefäß hat ein so modernes Design, dass es auch aus heutiger Zeit stammen könnte. Interessant sind in Vitrine 10 die Täfelchen mit der bis heute nicht entzifferten Linear-A-Schrift. Auf Tafel Nr. 6 mit Linear-B-Schrift konnten Notizen zu abgezählten Tieren und Gegenständen entschlüsselt werden.

Ein äußerst wertvolles Spielbrett aus Holz mit Einsätzen aus Elfenbein, Bergkristall, Silber und Blattgold wird in Vitrine 11 präsentiert. Zu dem Spiel von 1600 v. Chr. gehören vier kegelförmige Spielfiguren. Wie vielfältig die in der Neupalastzeit verwendeten Materialien waren, veranschaulichen auch die folgenden Gefäße aus Marmor, Bergkristall, Obsidian, Elfenbein, Gold und Rosso Antico.

Allein steht ein Meisterwerk minoischer Kunst aus dem 16. Jahrhundert v. Chr. Der Stierkopf-Rhyton aus schwarzem Steatit hat Augen aus Jaspis und Bergkristall und Lippen aus Perlmutt. Das Gefäß wurde zur Aufbewahrung von Opferflüssigkeiten verwendet. Ebenfalls aus Knossós stammt ein Ausstellungsstück in Vitrine 14: die Schlangengöttin aus Fayence. Das katzenartige Tier auf ihrem Kopf und die Schlangen, die sie hält, sind ein Zeichen für ihre Macht über die wilde Natur. Ihre barbusige Erscheinung beweist ihre Fruchtbarkeit. Es folgt ein Rhyton in Form eines Löwinnenkopfs aus Kalkstein.

Zwei der bekanntesten Gefäße aus Agía Triáda in Vitrine 16 stammen aus dem 15. Jahrhundert v. Chr.: die Schnittervase und der Boxer-Rhyton. Die Vase zeigt eine Gruppe singender Erntearbeiter mit Heugabeln. Ein Arbeiter hält ein Sistrum, ein ägyptisches Instrument. Auf dem Rhyton sind Box- und Stierspringszenen abgebildet. Der Stierspringer wird von einem Stierhorn verletzt.

Ein einzelner Stierspringer aus Elfenbein und das danebenhängende Stiersprungfresko weisen auf die Bedeutung des minoischen Stierspringens hin. Bislang konnte jedoch nicht geklärt werden, ob es eine rein sportliche Veranstaltung oder eine Kulthandlung war. Es folgen fünf Wandmalereien, darunter die von Sir Arthur Evans, der den minoischen Palast von Knossós ausgegraben hat, fantasievoll betitelten Werke »Kleine Pariserin« und der »Krokospflückende Affe«.

Gegenüber hat der weltberühmte Dískos von Festós aus der Zeit zwischen 1600 und 1450 v. Chr. einen Ehrenplatz. Die 241 spiralförmig angeordneten, hieroglyphischen Zeichen auf beiden Seiten

Vase aus der Zeit zwischen 1100 und 800 v. Chr.

Oben: Die kleine Schlangengöttin wurde im minoischen Palast von Knossós gefunden.
Unten: Die Hieroglyphen auf dem Dískos von Festos konnten bis heute nicht entziffert werden.

Oben: Das heilige Tier der Minoer ist in ihren Kunstwerken immer wieder zu finden.
Unten: Die farbenfrohen Wandmalereien aus den minoischen Palästen wurden schon zu Beginn des 20. Jahrhunderts akribisch rekonstruiert; hier das Stiersprungfresko.

geben Wissenschaftlern bis heute ein Rätsel auf. Das nächste Exponat ist einer der schönsten, minoischen Sarkophage. Malereien auf der Längsseite prägen den Kalksteinsarkophag aus Agía Triáda. Auf einer Seite sind Priesterinnen zu sehen, die einen Stier opfern, während ein Flötenspieler die Zeremonie begleitet. Auf der Rückseite steht links zwischen zwei Doppeläxten ein Gefäß, in das Frauen Opferflüssigkeiten schütten. Rechts tragen drei Männer zwei Tiere und ein Bootsmodell zu einer armlosen Gestalt vor einem Schrein. In den nächsten vier Vitrinen sind diverse Funde aus Gräbern ausgestellt: Schmuck und Siegel mit detailliert eingearbeiteten Motiven und Kultgefäße mit Figuren aus dem Meer und der Tierwelt.

Nachpalastzeit

Eingeleitet wird die Ausstellung zur Nachpalastzeit mit bronzenen Gefäßen, mykenischen Waffen und einem Helm aus Eberzähnen aus dem 14. Jahrhundert v. Chr. Hübsche Tonobjekte aus der gleichen Zeit sind in Vitrine 26 zu sehen: vier Frauen bei einem Kulttanz, eine weitere Frau auf einer Schaukel und ein *píthoi* tragender Esel, der das ländliche Leben präsentiert. Aus dem 9. Jahrhundert v. Chr. stammt ein rundes Heiligtum in der nächsten Vitrine. Die innen stehende Gottheit wird von zwei Männern und einem Tier durch das Dach beobachtet. Vermutlich war das Betreten der Heiligtümer nur Priestern erlaubt.

Die steifen spätgeometrischen Bronzestatuen in Vitrine 28 verkörpern die Gottheiten Artemis, Apollon und Leto. Mit bemalten Urnen aus archaischer Zeit wird es wieder bunter. In der letzten Vitrine zeugen drei schwebende »Érotas« – so heißt der griechische Amor – vom Ende der Kunstentwicklung vorchristlicher Zeit. Zum Abschluss zeigt die Ausstellung einige römische Statuen.

Infos und Adressen

INFORMATION

Aufgrund des ungeklärten Zeitpunkts der Wiedereröffnung beziehen sich alle hier angegebenen Informationen auf die Übergangsausstellung. Änderungen sind jederzeit möglich!

Archäologisches Museum Iráklio. Odós Xanthoudídou 2 (Eingang der Übergangsausstellung: Odós Chatzidákis), Tel. 28 10 279 000, Mai–Okt. Mo 13.30–20, Di–So 8–20, Nov.–April tägl. 8.30–15 Uhr, Eintritt 4 €, Kombi-Ticket mit den Ausgrabungen von Knossós 10 €.

ESSEN UND TRINKEN

Die Cafés auf der Platía Eleftherías sind gewiss nicht schön. Doch lässt sich hier schon am frühen Morgen bei einem Kaffee beobachten, wie die Stadt erwacht.

Hari's Crêperie. Die besten Crêpes der Stadt gibt es gleich hinter dem Museum, und das bis tief in die Nacht. Ob herzhaft oder süß – satt wird man von den riesigen Crêpes auf jeden Fall. Odós Sapoutié 1, Tel. 28 10 331 313.

Weitere Restaurants in Iráklio siehe Seite 36.

ÜBERNACHTEN

Astoria Capsis. Zentraler kann man in Iráklio nicht wohnen, leiser allerdings schon. Das alteingesessene 4-Sterne-Hotel bietet 131 ansprechende Zimmer und einen Pool auf der Dachterrasse. Platía Eleftherías, Tel. 28 10 229 002, www.astoriacapsis.gr

Weitere Hotels in Iráklio siehe Seite 36.

EINKAUFEN

Stratígis Vasílios. Der Goldschmied stellt seit über 20 Jahren einfallsreichen, modernen Schmuck her. Erhältlich sind auch klassische Schmuckreplikate aus minoischer Zeit. Odós Ídis 23, Tel. 28 10 822 950.

An dem kleinen Verkaufsstand vor dem Museum gibt es u.a. deutschsprachige Literatur.

Im Schmuckgeschäft Tzobairi gibt es keine Museumskopien, sondern modernen Schmuck für jeden Geschmack.

3 Knossós
»Metropole« des minoischen Kreta

Kretas bedeutendste Ausgrabungsstätte Knossós ist – nach der Akropolis in Athen – die am zweithäufigsten besuchte historische Sehenswürdigkeit Griechenlands. Sie war das größte und prächtigste Palastzentrum der Minoer. Beim Anblick der fantasievoll restaurierten Mauern, Säulen und Fresken des über 3500 Jahre alten Palastes sträuben sich bei vielen Archäologen die Haare. Der Laie hingegen freut sich, denn Knossos macht die minoische Welt verständlich.

Knossós, das Zentrum des minoischen Kreta, liegt nur 4 km südlich der heutigen, kretischen Hauptstadt Iráklio. Die größte aller minoischen Palastanlagen auf einer Fläche von über 20 000 m² bestand aus über 1000 Räumen. Die Ausgrabung liegt in einem recht ländlichen Tal, aber ihre touristische Anziehungskraft hat auch ihre Kehrseite:

MAL EHRLICH

KNOSSÓS ZUR RUSH HOUR

Es ist schwer zu sagen, wann genau in Knossós die »Hauptverkehrszeit« ist. Hier ist immer viel los! Kaum ein Kreta-Besucher lässt sich die berühmteste Ausgrabungsstätte der Insel entgehen. Touristenscharen strömen über das Gelände, geführte Gruppen drängen sich in den Thronsaal. Wenn Sie Knossós besuchen wollen, sollten Sie am frühen Morgen kommen und Zeit mitbringen. Denn spätestens, wenn die vollen Busse mit Kreuzfahrttouristen kommen, muss man sich an der Kasse in lange Schlangen reihen.

Mitte: Blick aus der Vogelperspektive auf die bedeutendste minoische Palastanlage, auf Knossós.
Unten: Der westliche der beiden Kontrolltürme am Nordeingang von Knossós wurde fantasievoll rekonstruiert.

zahlreiche Busse, Souvenirshops und nicht empfehlenswerte Tavernen. Gemälde des rekonstruierten Knossós bieten schon im Shop der Ausgrabung einen guten Überblick über den Palast. Von den vielen Menschen sollte man sich nicht stören lassen: Auch in minoischer Zeit herrschte hier wahrscheinlich viel Betrieb.

Die Entdeckung von Knossós

Als Erster entdeckte der wohlhabende kretische Hobby-Archäologe Mínos Kalokerinós im Jahr 1878 Fundamentreste des minoischen Palasts Knossós. Nur acht Jahre später kam der bekannte Troja-Ausgräber Heinrich Schliemann nach Kreta. Dem Deutschen waren die Kosten für die vorgesehene Ausgrabung jedoch zu hoch, denn er ahnte nicht, was für einen »Schatz« die kretische Erde barg. Schließlich wurde der britische Museumsdirektor und Historiker Arthur Evans bei der Suche nach einem antiken Schriftzeugnis 1894 auf das Gelände aufmerksam. Nachdem Kreta 1898 autonom wurde, konnte er 1900 mit den Grabungen beginnen. Evans arbeitete von Anfang an interdisziplinär und hatte neben Archäologen, Architekten auch Maler an seiner Seite.

Schon 1903 war die Palastanlage ausgegraben – viel zu schnell für den riesigen Komplex. So wurden beispielsweise mykenische Schichten abgetragen, um an die minoischen Palastreste zu gelangen. Weiterer Kritikpunkt an Evans Arbeiten: die häufigen – zu fantasievoll gestalteten – Rekonstruktionen. Mit halbfertigen Freskennachbildungen oder nur teilweise rekonstruierten Säulen versuchte er die Romantik der Ruinen zu erhalten.

Geschichte

Die Gegend um Knossós wurde schon im 3. Jahrtausend v. Chr. besiedelt. Die erste Palastanlage

AUTORENTIPP!

NACH DER AUSGRABUNG …
hat man meist genug von vielen Menschen und sehnt sich nach einem Ort, der ruhiger und idyllischer ist. Möchten Sie noch einen letzten Blick auf den minoischen Palast werfen? Dann folgen Sie der Hauptstraße vom Parkplatz Richtung Archánes. Nach etwa 500 m weist das Schild »Άγιος Γεώργιος/Αγία Παρασκευή« auf eine winzige, links ins Tal führende Straße hin. Folgen Sie dieser für etwa 800 m erst abwärts, dann den Hang hinauf. Von hier hat man die herrliche Aussicht auf Knossós.
Wer nach diesem Abstecher Lust auf eine Weinverkostung in elegantem Ambiente hat, sollte das wenige Kilometer südöstlich liegende Weingut der großen Kellerei Boutari in Skaláni besuchen. Bei einer Führung kann man die Weingärten und die Kellerei besichtigen. Die Panoramafenster im Verkostungsraum bieten einen schönen Blick über die Weingärten.

Boutari Winery. Skaláni,
Tel. 28 10 731 617, tägl. 10–19 Uhr, www.boutari.gr, Verkostung 4 €, inkl. einstündiger Führung 4,50 €.

AUTORENTIPP!

KRETAS REBELLISCHER SOHN

Der bedeutendste Vertreter der neugriechischen Literatur wurde 1964 mit der Verfilmung seines Romans *Leben und Lebensart des Alexis Sorbas* mit Anthony Quinn weltberühmt. Der 1883 in Iráklio geborene und 1957 bei einer Reise in Freiburg im Breisgau verstorbene Níkos Kazantzákis thematisierte in seinen Werken immer wieder Religion und Heuchelei sowie die Frage nach dem Sinn des Lebens. Zu seinen Vorbildern gehörten Franz von Assisi, Nietzsche und Buddha. Im Heimatdorf seines Vaters Mirtiá wurde schon 1983 ein Kazantzákis-Museum eingerichtet. Seit 2010 beherbergt ein neues Museum die umfangreiche Sammlung zu Leben und Werk von Kazantzákis. Persönliche Utensilien des Schriftstellers, Poster und Kostüme seiner Theaterstücke, historische Briefe sowie Fotos und seine Werke, inklusive der ausländischen Ausgaben, sind auf zwei Etagen ausgestellt.

Mirtiá. Tel. 28 10 831 498, März bis Okt. tägl. 9–17 Uhr, www.kazantzakis-museum.gr, Eintritt 3 €.

errichteten die Minoer um 1900 v. Chr. Ein Feuer zerstörte die Palastanlage 1700 v. Chr. wieder. Gleich darauf erbauten die Minoer über den Ruinen einen neuen Palast, der wie alle minoischen Paläste der Insel um 1450 v. Chr. wieder vernichtet wurde. Auch der angefangene dritte Neuaufbau. blieb von einem Großfeuer 1450 v. Chr. nicht verschont. Das ausgebrannte Gelände lag anschließend brach, bis die Mykener, die ab 1450 v. Chr. auf Kreta waren, eine neue Siedlung rund um die Palastanlage anlegten.

Westhof

Ein mit Bougainvilleen bewachsener Durchgang führt zum Westhof des Palastes. Auf der linken Seite dienten drei runde Gruben als Depots für Opfergaben und Tierknochen. Etwas weiter rechts steht eine Büste des Ausgräbers Sir Arthur Evans. Über zwei noch original gepflasterte Wege gelangen die Besucher zum einstigen Westeingang, in dem eine Säule das Dach stützte. Der Weg führt in den Prozessionskorridor, der mit dem »Prozessionsfresko« geschmückt war, das einige Hundert lebensgroße Personen abbildete. Sein Verlauf ist nicht mehr genau nachvollziehbar. Vermutlich führte er links zum südlichen Torgang, den Südpropyläen, die heute rekonstruierte Säulen und Fresken des »Prozessionsfreskos« schmücken.

Piano Nobile

Über eine breite, von Evans frei konstruierte und historisch nicht nachweisbare Freitreppe sollen die Minoer ins Obergeschoss gelangt sein. Auch hier sind die Funktionen der offiziellen Räume und Empfangshallen Evans Fantasie entsprungen. Er benannte das »Piano Nobile« angelehnt an die Obergeschosse italienischer Renaissancepaläste. Sicher ist, dass dort mehrere Räume lagen, von denen eine innere Treppe nach unten führte.

Rundgang durch den Palast

A **Westhof** – Auf dem Grund der Gruben entdeckte man die ältesten Gebäudereste von Knossós.

B **Westeingang** – Besucher wurden über diesen abschließbaren Eingang in den Palast geführt.

C **Prozessionskorridor** – Das rekonsturierte Fresko an der linken Wand des Korridors zeigte die Prozession junger Gabenträger.

D **Südpropyläen** – Der südliche Palasteingang wurde nach 1450 v. Chr. als Lagerraum genutzt.

E **Freitreppe** – Die rekonstruierte Treppe ins Obergeschoss ist durch keinerlei Funde nachweisbar.

F **Magazine** – Die langen Räume zieren in die Wände eingeritzte und davor aufgestellte Doppeläxte.

G **Zentralhof** – Der einst gepflasterte Hof war Schauplatz von Festen und Zeremonien.

H **Thronsaal** – Der Thron wurde wohl nicht von einem König genutzt, sondern stand leer, um den Sitz einer Gottheit zu repräsentieren und diese zu ehren.

I **Dreiteiliges Heiligtum** – Der Name rührt von der Fassade, die sich in drei Teile gliedert.

J **Schatzkammer** – Fundort vieler Opfergaben.

K **Pfeilerkrypta** – Auf den Pfeilern sind heilige Doppeläxte und andere Kultsymbole eingeritzt.

L **Treppenhaus** – Der Lichtschacht diente auch zur Belüftung.

M **Megaron des Königs** – Das Megaron soll auch Ratssaal gewesen sein.

N **Megaron der Königin** – Die Säulen des Gemachs schmückten Tänzerinnenfresken.

O **Nördliche Pfeilerhalle** – Die Decke der Halle stützten acht Pfeiler und zwei Säulen.

P **Lustralbad** – Laut Evans erfolgte dort die Reinigung und Weihung der Besucher.

Q **Theaterbezirk** – Die L-förmige Tribüne bot wohl Platz für die minoische Oberschicht, die Priester.

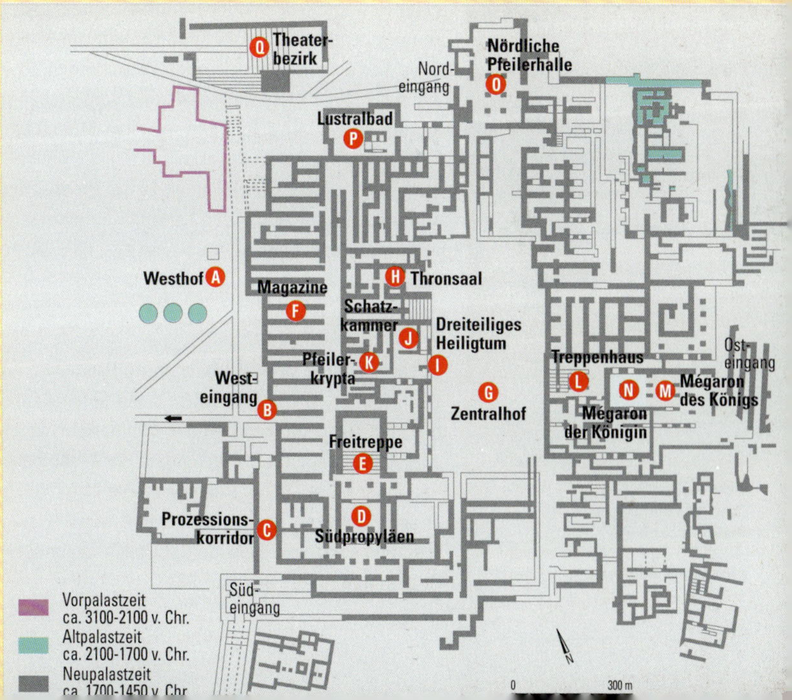

Vom Piano Nobile eröffnen sich eine gute Übersicht über das ganze Gelände und ein Einblick in die 21 Magazine im Erdgeschoss des Westflügels. Dort standen einst *píthoi*, in denen Lebensmittel, Wein und Öl gelagert wurden.

Zentralhof

Mittelpunkt des minoischen Lebens war der Zentralhof, der wie die Höfe aller anderen minoischen Paläste nach Nordosten ausgerichtet war. Der Hof diente den Minoern für Veranstaltungen, z.B. religiöse Feste oder kultische Stierspringen. Dabei sollen junge Männer einen Überschlag mit Handstand auf den Stieren gemacht haben.

Westflügel

Auf der Westseite des Zentralhofs schließen sich die bedeutendsten Kulträume des Palasts an. An der Nordwestecke liegt hinter einem Vorraum mit einer Holzthron-Replik der Thronsaal. Steinbänke säumen seine Wände. Eine große Schale aus Porphyr diente vermutlich rituellen Waschungen. Auch die Wände des Thronsaals sind von Sitzbänken umgeben. Vor dem Thron aus Alabaster steht ein sogenanntes Lustralbecken zur rituellen Reinigung. Eher unwahrscheinlich ist Evans Theorie, der Thronsaal sei für Audienzen beim König genutzt worden. Archäologen gehen davon aus, dass die Räume eine Kultstätte für Priester und Priesterinnen war.

Südlich schließt sich das sogenannte Dreiteilige Heiligtum an. Dahinter wurden in der Schatzkammer mit Ablagebänken kostbare Weihgeschenke wie die Schlangengöttin gefunden, die im Archäologischen Museum von Iráklio ausgestellt ist. Auch in den Pfeilerkrypten gleich daneben wurden Opfergaben deponiert. Flüssige Gaben wie Wein oder Öl goss man in die Bodengruben.

Oben: Die rekonstruierte, reliefartige Wandmalerei an den Nordpropyläen thematisiert die Jagd auf wilde Stiere.
Mitte: Die Bronzebüste des Archäologen Sir Arthur Evans auf dem Westhof von Knossós.
Unten: Der Saal mit dem Alabasterthron ist der Mittelpunkt des Palasts.

Ostflügel

Im Ostflügel gegenüber lag wohl der Wohntrakt der minoischen Oberschicht. Im nördlichen Teil dieses Traktes befanden sich Magazine und Werkstätten, u.a. eine Töpfer- und eine Steinmetzwerkstatt. Die Etagen des bis zu fünfgeschossigen Traktes verband ein Treppenhaus miteinander. Die Treppen führten rund um einen Licht- und Luftschacht in die tiefer liegenden Räume.

Eindrucksvolle Räume schuf Evans bei seiner Rekonstruktion des Megaron des Königs und des Megaron der Königin. Das Gemach des Königs zeigt einen Thron und Licht sowie Luft schaffende Polythyron-Wände. Im Gemach der Königin wurden Fresken aus der Neupalastzeit, aber auch aus mykenischer Zeit rekonstruiert. Belegbar ist das zu dem Gemach der Königin gehörende Badezimmer mit rekonstruierter Badewanne und originalem Klosett.

Norden und Theaterbezirk

Vom Zentralhof geht es nördlich durch einen Korridor zum Nordeingang des Palasts. In der länglichen Pfeilerhalle wurden Besucher empfangen, vermutlich war hier der Haupteingang des Palasts. Der Weg zum Ausgang führt entlang eines Lustralbads, das außerhalb des eigentlichen Palasts lag. Evans zufolge wurden dort von Besuchern rituelle Waschungen durchgeführt.

Zum Ausgang geht es durch den Theaterbezirk, der als Schauplatz für kultische Zeremonien oder Prozessionen mit großen Menschenmengen diente. Prozessionswege führen zur Zuschauertribüne. Hier beginnt auch die sogenannte Heilige Straße zum Kleinen Palast und zu anderen Stadtteilen (nicht zugänglich).

AUTORENTIPP!

AUSFLUG FÜR GOURMETS

Wenige Kilometer südöstlich von Knossós liegt das Dorf Skaláni, der Hotspot der irakliotischen Gourmetszene. Zwei der bekanntesten Restaurants der Provinz Iráklio verwöhnen ihre Gäste hier mit exzellenter, lokaler Küche.
Im stilvollen »Eliá & Diósmos« kreiert das junge Team um Wirtin und Chefköchin Argiró Várda raffinierte kretische Speisen, inspiriert von innovativen Trends. Das Menü des preisgekrönten Restaurants variiert saisonabhängig. Zur Auswahl stehen über 100 griechische Flaschenweine. Reservierung empfehlenswert!
Schräg gegenüber betreibt Níkos Marazákis seit über 20 Jahren eine Kult-Taverne. Auch er hat mit seinen köstlichen kretischen Gerichten schon griechische Gourmet-Preise gewonnen. Das Lamm-Geschnetzelte in Ei-Zitronen-Sauce und der typisch kretische Hochzeitsreis *gamopílafo* sind ein Traum.

Eliá & Diósmos. Skaláni, 400 m von der Schnellstraße,
Tel. 28 10 731 283.
Níkos Marazákis. Skaláni,
400 m von der Schnellstraße,
Tel. 28 10 731 435.

Mitte: Typische minoische Säule am Säulenzimmer der Südwestecke von Knossós.
Unten: Das Prozessionsfresko umfasste einst hunderte Figuren. Erhalten sind nur wenige Fragmente.

Mythen rund um Knossós

Wer tatsächlich Herrscher über Knossós und die Minoer war, ist wissenschaftlich nicht belegt. Doch birgt die griechische Mythologie vielleicht die Lösung des Rätsels um den König des Palastzentrums. Laut Arthur Evans soll der sagenhafte König Minos in Knossós residiert haben. Evans benannte sogar die gesamte »minoische« Kultur nach ihm, angelehnt an Homers »Ilias«, in der von einem König Minos berichtet wird, der Herrscher über Kreta und die übrigen ägäischen Inseln war. Glaubt man der griechischen Mythologie, war Minos, Sohn des Göttervaters Zeus und der phönizischen Königstocher, der erste König Kretas. Zeus verliebte sich in die junge und schöne Prinzessin Europa. Er verwandelte sich in einen schönen Stier und näherte sich ihr auf einer Wiese, auf der sie mit ihren Freundinnen spielte. Vertrauensvoll setzte sich Europa auf seinen Rücken. Zeus sprang mit ihr ins Meer und schwamm zur kretischen Südküste. Bei Mátala gingen sie an Land. Prinzessin Europa gab unserem Kontinent ihren Namen und zeugte mit Zeus unter einer Platane bei Górtis ihren Sohn Minos.

Minos wurde zum ersten König der Insel und brachte Frieden und Wohlstand in sein Reich. Der Meeresgott Poseidon, der von Minos' Führungsqualitäten beeindruckt war, schenkte ihm einen wunderschönen Stier, ein heiliges Tier in dieser Zeit. Damit begannen die Probleme: Verzaubert von seiner Schönheit, versäumte Minos es, den Stier seinem Schenker gleich wieder zu opfern. Von Zorn erfüllt, rächte sich Poseidon an Minos' Gattin Pasiphae. Durch einen Zauber erfüllte er sie mit dem maßlosen Verlangen, sich dem Stier hinzugeben. Von dem erfinderischen Dädalus ließ sie sich eine hölzerne Kuh bauen und schlüpfte hinein. Der Stier verfiel der verkleideten Pasiphae und zeugte mit ihr das Ungeheuer Minotaurus, das zur Hälfte Mensch und zur Hälfte Tier war.

Voller Wut ließ Minos das Ungeheuer in einem Labyrinth einsperren, das Dädalus konstruierte. Als Nahrung für Minotaurus dienten alle neun Jahre sieben Jünglinge und sieben Jungfrauen. Ägäus, der König von Athen, musste sie nach Kreta senden, da die Athener einen der Söhne von Minos getötet hatten. Erst der spätere Athener König Theseus machte diesem Opferbrauch ein Ende. Mit einer Gruppe junger Männer und Frauen reiste er nach Kreta. Hilfe bekam er von Ariadne, Tochter des Minotaurus, die sich in Theseus verliebte. Der berühmte »Ariadne-Faden« half Theseus, wieder aus dem Labyrinth zu finden, nachdem er das Ungeheuer getötet hatte. Anschließend floh er mit Ariadne von der Insel. Theseus musste seine Geliebte jedoch auf der Insel Náxos zurücklassen, denn Gott Dionysos verlangte nach Ariadne.

Voller Trauer vergaß Theseus die Absprache mit seinem Vater, König Ägäus. Anstelle der weißen Segel wurden schwarze Segel gesetzt, die seinen Tod signalisierten. König Ägäus glaubte ihn tot und stürzte sich ins Meer, die seither nach ihm benannte Ägäis.

Südpropyläen und Teil des Prozessionsfreskos.

Infos und Adressen

INFORMATION

Knossós. 4 km südlich von Iráklio, Tel. 28 10 231 940, Eintritt 6 €, Kombi-Ticket mit dem Archäologischen Museum von Iráklio 10 €.
Öffnungszeiten: April–Okt. tägl. 8–19.30 Uhr, Nov.–März tägl. 8.30–15 Uhr.
Die Umstellung von den Sommer- zu den Winteröffnungszeiten ist jedes Jahr unterschiedlich. Um nicht vor verschlossenen Türen zu stehen, sollte man außerhalb der Hauptsaison anrufen und die aktuellen Öffnungszeiten erfragen.
Führung: Zu empfehlen ist die 90-minütige, deutschsprachige Führung, die man am Eingang buchen kann, um sich einen ersten Eindruck von den Ausgrabungen zu verschaffen und dann noch selbst eine Weile das Gelände zu erkunden. Teilnahme 10 €, Kinder unter 12 Jahren frei.

ESSEN UND TRINKEN

Die Tavernen rund um das Ausgrabungsgelände sind sehr touristisch und nicht zu empfehlen. Fahren Sie zum Essen in die Dörfer im Hinterland (siehe Seite 53) oder nach Iráklio (siehe Seite 36/37).
Staka ... litera. Innovativ zubereitete traditionelle Gerichte servieren die Besitzer aus Chaniá hier neben vielen chaniotischen Spezialitäten. Freundlicher Service und gutes Preis-Leistungs-Verhältnis. Iráklio, Leofóros Knosoú 120 (Verbindungsstraße Iráklio-Knossós), Tel. 28 10 234 122.

ÜBERNACHTEN

Hotels und Pensionen gibt es in Iráklio (siehe S. 36/37) oder Archánes (siehe S. 55).

Mitte: Im Hinterland von Iráklio erstrecken sich rund um den Berg Joúchtas kilometerweit Weinberge. **Unten:** Auch nahe der Hauptstadt noch zu sehen: Esel, hier im Dorf Káto Archánes.

4 Rund um Archánes

Das Hinterland von Iráklio

Trotz der Nähe zur Hauptstadt haben sich die Dörfer im Hinterland von Iráklio ihre ländliche Atmosphäre bewahrt. Für Weinfreunde und archäologisch Interessierte lohnt ein Ausflug in das Weinanbaugebiet um Archánes. Am Wochenende ist es auch für kretische Städter ein beliebtes Ausflugsziel, und in den Tavernen geht es dann sehr lebhaft zu.

Das Herz des kretischen Weinanbaugebiets Archánes, das bereits in der minoischen Zeit besiedelt war, liegt 14 km südlich von Iráklio. Archánes teilt sich wie viele kretische Dörfer in Páno- und Káto-Archánes, das »obere« und das »untere« Dorf. Der Weinanbau hat Archánes zu einem der reichsten Dörfer Kretas gemacht.

Káto Archánes

Über die Lebensweise der Kreter im vergangenen Jahrhundert kann man sich in dem privaten Historischen und Volkskundlichen Museum am südlichen Ortsrand ein Bild machen. Die bedeutendste Sehenswürdigkeit von Káto Archánes ist die Ausgrabung der Nekropole von Fourní auf dem gleichnamigen Hügel am nördlichen Ortsrand. Der Name stammt aus venezianischer Zeit und bezeichnet einen gewölbten Steinbau, der Ähnlichkeit mit einem *foúrnos* (Steinofen) hatte und von den Winzern als Lagerraum genutzt wurde. Erst der Archäologe Jiánnis Sakellarákis erkannte im 20. Jahrhundert bei Grabungen seine ursprüngliche Funktion: Es handelt sich um ein mykenisches Kuppelgrab, das viele Meter tiefer war als der Lagerraum der Winzer. Aus dem über 1000 Jahre lang genutzten Kuppelgrab A aus dem 14. Jahrhundert v. Chr. konnte wertvoller Goldschmuck geborgen werden. Das typische mykenische Grab bestand aus einem langen Zugang, einer Seitenkammer und einer gewölbten Kuppel oberhalb des runden Hauptraums. Auf dem gesamten Gelände wurden insgesamt 26 Gebäude und Hunderte Grablegungen gefunden. Ein weiteres Kuppelgrab stammt schon aus früherer Zeit, von etwa 2000 v. Chr. Bis ins 15. Jahrhundert v. Chr. diente es als Beisetzungs- und vermutlich auch Kultstätte. Das Kuppelgrab B, der größte Bau der Nekropole, weist neun Seitenkammern auf.

Páno Archánes

In dem hübscheren Dorfteil Páno Archánes mit seinen restaurierten Stadthäusern und kleinen Plätzen verbringen Iraklióten gern ein paar Tage in ländlicher Atmosphäre. Sehenswert ist das Archäologische Museum an der Haupteinkaufsstraße, das Funde aus der Umgebung zeigt. Highlights der kleinen Ausstellung sind ein minoischer Sarkophag, das antike Instrument Sistrum und kleine Kykladenidole, Marmorfiguren aus Jungsteinzeit und Bronzezeit. Wegweiser führen von der Hauptstraße auch zu teilweise ausgegrabenen Resten eines sogenannten minoischen Palasts, den Evans als Rest eines zweiten Palasts der Herrscher von Knossós ansah. Der Besuch lohnt sich nicht, weil nur Fundamente zu sehen sind. Markant ist hingegen der Glockenturm der Marienkirche aus dem 19. Jahrhundert, die viele schöne Ikonen birgt.

Anemospília

Oberhalb von Archánes, am Hang des Bergs Joúchtas, liegt das minoische Heiligtum Anemospiliá (»Höhle der Winde«). Ein Zwischenstopp lohnt, auch wenn die Ausgrabungen nicht begehbar sind, aber von hier bietet sich ein schöner Blick auf das Tal und Iráklio. An diesem Ort ließen

AUTORENTIPP!

WEINPROBE

Rund um Archánes erstrecken sich 30 000 ha Weinberge, in denen vor allem die vier heimischen Rebsorten Liatiko (für Rotwein), Vilana (für Weißwein) sowie Kotsifali und Mandilari (für Rosé und Rotwein) angebaut werden. Die ansässigen Weinkellereien produzieren etwa 70 Prozent aller kretischen Weine. Viele dieser idyllisch gelegenen Weingüter bieten zwischen Ostern und Mitte Mai Führungen und Weinverkostungen an. Manche haben auch kleine private Museen oder zeigen Videos.

In der alteingesessenen Weinkellerei Minos und bei der Agrargenossenschaft im Dorf Pezá, die außer Wein auch Öl und Seife produziert, legt man Wert auf Traditionen. Elegantes Ambiente und Blick über die Weingärten entzücken bei der Verkostung der Bio-Weine in der 2004 eröffneten Kellerei Tamiolakis in Choudétsi.

Peza Union Crete. Pezá, Tel. 28 10 741 945, Mo–Sa 9–16 Uhr, www.pezaunion.gr
Minos Winery. Pezá, Tel. 28 10 741 213, Mo–Fr 9–16 Uhr, Sa 10.30–15 Uhr. www.minoswines.gr
Tamiolakis Winery. Choudétsi, Tel. 28 10 742 083, Mo–Sa 9–17 Uhr, www.tamiolakiswines.gr

Oben: Die mykenische Nekropole von Fourní oberhalb des Dorfes Káto Archánes.
Mitte: Minoische Oliven- und Weinpresse aus der Neupalastzeit bei Vathípetro.
Unten: Rund um Archánes sind Weinreben allgegenwärtig.

sich Menschenopfer zu Zeiten der Minoer belegen. Der Archäologe Sakellarákis machte hier 1979 einen ergreifenden Fund: die Skelette einer Frau und zweier Männer. Gerichtsmediziner konnten bestätigen, dass die Frau und einer der Männer von herabstürzenden Steinen getötet wurden. Der zweite Mann, auf dessen Brust ein Schwert gefunden wurde, lag gefesselt auf einem Altar und war wahrscheinlich eine Opfergabe. Vermutlich sollte sie das schwere Erdbeben verhindern, das sich schon Tage vorher ankündigte und um das Jahr 1700 v. Chr. alle minoischen Paläste Kretas zerstörte.

Vathípetro

Schöne Ausblicke über Weingärten und Täler bieten die Ausgrabungen von Vathípetro. Die minoische Siedlung südlich von Páno Archánes wurde von dem griechischen Archäologen Spirídonas Marinátos ausgegraben und war wohl das Zentrum einer größeren Siedlung, die sich über drei Hügel erstreckte. Der 1580 v. Chr. entweder als zentrales Heiligtum oder als Sommersitz für die Residenten des Palasts von Archánes erbaute Komplex wurde 1550 v. Chr. wieder zerstört. Aus dieser Zeit stammen auch der Hof, die Pfeilerkrypta und einige Kulträume. Die wiederaufgebaute Siedlung mit neuen Wirtschaftsräumen, Kalkbrennofen sowie Wein- und Olivenpresse wurde 1470 v. Chr. dann endgültig zerstört.

Das Dorf Archánes ist das Weinbauzentrum Kretas.

Infos und Adressen

SEHENSWÜRDIGKEITEN

Historical and Folklore Museum. Káto Archánes, südlicher Ortsrand, Tel. 28 10 751 853, tägl. 9.30–17 Uhr, Eintritt 3 €.

Nekropole Fourní. Káto Archánes, nördlicher Ortsrand, ausgeschildert, Di–So 8.30–15 Uhr, Eintritt frei.

Archäologisches Museum. Páno Archánes, Einbahnstraße Richtung Iráklio, Tel. 28 10 752 712, Mi–Mo 8.30–14.30 Uhr, Eintritt frei.

Vathípetro. 4 km südlich von Páno Archánes, Di–So 8.30–15 Uhr, Eintritt frei.

ESSEN UND TRINKEN

Kritamon. Hier im Innenhof eines restaurierten Steinhauses kann man Gerichte aus vielen Bio-Produkten mit Einflüssen aus vergangenen Zeiten verzehren. Die Salate sind köstlich. Páno Archánes, nahe der Platía, Parallelgasse der Straße nach Iráklio, Tel 28 10 753 092.

Spitiko. Traditionelle Auswahl gebackener und gekochter Gerichte, Spanferkel und Lamm vom Spieß. Guter Biowein! Páno Archánes, Platía, Tel. 28 10 751 591.

Das Kloster Angaráthou östlich von Archánes.

In den schattigen Dorfgassen sieht man oft einheimische Frauen beim Stricken.

ÜBERNACHTEN

Kalimera Archanes. In einem Herrenhaus von 1890 und seinen Nebengebäuden werden vier Apartments und Studios rund um einen Garten vermietet. Páno Archánes, Tel. 28 10 752 999, www.archanes-village.com

Eliathos. Moderne Ferienhäuser mit sechs unterschiedlich großen Wohneinheiten mit Kamin. Großes Angebot regionaler Aktivitäten wie Weinlese oder Olivenernte. Vermittlung von Ausritten und Vermietung von Mountainbikes. Páno Archánes, 500 m südlich, Tel. 28 10 751 818. www.eliathos.gr

VERANSTALTUNGEN

Fest der Weintraube. Zwischen dem 10. und 15. August. Weinfest in Archánes mit Weinverkostung und kulturellen Events.

Mitte: Eine große Krake begrüßt die Gäste am Eingang des modernen Cretaquarium.
Unten: Einer der gefährlichsten Fische im Cretaquarium ist die bis zu 1,50 m lange Mittelmeer-Muräne.

5 Cretaquarium

Unterwasserwelt für alle

Im Cretaquarium lernen Kreta-Besucher die Unterwasserwelt des Mittelmeers kennen. In 60 Aquarien mit 1,7 Millionen Liter Wasser leben etwa 2500 Fische und wirbellose Tiere, die rund 200 verschiedene Arten repräsentieren. In die Aquarien eingesetzte Felsen von der kretischen Küste ahmen ihr natürliches Biotop nach.

Das im Jahr 2005 eröffnete Cretaquarium gehört zum Griechischen Zentrum für Meeresforschung. Infosäulen, Info-Points und multimediale Darstellungen sowie deutschsprachige Audioguides und Natur- und Dokumentarfilme informieren über die verschiedenen Tierarten und ihre Lebensräume. Zwei flache offene Becken mit wirbellosen Tieren bieten direkten Kontakt zu den Meeresbewohnern: Kinder können im Sand beispielsweise Seesterne anfassen.

Abtauchen zu den Fischen

Der etwa zweistüngige Rundgang beginnt in einem nur durch das dämmrige Licht der Aquarien beleuchteten Gang. Diese Inszenierung repräsentiert den natürlichen Lebensraum von Korallen, Rochen, Skorpionsfischen und Garnelen, die in Höhlen und Felsvorsprüngen leben. Ein etwas hellerer Bereich mit drei großen Becken und einem Fassungsvermögen von 600 bzw. 400 m^3 beherbergt Bewohner des offenen Meers. Der gewaltige Sandhai, dessen Zähne alles andere als freundlich wirken, beeindruckt Groß und Klein. Durch die 20 m^2 große Glasfläche kann man die Haie, Bernsteinfische, Zacken- und Wolfsbarsche, Muränen und ganze Schwärme mediterraner Rifffische aus vielen Perspektiven beobachten.

Lebewesen in Küstennähe

Der nächste Bereich widmet sich Meeresbewohnern der Küstenregionen – Fische und Seepferdchen, die sich den Farben und Formen ihrer Umgebung anpassen. Einige verstecken sich im Sand, wie der Himmelsgucker. Meist sieht man zuerst ein Pochen im Sand, dann die hervorstehenden Augen und seine Umrisse. Seeanemonen, Papageifische oder Krebstiere verstecken sich meist in Felsen. Auch Organismen, die keine Fotosynthese betreiben können, wie der Zooplankton, können Besucher hier kennenlernen. Zu den größten Organismen dieser Art gehören die Quallen.

Völkerwanderung

Das Cretaquarium widmet sich zuletzt der Lessepschen Migration, dem Austausch von Lebewesen zwischen Rotem Meer und Mittelmeer durch den Suezkanal. Diese Verbindung führte zu einer Migration vieler tropischer Arten ins Mittelmeer. Feilen-, Kaiser-, Lipp-, Clown- und Anemonenfische, die sich mit den steigenden Wassertemperaturen aufgrund der globalen Erwärmung auch im Mittelmeer wohlfühlen, haben auch im Aquarium inmitten von Korallen und Riffen mit fantastischen Farben und Formen ihre neue Heimat gefunden.

Vor den riesigen Becken staunen nicht nur die Kleinen.

Infos und Adressen

INFORMATION

Cretaquarium. Goúrnes (auf dem ehemaligen Gelände der US-amerikanischen Armee),
Tel. 28 10 337 788, Juni–Sept. tägl. 9–21, sonst bis 19 Uhr, Eintritt 8 €, Kinder 5–17 Jahre 6 €, Kinder bis vier Jahre frei, www.cretaquarium.gr. Anfahrt: Für Autofahrer sowohl von der New National Road als auch von der Old National Road sehr gut ausgeschildert. Bus: Linienbusse tägl. halbstündlich von Iráklio nach Liménas Cherssoníssou, Haltestelle Nr. 9, dann etwa 500 m Fußweg.

ESSEN UND TRINKEN

Das Museum hat eine Snack-Bar und ein Restaurant.
Krites. Die Taverne mit großer Rasenfläche und Spielplatz serviert typische kretische Gerichte wie das exzellente Lamm mit stacheliger Zichorie *stamnagáthi*. 500 m östlich des Aquariums, Tel. 28 10 762 666.

ÜBERNACHTEN

Grecotel Amirandes. Diese Unterkunft, eine der exklusivsten Hotelanlagen Kretas, ist im Stil eines minoischen Palastes gehalten und verfügt über 212 Zimmer und eine imposante Park- und Wasseranlage. Die Hotelanlage der Grecotel-Kette begeistert außerdem durch freundlichen und aufmerksamen Service. Goúves, Tel. 28 97 041 103, www.grecotel.com/crete/amirandes

EINKAUFEN

Aqua Shop. Im Souvenirshop des Museums dreht sich natürlich alles um die Themen Meer und Umweltschutz. ERwerben kann man hier Spielwaren, Bücher, Schmuck und Geschenkartikel.

Mitte: Im Hafenbecken von Liménas Chersoníssou liegen trotz Tourismus-Boom noch viele Fischerboote.
Unten: Im volkskundlichen Freilichtmuseum Lichnostátis in Liménas Chersoníssou darf natürlich auch eine Kapelle nicht fehlen.

6 Von Chersónissos bis Mália

Touristenhochburg und Fluchtpunkte im Hinterland

Der Küstenabschnitt östlich von Iráklio ist die Bettenhochburg der Insel. Lange Badestrände, ausgeprägtes Nightlife und vielseitige Sportmöglichkeiten ziehen jährlich zahlreiche Pauschaltouristen in die fast nahtlos ineinander übergehenden Urlaubsorte. Individualtouristen besuchen die traditionelleren und ruhigeren Dörfer im Hinterland, archäologisch Interessierte den minoischen Palast von Mália.

Die Küstenorte Limenás Chersonissou (von Reiseveranstaltern oft nur Chersónissos genannt), Stalída und Mália wurden erst Mitte der 1970er-Jahre touristisch erschlossen. Bis dahin hielten sich hier vorwiegend in den Wintermonaten die Einwohner der Binnendörfer im Hinterland auf, die in der Gegend ihre Olivenbäume ernteten. Heute ist die Gegend kaum noch landwirtschaftlich geprägt,

MAL EHRLICH

GEFÄHRLICH IM VERKEHR – QUADS

Die kleinen vierrädrigen Kraftfahrzeuge sind für die jungen Briten und Iren in Mália aufgrund ihrer günstigen Anmietung das perfekte Fortbewegungsmittel. Leider ist ihre Fahrweise gegenüber anderen Verkehrsteilnehmern oft rücksichtslos und gefährlich. Wenn sie in Gruppen unterwegs sind, blockieren sie oft ganze Straßen oder überholen sich auch auf Schnellstraßen sehr unvorsichtig. Um Unfälle zu vermeiden, müssen sich die restlichen Verkehrsteilnehmer in Acht nehmen.

der Tourismus hat die Rolle der Haupteinnahmequelle übernommen.

Liménas Chersoníssou

Wie touristisch der Küstenort ist, erkennen schon Durchreisende bei der Fahrt über die Old National Road. Gesäumt von Cafés, Bars, Hotels, Restaurants und Geschäften zieht sie sich etwa 2 km durch den Ort. Immer wieder führen kleine Gassen zur autofreien und fast strandlosen Uferpromenade hinunter. Hier sind weitere touristische Einrichtungen größtenteils auf ein junges niederländisches Klientel ausgerichtet.

Gute Hotels, die sich außerhalb des Orts angesiedelt haben, bringen aber auch älteres Publikum in den Ort, das hier gern die gehobeneren Restaurants besucht. Liménas Chersoníssou hat auch einige Sehenswürdigkeiten zu bieten: Die Ruine der frühchristlichen Basilika Kastríou aus dem 5./6. Jahrhundert auf einem Hügel oberhalb des Hafens birgt ein Mosaik mit floralen und ornamentalen Mustern. Der römische Brunnen an der Uferpromenade stammt aus dem 3. Jahrhundert und war einst auf vier Seiten mit Mosaiken geschmückt. In einem der dreieckigen Felder sind außer den Einfassungen noch Figuren wie Fische, Vögel und ein Oktopus erkennbar.

Am östlichen Ortsrand von Liménas Chersoníssou liegt ein sehenswertes Freilichtmuseum, dass sich der kretischen Volkskunde widmet. Sehr engagiert werden auf dem 7000 m² großen Gelände eine *rakí*-Destillerie, ein alter Backofen, eine Wein- und eine Olivenpresse, ein großes, hübsch gestaltetes Bauernhaus und ein traditioneller Dreschplatz präsentiert. Besucher können an täglichen Führungen teilnehmen und sich eine Audiovisionsschau ansehen.

AUTORENTIPP!

CRETE GOLF CLUB

Der 2003 gegründete, einzige 18-Loch-Golfplatz Kretas liegt in einem Hochtal südlich von Liménas Chersoníssou. Die gepflegten, ganzjährig bespielbaren Greens wirken in der kargen, hügeligen Umgebung wie eine Oase. Die im »Desert Style« angelegte, anspruchsvolle Golflandschaft mit weitläufigen Fairways bietet atemberaubende Panoramablicke zu den umliegenden Bergen und zur Ägäis. Ein freundliches Team verwöhnt in dem großen, elegant eingerichteten Clubhaus Golfer und Gäste. Die Aegean Golf Academy des Clubs bietet individuellen Unterricht für jede Spielstärke (50 Minuten ab 75 €). Die Akademie verfügt über eine 300 m lange, zweiseitig bespielbare Driving Range mit 41 überdachten Abschlagplätzen, ein großes Putting-Green, ein Chipping-Green und einen Übungsbunker.

Crete Golf Club. 7 km südlich von Liménas Chersoníssou Richtung Kastélli, Tel. 28 97 026 000, info@crete-golf.gr, www.crete-golf.gr (Voraussetzung: Handicap 36).

AUTORENTIPP!

REITEN FÜR GROSS & KLEIN

Die Gegend von Liménas Chersoníssou ist ein Paradies für Pferdenarren. Kinder und Erwachsene, Anfänger und erfahrene Reiter finden in den Reiterhöfen das passende Angebot. Die beiden Reitställe Finikia Horse Riding und Arion Stables sind ideale Adressen für kurze Ausritte zwischen den Hügeln im Hinterland oder am Strand. Ausgiebige Reiterferien bieten Sabine Fragákis-Ruijters und ihr Mann Manólis auf ihrem Reiterhof Odysseia Stables im südöstlich gelegenen Dorf Avdoú. Perfekt für Kinder ist die »Kriti Farm« im Dorf Potamiés, wo ein griechisch-schwedisches Ehepaar Eselsritte und Ausfahrten mit dem Pferdewagen anbietet. Sie haben auch einen Streichelzoo und eine Farm-Taverne.

Finikia Horse Riding. Östlicher Ortsrand, Tel. 28 97 023 555, www.hersonissos-horseriding.com
Arion Stables. Westlicher Ortsrand (ausgeschildert), Tel. 28 97 023 931, www.arionstables.com
Kriti Farm. Hinter Potamiés, 13 km südlich, Tel. 28 97 051 546, tägl. 10–18 Uhr.
Odysseia Stables. Avdoú, westlicher Ortsrand, Tel. 28 97 05 10 80, www.horseriding.gr

Das große Bauernhaus im Museum Lichnostatis.

Hübsche Dörfer im Hinterland

Am Hang oberhalb von Liménas Chersoníssou lohnen die drei kleinen Dörfer Chersónissos, Piskopianó und Koutouloufári einen Besuch. Sie bieten eine charmante Alternative dem lauten Küstenort zu entfliehen. Tavernen, mit schönen Aussichtsterrassen, ortsansässige Kunsthandwerker und kleine, hübsche Hotels machen sie für Individualtouristen attraktiv. Alle drei Orte sind auch gut zu Fuß erreichbar (Rundtour etwa 6 km).

Im Binnendorf Chersónissos, dessen Hafen der Küstenort einst war, konnte man mit den vom Tourismus erwirtschafteten Geldern viel restaurieren. Rund um den Dorfplatz mit Brunnen haben sich einige gute Tavernen angesiedelt. In den Sommermonaten hat man jeden Montagabend ab 20.45 Uhr bei einem »Kretischen Abend« mit kretischer Live-Musik und vorgeführten Tänzen Gelegenheit, mitzutanzen.

Piskopianó ist das kleinste der drei Dörfer und nur entlang der Verbindungsstraße touristisch erschlossen, von der sich immer wieder tolle Ausblicke bis zur Küste eröffnen. Ansonsten findet man hier enge Gassen und vereinzelte Natursteinhäuser, die typisch kretische Dörfer ausmachen. Einen tollen Ausblick bietet auch der Kirchplatz oberhalb der Straße mit seinen Maulbeerbäumen und einer Palme. Kinder spielen hier bis zum späten Abend vor einer prächtigen neuen Kirche und der alten Kirche von 1897.

Fast nahtlos geht die Straße in das östlichste Dorf Koutouloufári über. Auch hier versprechen rund um die Hauptstraße und in der Parallelstraße ab dem Dorfplatz zahlreiche charmante Tavernen, Cafés und Bars gemütliche Stunden abseits des Trubels der Küste. Hübsche Kunsthandwerksläden von Einheimischen und Ausländern laden zum Shoppen ein.

Ruhepole: Stalída und Mochós

Von Liménas Chersoníssou Richtung Osten führt die Old National Road in den ruhigen Küstenort Stalída. Er beherbergt ein älteres Publikum und ist an diesem Küstenabschnitt ein beliebter Standort für Individualtouristen. Einen historischen Kern hat Stalída nicht, dafür aber eine attraktive Lage an einem langen Sandstrand. Auch viele Bewohner aus dem Bergdorf Mochós haben sich hier angesiedelt. Der Ort erstreckt sich zwischen der Old National Road und der von kleineren Hotels, Bars und Tavernen gesäumten Uferstraße.

Einen Ausflug wert: das Binnendorf Chersónissos.

Oben: Der Glockenturm der Evangelístria-Kirche an der Platía in Mochós.
Mitte: Die Tavernen in Mochós sind bei Touristen wie Einheimischen gleichermaßen beliebt.
Unten: Im Holzofen werden außer italienischer Pizza auch viele kretische Gerichte gebacken.

Oben: Den Besuch des minoischen Palasts von Mália kann man gut mit einem Strandbesuch kombinieren. **Mitte:** Stühle in der Landesfarbe Blau im kleinen Dorf Piskopianó. **Unten:** Der Strand von Mália wartet mit einem riesigen Wasser- und Funsport-Angebot auf.

Von Stalída windet sich eine 9 km lange Serpentinenstraße mit bezaubernden Ausblicken auf die Küste den Hang hinauf ins Dorf Mochós. Es liegt mitten in einem mit Weingärten bebauten Tal. Die große Platía säumen viele gute Tavernen. Von Juni bis August laden sie jeden Mittwochabend gemeinsam zu einer Art Dorffest mit kretischer Live-Musik ein.

Mália – britischer Party-Spot

Zu Beginn des 20. Jahrhunderts lebten die Bewohner von Mália hauptsächlich vom Johannisbrot-, Wein- und Gerstenanbau. Später erzeugten Windräder die nötige Energie für die Bewässerung, und der Anbau von Kartoffeln, Melonen und Bananen in Gewächshäusern steigerte die Einnahmen. Mália hat einen langen breiten Sandstrand und in den 1980er-Jahren entstanden zahlreiche Hotels. Der kleine Küstenort verwandelte sich in eine viel besuchte britische Partymeile und hat als »Sauftreff« den schlechtesten Ruf Griechenlands.

Die Liegen stehen an Málias Sandstrand sehr dicht nebeneinander. Vor den Beach-Bars versuchen junge Damen und Herren Gäste in die Lokale zu locken, aus denen laute Musik schallt. Ruhesuchende schwimmen entweder zu der kleinen vorgelagerten Insel oder besuchen lieber gleich den Sandstrand Potamós mit einigen Sanddünen, der auch bei kretischen Familien aus dem Umland beliebt ist.

Málias Partymeile besteht aus Diskotheken, Pubs und Bars im nördlichen Teil des Orts. Im »alten« Dorf, südöstlich der Hauptkirche Ágios Nektários, liegen zwischen vielen Wohnhäusern einige bessere Tavernen und Hotels. In minoischer Zeit befand sich in der Gegend von Mália ein großes Palastzentrum. Die Ausgrabung, etwa 2 km östlich des

Ortskerns hinter dem Potamós Beach, lohnt einen Besuch.

Der minoische Palast

Seit 1921 forschen französische Archäologen in Mália. Kretas drittgrößter minoischer Palast aus der Zeit zwischen 1700 und 1450 v. Chr. weist, wie die anderen minoischen Palastzentren der Insel, einen West- und einen Zentralhof auf. In einem Raum gleich hinter dem Eingang der Ausgrabungsstätte sind Pläne, Fotos und ein Modell der Ausgrabung ausgestellt. Rund um den Zentralhof gruppieren sich in einen West- und Nordflügel Wohntrakte, Magazine, Kulträume und Wirtschaftsräume. Weitere Magazine sind auf der Ostseite des Palasts untergebracht. Der sogenannte *kérnos*, ein Opferstein mit vielen Vertiefungen in der Südwestecke des Hofs, diente den Minoern vermutlich zur Darbietung landwirtschaftlicher Opfergaben wie Brot, Öl oder Samen.

Eine Besonderheit von Mália ist die sogenannte »Agorá«, die ihren Namen aufgrund ihrer Ähnlichkeit zu hellenistischen und römischen Marktplätzen erhielt. Vermutlich fanden dort politische, kultische oder sportliche Veranstaltungen statt. Außerdem hat man in Mália auch das sogenannte »Quartier My« ausgegraben. Im Stadtviertel aus der Altpalastzeit hatten Töpfer, Bronzegießer und Siegelschneider ihre Werkstätten.

Vom minoischen Palast aus erreicht man zu Fuß in Richtung Küste auch die Ausgrabungen der minoischen Nekropole Chrisólakos (»Goldgrube«). In einem der Gräber entdeckten Archäologen den wahrscheinlich berühmtesten minoischen Goldschmuck, die »Bienen von Mália«, die heute im Archäologischen Museum von Iráklio ausgestellt werden und einen Besuch wert sind.

AUTORENTIPP!

HAPPY TRAIN

In vielen kretischen Küstenorten gibt es die sogenannten *trenáki* - kleine Züge auf Gummirädern, die Besucher durch die Gegend chauffieren. Auch in der Gegend von Liménas Chersonissou und Mália sind die zahlreichen Haltestellen nicht zu übersehen. Etwa eineinhalb Stunden braucht der »Happy Train« für seine Tour von Mália über Stalída nach Liménas Chersonissou und zurück. Viel interessanter ist jedoch die Tour nach Móchos und zur uralten Platane im noch höher gelegenen Bergdorf Krási, bei der sich auf der serpentinenreichen Strecke einzigartige Panoramaaussichten eröffnen.

Die »Hersonissos Trains« fahren zudem durch den Küstenort Liménas Chersonissou zum Binnendorf Chersónissos und wieder zurück. Schön ist auch die Route durch die entfernter liegenden Bergdörfer Potamiés, Avdoú und Goniés, bei der man Gelegenheit hat, das kretische Dorfleben kennenzulernen und die abwechslungsreiche kretische Landschaft zu entdecken.

Happy Train. Mália,
Tel. 28 97 033 624.
Hersonissos Trains. Liménas Chersonissou, Tel. 28 97 029 191.

Oberhalb des Hafens von Liménas Chersonissou sind Reste des Bodenmosaiks der Basilika Kastríou zu finden.

Infos und Adressen

SEHENSWÜRDIGKEITEN

Minoischer Palast Mália. Mália, 2 km östlich, Tel. 28 97 031 597, Di–Sa 8.30–15 Uhr, Eintritt 4 €.
Lychnostatis Museum. Liménas Chersoníssou, östliches Ortsende, Tel. 28 97 023 660, So–Fr 9–14 Uhr, www.lychnostatis.gr, Eintritt 5 €.

ESSEN UND TRINKEN

Sokaki. Mitten im Touristenzentrum treffen sich die Einheimischen in der kleinen Taverne zu kretischen Gerichten und frischem Fisch. Liménas Chersoníssou, Evaggelístrias 10, Tel. 28 97 021 008.

Vielfältig präsentieren sich die Geschäfte der Küstenorte.

Kymata. Kreative mediterrane Gerichte und Sushi in geschmackvollem Ambiente. Auf der umfangreichen Weinkarte stehen auch französische Weine. Liménas Chersoníssou, Agías Paraskevís 55, Tel. 28 97 022 386.
LaScala. Unterhalb der Promenade werden an Tischen, an denen sich fast die Wellen brechen, mediterrane Gerichte serviert, oft aus dem Steinofen. Liménas Chersoníssou, Agías Paraskevís 83, Tel. 28 97 024 777.
Ta Petrina. Gemütliche Taverne mit Kamin. Die köstlichen Gerichte aus dem Holzofen kann man auch unter Weinreben auf der Terrasse genießen. Chersónissos, Tel. 28 97 021 976.
Kares. Familiär geführte Taverne mit Tischen unter Walnussbäumen. Hier kommen traditionelle, kretische Gerichte wie gefüllte Zucchiniblüten, Schnecken oder (im Sommer) gekochtes Zicklein auf den Tisch. Krási, Tel. 28 97 051 862.
Lithos. Bei Níkos Fountákis legt man viel Wert auf Details und kocht authentische kretische Gerichte. Mochós, Platía, Tel. 28 97 061 350.
Kalesma. Traditionelles *mezedopolío* im alten Dorf mit einer riesigen Auswahl köstlicher griechischer *mezédes*. Mália, altes Dorf, Odós Omírou 8, Tel. 28 97 031 461.
Kalyva. Wirt Vassílis führt die einfache Taverne am Strand schon in dritter Generation. Er bietet seinen Gästen gute preiswerte Grillgerichte und große Salate. Mália, Uferstraße nahe dem Palast, Tel. 69 42 555 845.

ÜBERNACHTEN

Creta Maris. Großes Luxushotel im Dorfstil mit riesigem Unterhaltungs- und Sportangebot. Günstiger pauschal buchbar. Liménas Chersoníssou, Odós Dimokratías, Tel. 28 97 022 379. www.maris.gr
Asterias Village. Von dem 2003 eröffneten, familiengeführten Apartmenthotel mit 90 Wohneinheiten genießt man einen tollen Blick über die Küstenorte. Piskopianó, Hauptstraße, Tel. 28 97 024 539, www.asteriasvillage.gr
Diamond Beach. Das kleine, familiengeführte Hotel liegt ruhig am westlichen Ortsrand von Stalída. Von allen einfach eingerichteten Studios und Apartments mit Balkonen hat man direkten Meerblick. Stalída, Uferstraße, Tel. 28 97 031 043, diamondbeachappts@hotmail.com
Royal Heights Resort. Schick gestyltes Hotel mit 30 Wohneinheiten, Swimmingpool und kleinem Wellnesscenter, abseits des Trubels. Mália, oberhalb des alten Dorfes, Tel. 28 97 035 040, www.rhr.gr

AUSGEHEN

Partygänger können sich im Internet unter www.malia.co.uk/clubs über die aktuellen In-Clubs von Mália informieren.
Camelot. Schon seit Jahren eine feste Adresse in der Club-Szene von Chersónissos mit langer Theke

und Lichtreflexen. Liménas Chersoníssou, Odós Paraskevís 8, tägl. ab 22.30 Uhr.

New York. Der Bar-Club an der Promenade bietet von der Open-Air-Terrasse seit über 20 Jahren Meerblick. Überwiegend Mainstream. Odós Paraskevís 30, www.new-york.gr

Enigma. Alle die Lust auf griechische Musik haben, sind in diesem alteingesessenen Club mit griechischer Pop- und Rock-Musik und orientalischen Klängen genau richtig. Hier trinken die Gäste nicht nur an der Theke, sondern steigen oft auch gern zum Tanzen hinauf. Odós Paraskevís 47.

Vinnies Garden. Auf der Dachterrasse eines Natursteinhauses bietet die kommunikative Wirtin Martina Russell die besten Cocktails der Gegend an. Koutouloufári, Odós Aléxi Minóti 12.

EINKAUFEN

Craft Gallery. Umweltschonend verwenden Kristina Saarenheimo und ihr Mann Kóstas Tzompanákis Aluminium von Teelichtern, gepresstes Zeitungspapier, alte Fensterrahmen und vieles mehr für ihre kreativen Deko-Objekte. Koutouloufári, Odós Evrópis 86.

Kouroupis. Manólis Anastasákis führt in der kleinen Galerie Keramik, Glasobjekte, Skulpturen und Schmuck vieler kretischer und griechischer Künstler. Koutouloufári, Odós Aléxi Minóti 7.

AKTIVITÄTEN

Star Beach Water Park. Bars, Pools, Wasserrutschen, Kinderbecken, Bungee-Kran und viele Themen-Partys. Liménas Chersoníssou, östlicher Ortsrand, tägl. 9–20 Uhr, www.starbeach.gr, Eintritt frei.

Acqua Plus. Spaßbad mit vielen Attraktionen und Wasserrutschen. Liménas Chersoníssou, 5 km landeinwärts Richtung Potamiés,
Tel. 28 97 024 950, tägl. 10–19 Uhr, www.acquaplus.gr, Eintritt: Erwachsene 20 €, Kinder 6–13 Jahre 12 € (ab 14 Uhr günstiger).

Creta Maris Diving Center. Eine der besten Tauchbasen der Insel. Tauchkurse und vielseitige Tauchangebote. Liménas Chersoníssou, Hotel Creta Maris, Tel. 28 97 022 122. www.dive-cretamaris.gr

Dolphin Watersports. Neben zahlreichen Fun-Sportarten werden Windsurfen, Fallschirmsegeln und Wasserskifahren angeboten. Mália, Strandzentrum, Tel. 28 97 032 250, www.water-sports.gr

Crete Golf Club (siehe Autorentipp S. 59)

Reiten (siehe Autorentipp S. 60)

Nahe der Küstenorte versprechen Wasserparks wie der Starbeach-Waterpark Spaß für die ganze Familie.

Mitte: Wie aus dem Bilderbuch: das Kraterranddorf Oía mit seiner typischen Kykladenarchitektur.
Unten: Der Badeort Períssa ist besonders bei Individualtouristen sehr beliebt.

7 Tagesausflug Santorin

Schönste Insel der Welt?

Mehrfach wurde Kretas Nachbarinsel zum allerschönsten Eiland der Welt erkoren. Von Iráklio aus ist man mit dem Katamaran in drei Stunden dort, Tagesausflüge sind möglich. Zu entdecken gibt es eine einzigartige vulkanische Landschaft, schneeweiße Kraterranddörfer mit reinster Kykladenarchitektur und eindrucksvolle Zeugnisse aus einer mit der minoischen Kultur eng verwandten Stadt, die vielleicht das sagenhafte Atlantis war.

Santorins genialer Baumeister war ein Vulkan. Um 1645 v. Chr., also vor etwa 3650 Jahren, explodierte er. Aus seinem Schlot stieg eine bis zu 38 km hohe Bimssteinsäule auf. Asche und Bimsstein wurden bis ins heutige Zypern und nach Israel und Istanbul getragen. Sogar auf Grönland stellte man noch Spuren fest. Die vorher fast kreisrunde Insel zerbrach in drei Teile, die einen Ring um eine tiefe *Caldera* bilden, in die das Meer einbrach. Der

MAL EHRLICH

TOTAL ÜBERLAUFEN

Santorins Schönheit ist Santorins Fluch: Im Sommerhalbjahr setzen riesige Kreuzfahrtschiffe täglich bis zu 15 000 Touristen an Land, die sich von morgens bis abends vor allem durch die engen Gassen von Firá und Oía drängen. Entsprechend hoch ist das Preisniveau, entsprechend gering die Bereitschaft mancher Händler und Wirte, in den Urlaubern mehr als wandelnde Portemonnaies zu sehen. Doch die Einzigartigkeit der Insel, ihre Landschaft und ihre Kunstwerke entschädigen auch dafür mehr als genug.

Vulkanausbruch vernichtete eine städtische Siedlung, die mit dem minoischen Kreta in enger Verbindung stand. Ihre zweigeschossigen Häuser schmückten prächtige Fresken. Die Bewohner flohen, ihre Stadt wurde wie alle drei Inselteile unter einer bis zu 60 m dicken Bimssteinschicht begraben. Griechische Archäologen legten sie im 20. Jahrhundert teilweise frei. Drei Inselmuseen präsentieren ihre Funde.

Dörfer am Kraterrand

Im Mittelalter, als Santorin zum venezianischen Herzogtum der Kykladen gehörte, errichteten die Menschen ihre Dörfer direkt an dem 300 m hohen Kraterrand. Meist bauten sie ihre Wohnungen höhlenartig in den weichen, aber tragfähigen Bimsstein hinein. Später siedelten sie auch in schneeweißen Häusern direkt an der Abbruchkante und bauten dort Kirchen und Kapellen. Diese schneeweißen Dörfer ziehen sich heute als bildschöne Bänder hoch oben an der Caldera entlang. Auch die Inselhauptstadt Firá und ihr Gegenstück Oía am nördlichen Inselende sind solche Kraterranddörfer.

Ankunft auf Santorin

Am Leuchtturm auf der Südspitze Santorins vorbei läuft der Katamaran aus Kreta in die Caldera ein. Deutlich sind die drei Inselteile zu erkennen: Der kleine, unbewohnte Fels Asprónisi hart backbord (an der linken Seite), das lang gestreckte Santorin steuerbord voraus und die kleinere, aber ganz ähnlich aufgebaute Schwesterinsel Thirasiá backbord voraus. Mitten in der Caldera ragen zwei kleine, nahezu pflanzenlose Lavainseln auf, Néa und Paléa Kaiméni. Sie bildeten sich erst im Verlauf der vergangenen 2000 Jahre und nahmen ihre heutige Form erst bei einem Vulkanausbruch in der Zeit von 1925 bis 1928 an. Zwischen den

AUTORENTIPP!

THE DONKEY REPUBLIC

Esel und Maultiere gehören zu Santorin wie Bimsstein und Wein. Sie helfen den Bauern auf den Feldern und in den Rebgärten, tragen Urlauber vom alten Hafen von Firá zum Kraterrand hinauf – und ganz Unentwegte auch wieder hinunter. Seit 2010 haben sie auch in die Kunst Eingang gefunden. Das von der 1998 in der Schweiz entwickelte Konzept der »Cow Parade« abgeleitete Projekt »The Donkey Republic« gibt alljährlich ausgewählten internationalen Künstlern die Möglichkeit, ihren eigenen Esel aus Fiberglas zu gießen und mit Farben zu bemalen. In Originalgröße stehen sie dann über Firá und die ganze Insel verteilt und werden am Jahresende versteigert, teilweise zugunsten eines Gnadenhofs für alte Esel bei dem Dorf Karterádos. Kleinere bunt bemalte Esel und Maultiere kann man das ganze Jahr über bei »Ooh lala« in Firá an der kurzen Gasse zwischen Prähistorischem Museum und orthodoxer Kathedrale erwerben.

AUTORENTIPP!

EINMAL ÜBERNACHTEN

Wer auf Santorin übernachtet, erlebt die Kraterranddörfer als Lichterbänder, die zwischen Himmel und Meer zu schweben scheinen, und hat 30 statt nur 6 Stunden Zeit für die Insel. Da bleibt Muße für Museumsbesuche, den Bummel durch Shops und Kunstgalerien und für den Besuch exzellenter Restaurants.
Mehrere relativ preiswerte Hotels und Pensionen liegen an der Stichstraße zum zentrumsnahen Campingplatz, u.a. das »Golden Star« mit großem Pool und freiem Blick in die Landschaft. Der Wirt holt angemeldete Gäste kostenlos vom Hafen ab und bringt sie zuverlässig dorthin zurück.
Eine der besten und preisgünstigen Tavernen ist das »Kapari« an der Straße zwischen dem Hauptplatz von Firá und Firostefáni. Hier verwöhnen Kóstas und seine deutsche Frau Doris ihre Gäste mit kreativ verfeinerten Inselspezialitäten hinter einem bunten Vorhang von Bougainvilleen.

Golden Star. Firá,
Tel. 22 86 023 191,
www.hotelgoldenstar.gr
Kapari. Firá, Tel. 22 86 027 086,
tägl. ab 16 Uhr.

Die orthodoxe Kathedrale in Firá erstrahlt in glanzvollem Weiß am Kraterrand.

Kaiméni-Inseln und Santorin liegen meist mehrere große Kreuzfahrtschiffe vor Anker; Jachten und Fähren gleiten an ihnen vorbei.

Der Katamaran fährt nicht weit in die Caldera hinein, sondern legt an dem kleinen Kai des Athínios-Hafens an, direkt unterhalb der fast 300 m hoch aufragenden Kraterwand. Wer einen organisierten Ausflug gebucht hat, wird von Reisebussen erwartet. Ein paar Taxis stehen bereit und es fahren auch Linienbusse. Schon nach wenigen Minuten windet sich die Fahrzeugkarawane serpentinen- und aussichtsreich die in die Kraterwand geschlagene Straße empor zum Kraterrand. Dort wenden sich die Linienbusse nach links, der Inselhauptstadt Firá entgegen.

Bummel durch Firá

Firá mit den sich nördlich anschließenden Ortsteilen Firostefáni und Imerovígli zieht sich über mehrere Kilometer am Kraterrand entlang. Häuser und Kirchen, Caféterrassen und kleine Pools reihen sich in atemberaubender Lage auf der Kraterwand hoch über dem Meer, entlang der den Ort ganz durchquerenden Kraterrandgasse und auf der sanften, aber immer noch recht kräftig abfallenden Ostseite mit Blick zur offenen Ägäis.

Vom zentral gelegenen Busbahnhof aus führt die Straße in einer Minute hinauf zum modernen Prähistorischen Museum. Es widmet sich anschaulich der komplexen Geschichte und Kultur der minoischen Stadt Akrotíri, ihren Menschen und ihrer Kunst. Den Besuch hebt man sich aber besser bis zum Nachmittag auf, denn zunächst lockt der Kraterrand. Man erreicht ihn in wenigen Schritten gleich neben der großen orthodoxen Kathedrale der Insel. Von hier reicht ein unvergleichlicher Blick über die Caldera und über Santorin und Thi-

Stadtrundgang in Firá

A Prähistorisches Museum – Das bedeutendste Museum der Insel bietet exzellente Erklärungen zum Vulkanausbruch im 17. Jahrhundert v. Chr. und zur Kultur im Akrotíri der minoischen Zeit. Zeitbedarf ca. 30–60 Minuten. Direkt oberhalb des Busbahnhofs, Tel. 22 86 023 217, April–Okt. Mo 13.30–20, Di–So 8–20 Uhr, Eintritt 3 €.

B Orthodoxe Kathedrale – Sie liegt markant direkt am Kraterrand und ist von innen nahezu vollständig mit neuen Fresken im traditionellen byzantinischen Stil ausgemalt. Zeitbedarf ca. 5–10 Minuten. Ganztägig geöffnet.

C Platía – Verkehrsknotenpunkt der Insel, viele Reisebüros, Cafés und preiswerte Imbissstuben.

D Archäologisches Museum – Neben wenigen prähistorischen Funden werden vor allem Funde aus dem antiken Alt-Thera des 1. Jahrtausend v. Chr. gezeigt. Nur bei besonderem Interesse lohnenswert, Zeitaufwand ca. 15–45 Minuten. An der Kraterrandgasse nahe der Seilbahnstation, Tel. 22 86 022 217, Di–So 8.30–15 Uhr, Eintritt 3 €.

Den Weg nach Fira kann man auf einem Pferderücken bewältigen – oder man nimmt die Seilbahn.

E Santozeum – Sehr sehenswerte Ausstellung authentischer Repliken der in Akrotíri gefundenen Fresken. Deutlich zu unterscheiden ist zwischen den Teilen mit rauer Oberfläche, die die Archäologen in den Ausgrabungen retten konnten, und anderen mit glatter Oberfläche, die sie nur rekonstruierten. Zeitaufwand ca. 20–40 Minuten. Mai–Okt. tägl. 9–20 Uhr, Tel. 22 86 021 722, www.santozeum.com, Eintritt 5 €.

F Seilbahnstation – Wenn der Andrang von Kreuzfahrttouristen nicht zu groß ist, lohnt die Fahrt hinunter zum alten Hafen von Firá. Zeitaufwand (Hinfahrt und zurück mit dem Maultier oder Esel) ca. eine Stunde. Betriebszeiten April tägl. 6.30–21 Uhr, Mai, Sept. & Okt. tägl. 6.30–22 Uhr, Juni–Aug. tägl. 6.30–23 Uhr.

G Ghizi-Museum – Das Museum im alten venezianischen Viertel von Firá ist für Tagesausflügler nur bei großem historischen Interesse empfehlenswert. Tel. 22 86 023 077, Zeitaufwand ca. 20–40 Min. Mai–Okt. tägl. 10–16 Uhr, www.megarogyzi.gr, Eintritt 3 €.

Oben: Zahlreiche Kirchen faszinieren mit ihrer Lage an der Abbruchkante der Caldera.
Mitte: Der Ikonenmaler Dimítris Kolioússis in seinem Atelier in Oía.
Unten: Feierlich sind die Prozessionen bei Kirchenfesten der Kirche Ágios Christódoulos in Karterádos.

rasiá hinweg auf die offene Ägäis. Fotogene weiße Häuser blenden vor den vielfältigen Farbschattierungen der Asche- und Lavaformationen.

Auf der Kraterrandgasse führt der Spaziergang nun Richtung Süden. An der ersten Gassenkreuzung geht es links zum alten Hafen von Firá hinunter. Diesen anfangs noch von vielen Geschäften gesäumten Weg nehmen auch Esel und Maultiere. Wer später mit der Seilbahn zum alten Hafen hinabfährt, kommt zu Fuß oder auf dem Maultierrücken wieder an dieser Stelle an. Zunächst aber geht es nach rechts und dann in die zweite Gasse links, die Odós Erithroú Stavroú. Viele kleine Geschäfte, Bars und Tavernen säumen den Weg bis zum Archäologischen Museum. Es zeigt vor allem Funde aus den Ausgrabungen von Alt-Thera, einer im 9. Jahrhundert v. Chr. gegründeten Stadt auf einem Felsrücken zwischen den Badeorten Kamári und Périssa hoch über dem Meer. Um sie zu besichtigen, reicht die Zeit von Tagesausflüglern leider nicht aus. Wer über Nacht bleibt und ein Auto gemietet hat, findet hier aber eine grandiose Kombination aus archäologischer Stätte und landschaftlich faszinierender Lage (Zeitaufwand mindestens 90 Minuten).

In unmittelbarer Nähe des Archäologischen Museums zeigt das 2011 neu eröffnete Santozeum vor allem wissenschaftlich autorisierte Repliken der vielen über 3700 Jahre alten Fresken, die die Archäologen in den Hausruinen des minoischen Akrotíri fanden. Ebenfalls nur wenige Schritte entfernt liegt die Seilbahnstation. Gondeln österreichischer Provenienz bringen ihre Passagiere zum alten Hafen hinunter. Wenn sich keine Warteschlangen gebildet haben, lohnt dieser Abstecher nicht nur für Familien – zumal der 20-minütige Ritt oder Spaziergang zurück auf den Kraterrand ein unvergessliches Ergebnis ist.

Wandern und die Aussicht genießen

Wer sich am Anblick der Caldera und der typischen Kykladenarchitektur der Kraterranddörfer nicht sattsehen kann, folgt nun der Kraterrandgasse von der Seilbahnstation aus bis nach Firostefáni oder vielleicht auch bis Imerovígli. Dort kann man von den Überresten einer venezianischen Burg auf der Lavaknolle des Skáros-Felsens abseits allen Trubels die Aussicht genießen. Wer nicht zurücklaufen möchte, geht an jedem beliebigen Punkt des Wegs einfach nach rechts bis zur Hauptstraße und kann dort mit einem Linienbus oder Taxi nach Firá fahren (Platía oder »Bus-Station« als Ziel angeben).

Wer sich Santorins Geschichte widmen möchte, folgt der Kraterrandgasse von der Seilbahnstation aus nur bis zur ersten Seitengasse nach rechts, wendet sich dann wieder nach rechts und gelangt so nach drei bis vier Minuten ins ehemalige römisch-katholische Viertel von Firá. Zu besichtigen sind die katholische Bischofskirche, ein Dominikanerinnenkloster und das Museum Ghízi in einem Wohnhaus aus der Zeit um 1700. Es widmet sich vor allem der Insel im Mittelalter. Von hier zum Busbahnhof benötigt man auf direktem Weg 10–15 Minuten.

Und Akrotíri?

Die Ausgrabungen des minoischen Akrotíri zählen zu den bedeutendsten Stätten in Griechenland. Sie erstrecken sich über 10 000 m^2 und sind zum Schutz vor Witterungseinflüssen überdacht. Leider sind sie seit 2005 für die Öffentlichkeit geschlossen. Sollten Sie wieder zugänglich sein, erreicht man sie in ca. 45 Minuten mit einem Linienbus. Auskunft geben die Reiseleitung oder Reisebüros.

AUTORENTIPP!

SANTORIN GANZ ANDERS

Wer darauf pfeift, was andere für sehenswert halten, und lieber ungewöhnliche Erlebnisse sucht, mietet sich gleich am Athínios-Hafen ein Auto, schlängelt sich die Serpentinen zum Kraterrand empor und steuert oben nach rechts statt nach links. Immer am Kraterrand entlang geht es bis zum Leuchtturm an der Südspitze der Insel mit einem fantastischen Blick in die Caldera und übers offene Meer. Dann lockt eine Bootsfahrt vom Akrotiri Beach zu den bizarren Stränden Red und White Beach. Eine Stunde später geht es mit dem Auto weiter ins mittelalterlich anmutende Bergdorf Pirgos und auf den 567 m hohen Profítis Ilías, den höchsten Gipfel der Insel. Ganz Santorin liegt da dem Gipfelstürmer zu Füßen. Nächstes Ziel ist Monólithos mit schönem Strand. Immer nahe der Ostküste entlang führt eine kleine Straße zum Amoúdi-Hafen von Oía mit Tavernen auf schmalem Kai zwischen Lavawänden und Meer – und dann auf der viel befahrenen Inselhauptstraße durch Firá hindurch zurück zum Athínios-Hafen.
Autovermietungen siehe Seite 72.

Infos und Adressen

INFORMATION

Es gibt auf der Insel keine offizielle Touristen-Information. Eventuell können Fragen in einem der vielen privaten Reisebüros beantwortet werden.
Infos im Internet: www.santorini.gr, www.traum-santorin.de

VERBINDUNGEN MIT KRETA

Eine regelmäßige tägliche Fährverbindung zwischen Iráklio und Santorins Athínios-Hafen, die auch von den Veranstaltern der Tagesausflüge genutzt wird, bietet zwischen Ende Mai und Anfang Oktober mehrmals wöchentlich der schnelle Katamaran »Megajet«. Abfahrt in Iráklio 8.45 Uhr, Ankunft Santorin 11.15 Uhr, Abfahrt Santorin 18.30 Uhr, Ankunft Iráklio 21 Uhr, www.seajets.gr. Alternativ kann man auch mit dem Katamaran »Flying Cat 4« übersetzen, hat aber dann auf Santorin etwas weniger Zeit (9.45/11.50/17.55/19.35 Uhr, www.hellenicseaways.gr).
Sky Express (www.skyexpress.gr) fliegt mehrmals wöchentlich von Iráklio nach Santorin. Tagesausflüge per Flugzeug sind aber nicht möglich.
Fast alle Reisebüros auf Kreta bieten organisierte Tagesausflüge inklusive Hoteltransfer auf Kreta und geführter Rundfahrt auf Santorin an.

Köstlich: gegrillter Fisch und Meeresfrüchte.

LINIENBUSSE UND TAXIS

Die Fahrzeiten der Linienbusse vom Athínios-Hafen in den Hauptort Firá sind auf die Ankunftszeiten der Schiffe abgestimmt. Vom dortigen Busbahnhof aus fahren weitere Busse nach dem dort angeschlagenen Fahrplan in viele Inselorte, u.a. auch nach Oía und zu den Ausgrabungen von Akrotíri. Über die täglich wechselnden Zeiten für die Rückfahrt zum Athínios-Hafen informiert ein Aushang am Busbahnhof von Firá. Auch Taxis stehen meist am Hafen bereit, wenn Schiffe ankommen. Für die Rückfahrt zum Hafen muss man jedoch mit Wartezeiten rechnen.

AUTOVERMIETUNGEN AM ATHÍNIOS-HAFEN

Alamo. Tel. 22 86 023 755, www.alamo.com
Krios. Tel. 22 86 031 729. www.lignos-krioscarental.com
Thrifty. Tel. 22 86 033 600. www.lignos-car-rental.gr

ESSEN UND TRINKEN

Ambelos. Einige Tische auf der großen Dachterrasse haben Caldera-Blick. Serviert wird hier gute und auch erschwingliche santorinische Küche. Firá, an der Kraterrandgasse gleich nördlich der orthodoxen Kathedrale, Tel. 22 86 025 554, tägl. ab 12 Uhr.
Koukoumavlos. Nach dem Urteil griechischer Gourmet-Führer zählt es zu den drei besten Restaurants in der griechischen Inselwelt. Kreativ verfeinerte traditionelle Gerichte und fantasievolle mediterrane Neuschöpfungen, edle Weine, grandioser Ausblick, sehr teuer. Tischreservierung empfehlenswert! Firá, in der Caldera-Wand unterhalb des Hotels Atlantis am südlichen Ende der Kraterrandgasse, tägl. ab 19 Uhr, Tel. 22 86 023 807.
Zafora. Mehrere Terrassen mit Caldera-Blick, sehr große Auswahl, durchschnittliche Qualität. Firá, neben der Seilbahnstation, Tel. 22 86 023 203, tägl. ab 8 Uhr.

Beliebte Kulisse zum Sonnenuntergang im zauberhaften Dorf Oía mit der Ägäis im Hintergrund.

Stamna. Einfache Taverne ohne besonderen Ausblick, aber das einfache, schmackhafte griechische Essen wird schnell serviert. Firá, an der Straße, die vom nördlichen Ende des Dorfplatzes abwärts führt, Tel 22 86 022 660, tägl. ab 10 Uhr.

EINKAUFEN

Die zahlreichen Schmuckgeschäfte an der Kraterrandgasse und im Zentrum von Firá bieten nur wenige Eigenkreationen und wenden sich vor allem an ein zahlungskräftiges Publikum von den Kreuzfahrtschiffen. Sehr viel origineller sind die vielen Galerien und Läden von Kunsthandwerkern in Firá und auch an der Kraterrandgasse von Oía. Einige Beispiele:

Mati Art Gallery. Skulpturen jeder Größe, aber auch Schmuck von dem zyprischen Bildhauers Yorgos Kypris. Sein beliebtestes Motiv sind Fischgräten, Boote und Delfine. Firá, Kraterrandgasse – gleich nördlich der orthodoxen Kathedrale, Tel. 22 86 023 814, www.matiartgallery.com.

Phenomon Art Gallery. Galeriebesitzer Christóforos Asímis hat die orthodoxe Kathedrale von Firá ausgemalt. In der Galerie zeigt er Aquarelle, Ölbilder und Lithografien mit santorinischen Motiven sowie selbst designten Schmuck seiner Frau Eléni. Firá, Kraterrandgasse, nördlich von Mati Art Gallery, Tel. 22 86 023 041.

New Art. Die T-Shirts und Sweat-Shirts des Kölners Werner Hampel haben auf Santorin Kultstatus. Sein bekanntes Markenzeichen: ein »Walking Man« oder eine Echse. Firá, Fabrika-Shopping-Center an der Kraterrandgasse nördlich der orthodoxen Kathedrale.

ZENTRALKRETA UND DER SÜDEN

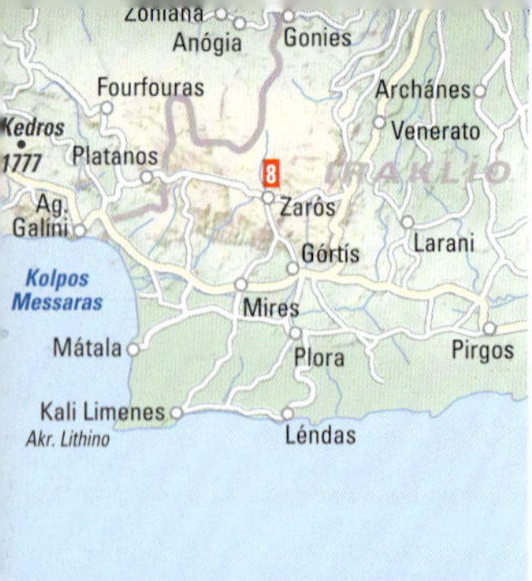

Vorangehende Doppelseite: Im Zentrum Kretas erstreckt sich die Messará-Ebene wie ein riesiger Garten. **Mitte:** Sogenannte Ikonostássia, Miniaturkirchen oder Kreuze, signalisieren am Straßenrand eine Unfallstelle. **Unten:** Ältere Herren auf dem Dorf sitzen am liebsten im *kafenío.*

8 Zarós

Wandern und Forellen essen

In Zarós macht man noch naturnahen Urlaub zwischen Einheimischen. Tagesausflügler kommen mit Bussen, um mittags Forellen zu essen. Am 1 km entfernten Vótomos-See beginnt eine beliebte Wanderung durch die Roúvas-Schlucht. Einen schönen Ausblick und reichlich Quellwasser bietet das Kloster Vrondísi.

Das lebhafte Bergdorf Zarós liegt am Südwesthang des Psiloritis (auch Ida-Gebirge genannt) oberhalb der Messará-Ebene, der Kornkammer Kretas. Bekannt ist das Dorf für seine Forellenzuchtstationen und für sein reichliches Quellwasser, das in Flaschen abgefüllt unter dem Namen »ZARO'S« auf der ganzen Insel erhältlich ist. In der Umgebung kann man gut biken und wandern, zumal die Luft in den Bergen im Sommer meist angenehm kühl ist.

Dorfleben und Kunsthandwerk

Am Dorfplatz von Zarós sitzen die Einheimischen in ihren *kafenía.* In diesem großen Dorf mit 2200 Einwohnern kann man noch recht preiswert wohnen, gut essen und bekommt einen Einblick in das kretische Dorfleben. Hier lohnt ein Besuch in drei Geschäften, die bis heute nicht maschinell fertigen, sondern traditionelles Handwerk betreiben: Aspasía und ihre Mutter María bieten in ihrem Laden seit 2003 ein großes Sortiment an Webarbeiten vom Teppich bis zur kleinen Tasche sowie Strickwaren wie das kretische Fransenkopftuch *saríki.* Im Atelier nebenan kann man dem jungen Ikonenmaler Eftíchis Lemonákis bei der Arbeit zusehen und seine handgemachten Ikonen erstehen. Interessant ist es auch in der Werkstatt

Dicht bewachsene Hügel rund um den Vótomos-See.

von Antónis Stefanákis, selbst wenn man keine Gitarre, Bouzouki oder Lyra braucht. Der über Kretas Grenzen hinweg bekannte Instrumentenbauer verarbeitet Maulbeerholz und wertvolles Zedernholz. Er spricht gut Deutsch.

Der Vótomos-See

Oberhalb von Zarós entspringen zahlreiche Bergquellen. Ihr frisches Wasser fließt in den Stausee Vótomos, in dem Forellen und Wasserschildkröten leben. Ein hübscher Uferrundweg und Picknickplätze laden zum Verweilen ein. In der stets geöffneten alten Wassermühle neben dem Hotel Idi auf dem Weg zum See wurde einst Getreide gemahlen. Gleich daneben liegt beim Restaurant Vótomos die bekannteste Forellenzuchtanlage von Zarós. An den großen Forellenzuchtbecken des Restaurants kann man die gewünschte Regenbogen- oder Lachsforelle manchmal selbst angeln.

Das reichliche Quellwasser brachte den Landwirt Pétros Gianákis in den 1980er-Jahren auf die Idee, hier eine Forellenzucht aufzubauen. Mit finanzieller Unterstützung vom griechischen Staat importierte er die ersten Forelleneier aus Kanada. Schon nach wenigen Jahren florierte die Zucht der auf Kreta eigentlich nicht heimischen Süßwasserfische. Heute kommen auch die Kreter gern zum Forellenessen nach Zarós.

AUTORENTIPP!

KOCHKURS BEI MAMA, REITEN ODER WANDERN

Ideal für mehrere Tage in den Bergen sind die traditionellen Gästehäuser »Eleonas« mit Blick auf das grüne Tal am westlichen Rand von Zarós. Die 20 Natursteinhäuser mit Pool und Taverne mit guter kretischer Küche stehen an einem Hang mitten in 2 ha Olivenbäumen. Die geschmackvoll im kretischen Stil eingerichteten Gästehäuser zwischen 30 und 55 m^2 bieten Platz für bis zu fünf Personen. Alle haben einen offenen Kamin und eine Terrasse mit Gartenmöbeln, die größeren haben auch eine Kitchenette und einige ein Jacuzzi.
Wirt Manólis Saridákis steht seinen Gästen gerne mit Ratschlägen zur Seite und bietet zahlreiche Aktivitäten – vom Mountainbike-Verleih über Wandertipps, Reiten und Bogenschießen bis hin zu Kochkursen bei seiner Mutter Koúla. Außerdem kann man in den Gemüsegärten mitarbeiten oder lernen, wie kretische Käsesorten hergestellt werden.

Eleonas. Ortsende Richtung Kamáres (ausgeschildert),
Tel. 28 94 031 238, www.eleonas.gr

Auf Kreta wird überwiegend die Koronéiki-Olive kultiviert. Sie wird sowohl als Tafelolive verzehrt als auch zu Öl weiterverarbeitet.

Oben: Oft führen nur schlecht befahrbare Schotterpisten durch die kretische Gebirgswelt.
Mitte: Wer über den E4 auf die Nída-Hochebene wandert, trifft dort auf traditionelle Rundhütten.
Unten: Der moderne Kirchenbau des Klosters Ágios Nikólaos.

Wanderung in die Roúvas-Schlucht

Östlich vom Eingang des Cafés mit Taverne Límni am See beginnt die gut markierte Wanderung in eine der schönsten Schluchten der Insel. Nach etwa 20 Minuten erreicht man das Kloster Ágios Nikólaos. Es ist das Einzige der Insel, in dem in zwei Wohntrakten sowohl Nonnen als auch Mönche leben. Außerdem richtet es sich als Einziges nach dem alten julianischen Kalender und feiert somit die Kirchenfeste zeitversetzt zu den restlichen griechisch-orthodoxen Kirchen. Von hier führt der Weg durch die Schlucht, nach einer zweistündigen Wanderung zur Kapelle Ágios Ioánnis, einem Picknickplatz und einer Quelle unter Kermeseichen. Geübte Wanderer mit guter Ausrüstung können von hier aus über den Europäischen Fernwanderweg E 4 die stille Nída-Hochebene mit ihren typischen, ohne Mörtel erbauten Steinhütten erreichen, in denen bis heute noch einige Hirten die kretischen Käsesorten *anthótiro* und *mizíthra* herstellen. Erreichbar ist die Hochebene auch für mutige Autofahrer über eine Hangpiste per Geländewagen vom Nachbardorf Gérgeri.

Kloster Vrondísi

Westlich von Zarós lohnt Richtung Kamáres der Besuch des 2,5 km entfernt liegenden Klosters Vrondísi mit einer schönen Aussicht in die Berglandschaft. Auf dem Vorplatz sprudelt vor zwei riesigen Platanen Wasser aus einem venezianischen Brunnen. Hier zapfen Kreter aus vier Wasser speienden, bärtigen Köpfen das frische Nass in mitgebrachte Flaschen und Kanister ab. Den Figuren Adam und Eva darüber wurden von den Türken die Köpfe abgeschlagen. Die Klosterräume sind verschlossen.

Infos und Adressen

ESSEN UND TRINKEN

Vegera. Mutter Iríni und Tochter Viví bereiten täglich fünf bis sechs regionale Spezialitäten frisch zu, die zum Probieren auch als *mezédes* bestellt werden können. Zarós, oberer Teil der Platía, Tel. 28 94 031 730.

Votomos. In der großen Fischtaverne werden geräucherte und gegrillte Lachs- und Regenbogenforellen aus der eigenen Zucht serviert. Straße zum See (neben dem Hotel Idi).

Limni. Von dem schönen, schattigen Garten kann man bei einem Kaffee den Blick auf den See genießen. Selbstverständlich stehen aber auch hier Forellen auf der Speisekarte. Am See, Tel. 28 94 031 730.

ÜBERNACHTEN

Nana. Die moderne Anlage der Familie Stefanákis bietet in fünf liebevoll und mit viel Holz eingerichteten Apartments Platz für bis zu fünf Personen. Zarós, Hauptkreuzung (ausgeschildert), Tel. 28 94 031 527, www.nana-apartments.gr

Ein immer selteneres Bild: Esel als Transportmittel.

Viele Forellen sind im Stausee Vótomos zu Hause.

Idi. Das schon 1980 erbaute, mehrfach renovierte Hotel in einer Gartenanlage ist besonders bei Wanderern beliebt. Es hat 59 Zimmer und einen Pool, einen Tennisplatz, eine Sauna und ein kleines Hallenbad. Straße zum See, Tel. 28 94 031 301, www.idi-hotel.gr

Keramos. Das familiär geführte Hotel mit 18 einfachen Studios von Familie Papadovasilákis wissen Gäste vor allem wegen der herzlichen Gastfreundschaft und des traditionellen kretischen Frühstücks zu schätzen. Dorfzentrum, unterhalb der Platía, Tel. 28 94 03 13 52, www.crete-hotelkera mos.com

EINKAUFEN

Mitos. Selbst hergestellte Teppiche, Decken, Rucksäcke etc. Straße zum See, Tel. 28 94 031 316, www.mitos-zaros.gr

Organopoieío. Gitarren, Lyra und Bouzouki und der kretische Dudelsack Askomandoúra von einem bekannten Instrumentenbauer. Straße zum See, Tel. 28 94 031 249, www.stefanakis-antonis.gr

Mitte: In der Messará erstrecken sich kilometerweite Gemüse-, Obst- und Olivenplantagen.
Unten: Das römisch-hellenistische Odeíon von Górtis wurde für Vorträge, Konzerte und Theateraufführungen genutzt.

9 Górtis

Der älteste Gesetzeskodex Europas

In Kretas fruchtbarster Tiefebene Messará, der größten ihrer Art auf der Insel, liegen die Ruinen der antiken Stadt Górtis (auch Górtyn). Sie erstrecken sich in einem weiten Olivenhain rechts und links der Hauptstraße von Iráklio nach Agía Galíni. Die kretische Hauptstadt der Römerzeit ist wegen der »Großen Inschrift« bekannt, dem ältesten bislang aufgefundenen Gesetzeskodex Europas. Sogar der Apostel Paulus hat sie schon besucht.

Die bedeutendsten Monumente von Górtis liegen im eintrittspflichtigen nördlichen Teil der Ausgrabungsstätte, doch auch ein Spaziergang zu den kostenlos zugänglichen Ausgrabungen in dem schattigen Olivenhain südlich der Straße lohnt sich. Diese Relikte aus römischer Zeit sind zwar eingezäunt, aber vom Feldweg aus gut zu sehen.

Górtis löste Festós bereits in hellenistischer Zeit als herrschende Macht in der Messará ab. Als die Römer Kreta um 69 v. Chr. einnahmen, unterstützten die Bewohner die Eroberer, und Górtis wurde zur Verwaltungshauptstadt der Insel. Erst nach der arabischen Eroberung im Jahr 823 n. Chr. verlor die Stadt an Bedeutung und Chandax, das heutige Iráklio, wurde zum neuen Machtzentrum.

Apostel Paulus und der Heilige Titus

Berühmten Besuch hatte Górtis im Jahr 59, als der Apostel Paulus mit seinem Gefährten Titus in die Stadt kam. Titus blieb auf der Insel und wurde

Die wichtigsten Sehenswürdigkeiten

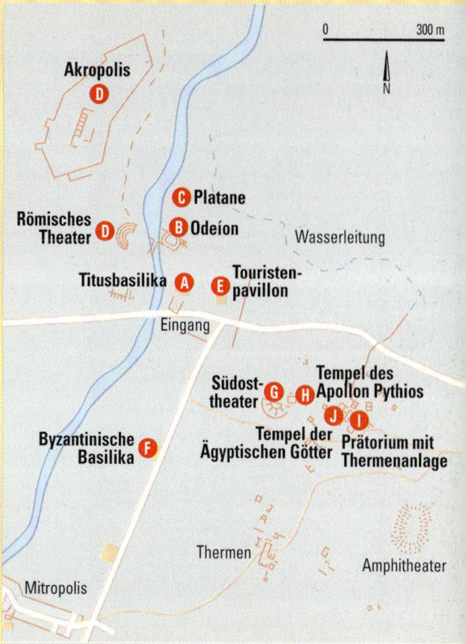

A Titusbasilika – Von der Kreuzkuppelkirche aus dem 6. oder 7. Jahrhundert ist nur noch die Apsis vorhanden, diese schwebt dafür noch immer in imposanter Höhe.

B Odeíon – In der Rückwand des hellenistisch-römischen Odeíon werden die Steinblöcke aufbewahrt, auf denen das Stadtrecht von Górtis eingeritzt ist. Die dorische Schrift auf der Tafel verläuft abwechselnd von links nach rechts und von rechts nach links. Zwischen den Wörtern gibt es keine Leerräume.

C Platane – Während die anderen Bäume in ihrer Umgebung im Winter blattlos werden, soll diese wundersame Platane ihre Blätter das ganze Jahr über behalten.

D Römisches Theater – Nicht zugänglich sind das auf der anderen Seite des Flusses liegende römische Theater und die ummauerte Akropolis aus dem 11. bis 8. Jahrhundert.

E Touristenpavillon – 13 römische Statuen unter einem Schutzdach. Der auf einem Hocker sitzende Mann davor war vermutlich ein Gelehrter oder ein Philosoph.

F Byzantinische Basilika – Die Grundmauern der in frühbyzantinischer Zeit prächtigsten Basilika auf der ganzen Insel erstrecken sich zu beiden Straßenseiten. Grüne Planen bedecken derzeit zum Schutz die schlichten Bodenmosaike der fünfschiffigen Kirche. Es kann aber sein, dass diese bald wieder abgenommen werden.

G Südosttheater – Das bislang nur teilweise freigelegte Südosttheater, das am Ende des 2. Jahrhunderts erbaut wurde, war eines der beiden Theater der Stadt. Heute ist es umzäunt und kann von Besuchern leider nur von außen bewundert werden.

H Tempel des Apollon Pythios – Vor der ehemaligen Ostfront dieses größten Tempels der Stadt, der aus dem 7. Jahrhundert v. Chr. stammt, thront ein gut erhaltener vierstufiger Altar, der erst um 200 v. Chr. erbaut worden ist. Der Haupttempel wurde einstmals von drei Säulenreihen geteilt.

I Prätorium mit Thermenanlage – Auffallend an dieser ehemaligen römischen Thermenanlage, die einen Teil des Prätoriums, also des Statthaltersitzes, darstellt, sind besonders ihre hohen Ziegelsteinmauern. Das Gelände des Prätoriums war einst ein beliebter Treffpunkt des öffentlichen Lebens. Sogar Gerichtsverhandlungen fanden dort statt.

J Tempel der Ägyptischen Götter – In vielen kretischen Städten wurden in hellenistischer und römischer Zeit die ägyptischen Götter Serapis und Isis verehrt. Der Tempel in Górtis mit dem auffälligen Lustralbad ist jedoch der einzige Tempel auf der ganzen Insel, der diesen beiden Gottheiten geweiht ist. Zu sehen ist hier ein Architrav, ein auf Säulen sitzender Horizontalbalken, auf dem ihre Namen eingeritzt sind.

AUTORENTIPP!

WOCHENMARKT IN MÍRES

Wer Górtis an einem Samstag besucht und Spaß am Feilschen hat, sollte den größten Wochenmarkt Kretas in Míres nicht versäumen. Am besten beginnt man den Ausflug schon recht früh und stärkt sich auf dem Markt erst mal mit einem griechischen Kaffee in einem *kafenío*. Oder man gönnt sich direkt ein paar frisch gegrillte *souvláki* und einen *rakí*. Erfrischend und interessant ist auch der anderswo auf der Insel selten angebotene Granatapfelsaft. Fliegende Händler und Bauern warten jeden Samstagvormittag an der gesperrten Hauptstraße des Orts auf die zahlreichen Besucher, sowohl Einheimische als auch Touristen. Von den vollen Tavernen und Grillstuben aus lässt sich der Trubel rund um die Stände besonders gut beobachten. Auf diesem Markt, eine Mischung aus Floh- und Gemüsemarkt, wird fast alles angeboten, von Haushaltsartikeln über Unterwäsche und günstiger Kleidung bis hin zu Fisch und Fleisch. Sogar lebendiges Vieh, z. B. Hühner und Schweine, kann man hier erstehen.

An der Hauptdurchgangsstraße in Míres; Sa 7–14 Uhr. Wer mit dem Auto unterwegs ist, parkt am besten etwas außerhalb des Ortskerns.

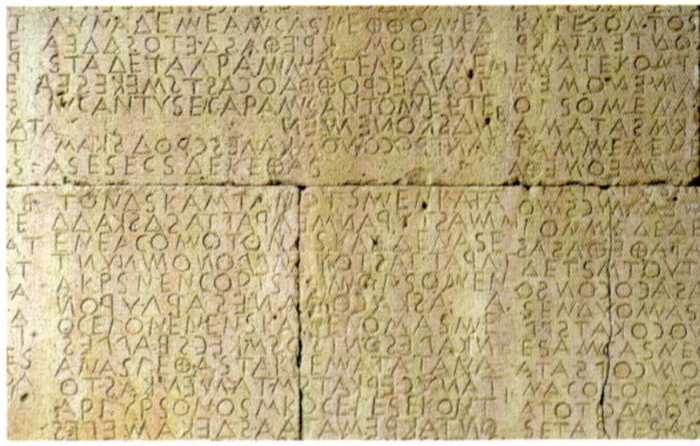

Einst über 630 Zeilen: die »Große Inschrift«.

Kretas erster Bischof. Nach seiner Abreise schrieb Paulus einen Brief an Titus, in dem er ihm seine Pflichten erörterte: den berühmten Titusbrief, ein Buch im Neuen Testament.

Die Überreste der großen Titusbasilika aus dem 6. Jahrhundert sind das auffälligste Monument von Górtis. In der dreischiffigen, von etlichen Tauben bevölkerten Basilika wurde bis 1669 die Schädelreliquie des Heiligen Titus aufbewahrt. Heute ruht die einst kurzzeitig nach Venedig verschleppte Reliquie in der Titusbasilika in Iráklio.

Die Gesetzestafeln

Entlang der Agorá kommt man zum Odeíon, dem aus Ziegelsteinen erbauten Theater. An seiner Rückwand sind hinter Gittern zwölf erhaltene Gesetzestafeln aus dem 5. Jahrhundert v. Chr. zu sehen. Die vermutlich einstmals 20 Tafeln aus 42 Steinblöcken standen ursprünglich, für jeden sichtbar, auf der Agorá. Ihr Text über das Stadtrecht von Górtis besteht aus etwa 17 000 Buchstaben und ist in einem dorischen Dialekt geschrieben. Es geht um Staats- und privatrechtliche Bestimmungen sowie um das Familien-, Scheidungs-, Erb- und Strafrecht, das jeweils unterschiedlich harte Strafen für vier verschiedene Bevölkerungsgruppen vorsah.

Zeus und Europa

Ein paar Schritte weiter nördlich befindet sich eine erhöhte, gartenähnliche Fläche mit Olivenbäumen, Zypressen und einer großen Platane. Die immer blühende Orientalische Platane trägt eine Tafel mit der Aufschrift »ΑΕΙΘΑΛΗΣ ΠΛΑΤΑΝΟΣ« (»immergrüne Platane«) und ist wohl der fruchtbarste Ort der griechischen Mythologie: Nachdem Zeus mit Europa hier König Mínos zeugte, soll an der gleichen Stelle auch der Stier Poseidons mit Königin Pasiphae den Minotaurus erschaffen haben.

Im Olivenhain

Ein romantischer Spaziergang führt zu den einsam liegenden Ruinen südlich der Hauptstraße. Gleich an der Abzweigung gegenüber dem Parkplatz trifft man auf einen Olivenbaum, der sich mit seinen zwei Stämmen um eine antike Säule rankt. Die Straße nach Mitrópoli führt zu den Grundmauern einer Basilika. Läuft man wieder zurück und folgt rechter Hand einem Feldweg, erhebt sich nach etwa 200 Metern links hinter einem Drahtzaun das Südosttheater. Entgegen dem Uhrzeigersinn geht es weiter am Apollontempel und Prätorium entlang zum Tempel der Ägyptischen Götter nahe der Hauptstraße.

Am Prätorium von Górtis ist man meist allein.

Infos und Adressen

INFORMATION

Górtis. (Ausgrabung) Tel. 28 92 031 144, tägl. Mai–Okt. 8–20 Uhr, sonst 8.30–15 Uhr, Eintritt 4 €.

ESSEN UND TRINKEN

Im Touristenpavillon in Górtis kann man sich im Schatten der Palmen mit Blick auf die römischen Statuen Snacks und Getränke gönnen. Im nahen Míres gibt es mehrere traditionelle Tavernen.

Psistariá Tsikritsákis. Einheimische Landarbeiter besuchen diese einfache Grillstube mit Holzkohlegrill gern. Míres, Hauptstraße, gegenüber der Post, Tel. 28 92 022 963, Mo–Sa 10–16 Uhr.

Loukoumades. Im Café von Konstantínos Charitákis gibt es zum Kaffee köstliche *loukoumádes* (frittierte Hefeteigbällchen mit Honig). Míres, Hauptstraße, nahe der Bushaltestelle, Tel. 28 92 023 104.

ÜBERNACHTEN

Die nächstgelegenen Unterkünfte findet man in Festós (S. 89) und in Mátala (S. 93).

AKTIVITÄTEN

Weingut Zacharioudakis. Zweimal pro Woche kann man an deutschsprachigen Spaziergängen durch das 2000 m² große Weingut mit Führung durch die Kellerei und anschließender Weinverkostung teilnehmen. Während der Weinlese im August können Besucher auch beim Weintraubentreten in traditionellen steinernen Kelterbecken helfen.
Ploutí, 1 km nördlich von Górtis, Tel. 28 92 024 660, April–Okt. Mo–Sa 10–17 Uhr, Weinwanderung: Mi und Fr 9 Uhr (kostenlos), www.zacharioudakis.com

Mitte: Der Panoramablick vom minoischen Palast Festós reicht über die Messará-Ebene bis zum Psiloritis-Gebirge.
Unten: Eine Treppe führt zu den um 1400 v. Chr. erbauten Gemächern des mykenischen Herrschers.

10 Festós und Agía Triáda

Minoische Ruinen in schöner Natur

Im Westen der Messará liegen auf einem kleinen Plateau die Ausgrabungen von Festós und nur 2 km westlich davon die Ausgrabungen von Agía Triáda. Während Festós mit seinem prächtigen Blick über die Ebene entzückt, ist Agía Triáda eine Oase der Ruhe mitten im Grünen. Bis heute bleibt rätselhaft, was den zweitwichtigsten minoischen Palast Festós mit der minoischen »Villa« Agía Triáda verbindet.

Anders als der minoische Palast Knossós wurden die Ausgrabungen von Festós (auch Phaistós) nicht rekonstruiert. Festós begeistert durch die leicht erhöhte Lage mit weitem Blick über die Messará. Es sind zwei verschiedene Bauphasen zu erkennen: Der Alte Palast wurde um 1900 v .Chr. erbaut, aber wie der Palast von Knossós um 1700 v. Chr. größtenteils wieder zerstört. Über den mit Keramik und Kalk bedeckten Ruinen bauten die Minoer gleich darauf den Neuen Palast.

MAL EHRLICH

LIEBE RAUCHER,
auf Kreta herrscht große Waldbrandgefahr. Die Ursache für die meisten Waldbrände sind fahrlässiges oder vorsätzliches Handeln der Menschen, nur etwa 4 Prozent weltweit haben natürliche Ursachen. Besonders im Mittelmeerraum verbreiten sich Feuer wegen extremer Trockenheit, Hitze und aufkommender Winde rasend schnell. Schon kleine Unachtsamkeiten können katastrophale Folgen haben. Achten Sie vor allem in der Natur darauf, dass Sie Ihre Zigarettenkippen nicht unachtsam wegwerfen!

Rundgang Festós

A Westhof – Rund um den Westhof liegen vorwiegend Gebäudereste aus der Altpalastzeit.

B Freitreppe – Acht breite Stufen fungierten bei kultischen Festen als Zuschauertribüne.

C Schächte – Die runden Schächte werden meist als Silos oder Zisternen interpretiert, könnten aber auch Behälter für Opfer gewesen sein: Man hat darin Asche, Werkzeug und Tierknochen gefunden.

D Propylon – Der denkbare Torgang kann auch eine Zeremonienhalle gewesen sein. Auf das Propylon folgt ein Lichtschacht, der über verwinkelte Gänge zu Palast und Zentralhof führt.

E Magazine – Die Zwischenwände der einst zweistöckigen Magazine weisen unbekannte minoische Zeichen auf. Oben wurden feste Produkte aufbewahrt, im Erdgeschoss lagerte man Flüssigkeiten.

F Zentralhof – Das gut erhaltene Zentrum des Neuen Palasts mit toller Sicht über die Messará.

G Minoischer Schmelzofen – Die Lage des Ofens verdeutlicht die Nähe von den Wohntrakten der Herrscher zu den Werk- und Produktionsstätten.

H Torgang – Ein Torgang, der bewacht wurde, führte vom Zentralhof zu den Königsgemächern.

I Innenhof – Eine winzige Zisterne im Innenhof wird auf die hellenistische Zeit datiert.

J Gemach der Königin – Zwei Säulen teilen den Raum. Eine Tür in der Mitte der Nordwand verbindet das Gemach der Königin mit dem des Königs. Stufen führen zur oberhalb gelegenen Säulenhalle.

K Gemach des Königs – Das prächtigste Gemach des Palasts wurde von einem kleinen Raum an der Nordostecke aus bewacht.

L Archivräume – In den Archiven aus der Zeit des Alten Palasts wurden Linear-A-Täfelchen und der bis dato nicht entzifferte Diskos von Festós gefunden.

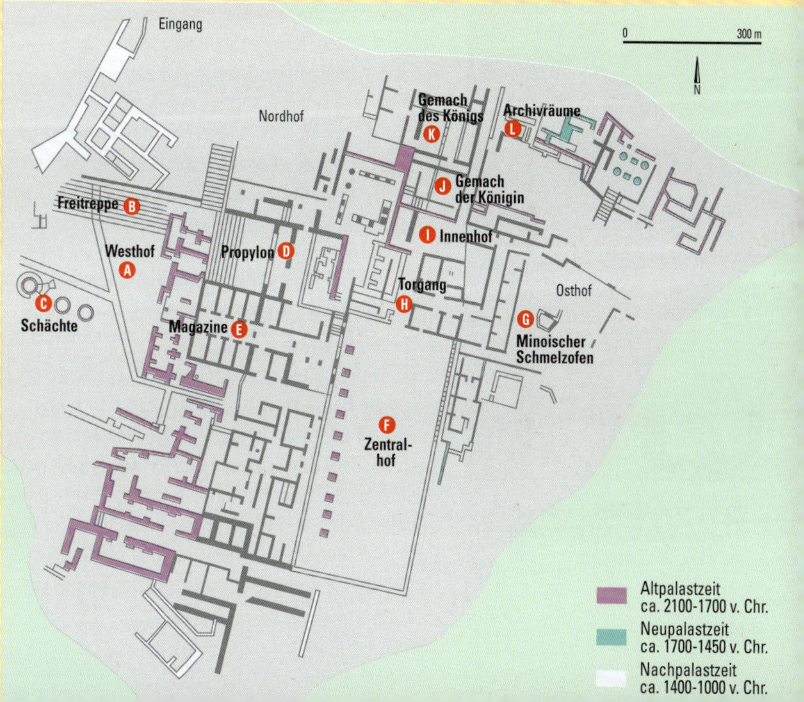

AUTORENTIPP!

KRETA AUS DER LUFT

Sie suchen den Kick und möchten die kretische Südküste aus der Luft betrachten? Dann sind Sie auf dem alten, kaum genutzten Militärflughafen am südlichen Rand der Stadt Timpáki richtig, dem Startpunkt für das Abenteuer: Sky Diving. Etwa eine halbe Stunde dauert die Einweisung, bevor man mit einem der erfahrenen Fallschirmspringer einen Tandemsprung machen kann. Die Maschine des Skydive Crete Club, eine Cessna 182C, bringt die Fallschirmspringer auf 3800 m Höhe. Unterhalb eröffnet sich ein fantastischer Ausblick auf die kretischen Berge, die ertragreiche Messará und das Libysche Meer. Öffnen des Fallschirms, Lenken und Landen bleiben selbstverständlich Aufgaben des Lehrers. Es war toll? Wer Lust auf mehr bekommen hat, kann schon nach vier bis fünf Stunden Unterricht alleine springen (in Begleitung eines Lehrers).

Skydive Crete. Timpáki, Militärflugplatz, Tel. 28 92 055 936 oder mobil: 69 44 790 764, Preis für einen Tandemsprung 210 €, Video vom Sprung 70 € (falls gewünscht).

Die Kirche Ágios Geórgios nahe den Ausgrabungen von Festós stammt aus venezianischer Zeit.

Der zweitgrößte minoische Palast Festós.

Minoischer Palast Festós

Die Stufen führen vom oberen Hof zunächst zum Westhof hinunter, den Gebäudereste des Alten Palasts umgeben. Auffällig sind an seiner Nordseite eine Freitreppe und gegenüberliegend vier runde Schächte, die verschiedene Funktionen gehabt haben können. Am südlichen Ende des Hofs schließen sich einige Räume des Alten Palasts an.

Das Areal des Neuen Palasts beginnt hinter einer weiteren Treppe an der Nordostecke des Westhofs, die zu einer Art Halle oder Torgang mit einer Mittelsäule, dem Propylon, hinaufführt. Südlich unterhalb der Treppe grenzen zehn Magazine an, durch die ein breiter Gang verläuft. Im ersten Raum links stehen minoische *píthoi*, in denen Öl aufbewahrt wurde. Um verschüttete Flüssigkeiten aufzufangen, ließ man ein Gefäß in ein Bodenloch ein. Über Rillen floss das verschüttete Öl hinein. Der Gang endet an einem Vorratsraum mit drei Säulenbasen, der sich zum Zentralhof hin öffnet. Pfeiler- und Säulenbasen weisen darauf hin, dass der Hof auf den Längsseiten von Säulenhallen umgeben war. Die leichte Wölbung des Bodens unterstützt bis heute den Abfluss des Regenwassers. An die Nordostecke schließen sich die Werkstätten des Neuen Palasts an. Gleich dahinter fand man in einem umzäunten Schmelzofen Metall- und Schlackereste.

Der wichtigste und schönste Teil des Palasts sind die königlichen Gemächer, die man über die Nordseite des Zentralhofs erreicht. Ein Torgang, der mit zwei hölzernen Säulen und zwei Mauernischen mit Fresken geschmückt war, führt in einen kleinen Innenhof. Das mit Alabaster verkleidete Gemach der Königin mit zwei Bänken und zwei Säulenreihen liegt gleich dahinter. Stufen im Korridor hinter der Nordwestecke deuten darauf hin, dass es einst mehrere Stockwerke gab.

Das anliegende *Megaron* des Königs ist mit Alabasterplatten und Fugen aus rotem Stuck geschmückt. Der durch Säulen zweigeteilte Raum

Mauerreste der minoischen »Villa« Agía Triáda.

Oben: Bis heute gut erkennbar: Das minoische Wasserversorgungssystem in Agía Triáda.
Mitte: Jahrtausendalte Aufbewahrungsgefäße: minoische *píthoi*.
Unten: Die Freitreppe des Westhofs von Festós bietet Besuchern einen netten Platz zum Ausruhen.

AUTORENTIPP!

DAS BESTE VOLKSKUNDE-MUSEUM KRETAS

Nur wenige Kilometer nördlich der Ausgrabungen liegt das kleine Dorf Vóri mit dem wissenschaftlich anspruchvollsten Folkloremuseum der Insel. Das Museum ist seit 2001 in einem 2800 m^2 großen modernen Gebäude untergebracht und bietet einen hervorragenden Einblick in die kretische Kultur der vergangenen Jahrhunderte.

Ausgestellt sind über 8000 Exponate zu sieben Themengebieten: Zunächst geht es um Ernährung, Landwirtschaft und Tierhaltung. Modelle diverser Haustypen, Bauwerkzeuge und Möbel veranschaulichen die Entwicklung der kretischen Architektur. Im Bereich »Handarbeiten, Produktion und Handel« wird neben Webarbeiten vor allem kretisches Handwerk präsentiert. Fotos, Körbe, *píthoi* und Kleidung gehören zu den obligatorischen Gegenständen des Alltagslebens in früheren Zeiten. Der letzte Teil des Museums verdeutlicht die sozialen Einflüsse von Religion, Musik, Kunst und Kriegen.

Kretisches Museum für Ethnologie. Vóri (ausgeschildert), Tel. 28 92 091 110, April–Okt. tägl. 10–18 Uhr, www.cretanethnologymuseum.gr, Eintritt 3 €

führt durch Polythyra (Räume mit vielen Türen) in die Säulenhalle. Eine Pause unter Pinien lässt Besucher die kühle Brise des Nordwinds spüren, die einst wohl auch in den königlichen Gemächern wehten. Südwestlich schließt sich ein mit Fresken verziertes Lustralbad (von dem lateinischen Wort *lustratio* für feierliches Ritual abgeleitet) an. Östlich wurde in einem Archivraum der berühmte Dískos von Festós gefunden.

Minoische »Villa« Agía Triáda

Agía Triáda, überwiegend aus der Zeit um 1600 v. Chr., liegt friedvoll im Schatten von Pinien. Die Nähe zu Festós regte Archäologen zu Diskussionen an, ob es sich um eine Sommerresidenz, eine Prinzenvilla oder ein Herrenhaus handelte. Auch die wertvollen Funde, die in der spätminoischen Siedlung gemacht wurden, konnten das Geheimnis von Agía Triáda nicht lüften. Ein prächtiger Sarkophag, der Boxerrhyton und die Schnittervase, die man hier fand, sind heute im Archäologischen Museum von Iráklio ausgestellt. Das Besondere in Agía Triáda: Über und neben den minoischen Ruinen wurde um 1400 v. Chr. eine mykenische Siedlung erbaut.

Vom Kassenhäuschen führt der Weg südwestlich hinunter zum Platz der Heiligtümer mit der Kapelle Ágios Geórgios, in der Freskenreste von 1300 v. Chr. erhalten sind. Der Südostflügel mit Wohn- und Kulträumen, die als Personalräume interpretiert werden, schließt sich links des Platzes an. Hinter der Kapelle geht es zum Handwerkstrakt mit Magazinen und Küche. Nördlich befindet sich ein schöner, repräsentativer Saal mit vielen Türen und steinernen Bänken. Ein kleiner Raum dahinter, der mit Alabasterplatten ausgekleidet war, diente als Archiv. Die Fresken in diesem Raum zeigten u.a. eine Katze und ein Rebhuhn.

Die Einraumkapelle Ágios Geórgios in Agía Triáda.

Östlich geht es unter dem Schutzdach zum Mégaron, dem Sitz des mykenischen Herrschers. Darunter liegen die minoischen Magazine für die Lagerung von *píthoi*. Weitere minoische Wohnräume mit Polythyron und Wandverputzresten schließen sich östlich an. Deutlich ist darunter die gepflasterte minoische Straße zu erkennen, die wahrscheinlich nach Festós führte und an der die Treppe beginnt, die den Südhof mit dem Nordteil der Ausgrabungen verbindet.

Durch einen sowohl in minoischer als auch in mykenischer Zeit genutzten, länglichen Trakt gelangt man zur Agorá. Rechts davon liegt eine mykenische Ladenzeile, die aus acht Räumen besteht. Davor weisen Pfeiler- und Säulenbasen auf eine Säulenhalle mit Dach hin. Gegenüber der Ladenzeile liegt auf der Westseite die mykenische Wohnsiedlung.

Infos und Adressen

INFORMATION

Festós. Tel. 28 92 042 315, Mai–Okt. tägl. 8–19.30 Uhr, Nov.–April tägl. 8–17 Uhr, Eintritt 4 €, Kombi-Ticket mit Agía Triáda 6 €.

Agía Triáda. Tel. 28 92 091 561, Sommer tägl. 10–16.30 Uhr, Winter tägl. 8.30–15 Uhr, Eintritt 3 €, Kombi-Ticket mit Festós 6 €.

ESSEN UND TRINKEN

Tourist Pavillon Festós. Mit Blick auf die Ausgrabungen von der Terrasse des Cafés.

Onira – Traumfabrik. Die über 120 Jahre alte Olivenpresse ist ein Kult-Café. Großes Frühstücksangebot. Aushänge zu Aktivitäten. Pitsídia, 7 km südlich von Festós, zwischen Platía und Friedhof, Tel. 28 92 045 421.

Sigelakis. Giórgos serviert gute griechische Küche, z. B. Zicklein in Tomatensauce. Sívas, 5 km südlich von Festós, Dorfplatz, Tel. 28 92 043 748.

Bodikos. Große, leckere Steinofen-Pizza und kretische Küche. Gutes Preis-Leistungs-Verhältnis. Pitsídia, Hauptstraße, Tel. 28 92 045 438.

ÜBERNACHTEN

Portokali Apartments. Zwischen Palmen, Olivenbäumen und Bananenstauden vermieten Gudrun und Jannis Krasagákis vier Apartments. Es gibt einen großen Garten, in dem man grillen kann, und an die Gäste werden Fahrräder vermietet. Vóri, nicht weit vom Museum, Tel. 28 92 091 188.

Pension Aretoussa. Die hinteren Zimmer hier haben Zugang zum Garten. Pitsídia, Hauptstraße, Tel. 28 92 045 555, www.pension aretoussa.com

Mitte: Die Hafenstadt bei Kommós erlebte ihre Blütezeit zwischen 1700 und 1200 v. Chr.
Unten: Das beliebte Giannis Grill House ist seit über 20 Jahren im Familienbesitz.

11 Mátala

Badeort mit Hippie-Flair

In Mátala ging schon Zeus mit Prinzessin Europa an Land. Tausende von Jahren später bewohnten Hippies die markanten Felshöhlen des Küstenorts. Heute will die Gemeinde an die Zeiten der Blumenkinder anknüpfen: »Today is life, tomorrow never comes!«, steht an der Mauer des einstigen Fischerviertels. Die Lebenslust und Unbeschwertheit, die Hippies einst in den inzwischen touristischen Badeort brachten, ist nicht vergessen.

Ende der 1960er-Jahre wurde das Fischerdorf Mátala zum Hotspot der europäischen Hippie-Szene. Für viele Blumenkinder war der kleine Ort an der kretischen Südküste ein Zwischenstopp auf ihrer Reise nach Goa oder Nepal. Heute ist Mátala in den Katalogen vieler Reiseveranstalter vertreten, doch schwebt das Flair aus der Hippie-Ära weiterhin in der Luft. Für zusätzlichen Charme sorgen Dutzende antiker Höhlen in der nördlichen Felsnase. Sie dienten im 1. und 2. Jahrhundert als

Die Höhlen von Mátala sind das Wahrzeichen des Ortes.

Gräber und waren noch vor einigen Jahrzehnten Wohnstätten der Hippies. Heute laden sie zum Klettern und Erkunden ein.

Kleine, ältere Pensionen liegen in einer Gasse zwischen Ortseingang und Zentrum, während die neuen, größeren Hotels landeinwärts im Tal errichtet wurden. So hat der Ortskern seine recht ursprüngliche Architektur größtenteils bewahrt. Zwischen zwei Felsnasen erstreckt sich ein etwa 200 m langer Sand- und Kieselstrand mit schönem Blick zu den 13 km entfernten, unbewohnten Paximádia-Inseln. Im lichten Wäldchen hinter dem Strand liegt der Campingplatz. Am südöstlichen Ende des Strands laden einige Tavernen mit großen Aussichtsterrassen zum Verweilen ein. Die schmale, überdachte Basargasse mit vielen kleinen Geschäften dahinter endet am Hauptplatz des Orts. Links führt eine Gasse zu einer winzigen, frühchristlichen Kapelle. Sie ist der Jungfrau Maria geweiht und eindrucksvoll in den Felsen gebaut. Über die rechte kurze Gasse gelangt man vom Platz zur Ausgehmeile südlich des Strands. Zahlreiche Cafés und Bars ersetzten die in die Felswand gebauten Fischerhäuschen. Von hier hat man einen tollen Blick auf die Höhlen von Mátala.

Blumenkinder im Wandel der Zeiten

Europäische, australische und US-amerikanische Hippies fanden Mitte der 1960er-Jahre auf Kreta die Freiheit, die sie suchten. An den Palmenstränden von Vái und Préveli träumten sie ihre großen Träume und in den Felshöhlen von Mátala ließen sie sich zahlreich nieder, was das damalige Fischerdorf nachhaltig prägte. Die Dorfbewohner nahmen die Hippies herzlich auf. Die jungen Leute feierten wilde Partys, sangen, tanzten und rauchten – nicht nur Zigaretten. Dennoch gab es auch

AUTORENTIPP!

DER ABGELEGENE RED BEACH

Spätestens wenn die Tagestouristen Mátalas Ortsstrand bevölkern, empfiehlt sich eine kurze Wanderung zu dem weniger besuchten, südlich gelegenen Red Beach (bzw. Kókkini Ámmos). Der 30-minütige Auf- und Abstieg über die etwa 80 m hohe Felsnase lohnt nicht nur wegen des 300 m langen, rötlichen Sandstrands, sondern auch wegen der bezaubernden Aussicht auf die Bucht von Mátala. Der markierte Weg, für den festes Schuhwerk sinnvoll ist, führt zu einem Strand mit flachem Wasser, der besonders bei FKK-Touristen beliebt ist. Am frühen Morgen sind im Sand kleine Vertiefungen zu entdecken, in denen die Meeresschildkröten *Caretta caretta* nachts ihre Eier ablegen. In der Mittagszeit, wenn kleine Boote aus Mátala Touristen herfahren, wird es auch an diesem Strand etwas voller. Wer bis zum frühen Abend bleibt (Taschenlampe nicht vergessen!), kann hier das faszinierende Farbenspiel der hinter den Paximádia-Inseln untergehenden Sonne erleben.

Oben: Farbenfroh sind in Mátala nicht nur die Erinnerungen, sondern auch die Produkte in den meisten Geschäften.
Mitte und Unten: Streetpainting: Spätestens seit dem Hippie-Festival im Jahr 2011 steht Mátala wieder ganz im Zeichen der Hippies.

eine gewisse Ordnung. Die Höhlen waren hierarchisch aufgeteilt. Neuankömmlinge wohnten in den oberen Höhlen, während die leichter erreichbaren unteren Höhlen den »alteingesessenen« Blumenkindern vorbehalten waren. Sie gaben ihren Höhlen Namen wie »Hilton« oder »Globe«. So sahen die Anfänge des Tourismus in Mátala aus.

Heute lebt man hier von Erinnerungen und Geschichten. Die Vorstellung des Bildbands *Mythos Matala* von Arn Strohmeyer, der als Student in Mátala war, regte die Gemeinde dazu an, Pfingsten 2011 erstmals das dreitägige Festival »Hippie Reunion« zu veranstalten. Sie ließ Schlaglöcher schließen und Bürgersteige anstreichen. Örtliche Künstler bemalten bei einer Streetpainting-Aktion den Hauptplatz mit Blumen, VW-Busse und Gitarren. Alt-Hippies verschiedener Nationalitäten verbrachten zusammen mit etwa 40 000 Menschen fröhliche Tage und Nächte mit Auftritten lokaler Rock-, Blues- und Soulbands und Musik aus alter Zeit. Die in den 1970er-Jahren von der Polizei vertriebenen Alt-Hippies, denen Mátala seinen Ruf verdankt (der die Kassen klingeln ließ), sind seither Ehrenbürger. Das Festival soll nun jährlich stattfinden.

Sandstrand und Ruinenblick

Der kilometerlange, breite Sandstrand von Kommós hinter der nördlichen Felsnase ist weitgehend unerschlossen und zählt zu den schönsten Stränden Kretas. Trotz im Meer liegender Felsplatten bietet er zum Baden eine gute Alternative zum Strand von Mátala. Hinter einem Zaun liegen die Ruinen des minoischen Hafens von Festós und Agía Triáda: die Grundmauern kleiner Tempel und größerer Wohnhäuser sowie kleine Gassen und die mit Kalkstein gepflasterte Straße, die von hier landeinwärts nach Festós führte.

Infos und Adressen

Pause vom Sonnenbaden in den Tavernen am Strand.

ESSEN UND TRINKEN

The Lions. Seit Jahren ist das Restaurant mit der großen Terrasse ein beliebter Treff. Der Koch kochte früher in einem Luxushotel in Australien. Strand, Tel. 28 92 045 108, www.thelions.eu

Giannis Grill House. Gute Grillgerichte zu angemessenen Preisen bekommt man in der einfachen Taverne von Familie Spinthákis. Hauptplatz, Tel. 28 92 045 719.

Mystical View. Spektakulärer Sonnenuntergang. Leckere Fisch- und Fleischgerichte und Sicht zum Psiloritis. Zwischen Mátala und Kommós (ausgeschildert), Tel. 28 92 045 072.

ÜBERNACHTEN

Eva-Marína. Einfache Pension mit 16 Zimmern für zwei bis vier Personen, alle mit Badewanne und Balkon. Wirt Jánnis spricht Deutsch. In der Gasse mit den Hotels und Pensionen, Tel. 28 92 045 125, www.evamarina.com

Hotel Níkos. Das gastfreundliche Wirtspaar Panagióta und Níkos bietet 22 Zimmer in einem üppig bepflanzten Innenhof. In der Gasse mit den Hotels und Pensionen, Tel. 28 92 045 375, www.matala-nikos.com

NACHTLEBEN

Akuna Matata. Vielseitig und exotisch sind Bar, Club, Restaurant und Shop des Wirts Giórgos Charitákis. Hier liegt man in Hängematten, sitzt unter Palmstrohdächern an der Bar oder oberhalb des Wassers, hört Latin oder Rock und bekommt alles vom ausgefallenen Cocktail bis zur typisch kretischen Küche serviert. Ausgehmeile, tägl. ab 10 Uhr bis spätabends geöffnet.

AKTIVITÄTEN

Horsefarm Melanoúri. Martina und Nikos Fasoulákis bieten auf ihrem Reiterhof ein vielfältiges Programm: vom 10-minütigen Ritt für Kinder über Strand- und Vollmondritte (20–30 €) bis zum sechstägigen Reiturlaub mit Übernachtung und Vollpension. Ortsrand von Pitsídia, 4 km nördlich von Mátala, Tel. 28 92 045 040, www.melanouri.com

Yoga. Von März bis Juni und Ende August bis Oktober bietet Yogalehrerin Anna Boskamp ein- und zweiwöchige Yogakurse an. Pitsídia, 4 km nördlich von Mátala, Tel. +49 (0) 47 927 706 (in Deutschland), www.yoga-kreta.de, tboskamp@yoga-kreta.de

Die Speisekarten sind fast immer mehrsprachig.

Mitte: An der kretischen Südküste findet man noch viele einsame, unberührte Strände.
Unten: Der Tourismus von Léndas kommt schon seit vielen Jahren ohne größere Hotels aus.

12 Léndas

Rucksacktouristen und Lagerfeuerromantik

Léndas im Südwesten des Asteroúsia-Gebirges ist beliebter Treffpunkt für alle, die Ruhe und Abgeschiedenheit suchen. Der Ort mit zwei Badebuchten, ein paar Tavernen und wenigen Unterkünften blieb vom Massentourismus verschont. Auch wildes Zelten und Nacktbaden sind in einer der Buchten noch möglich. Die Umgebung bietet zahlreiche Aktivitäten vom Bootsausflug über Trekking bis hin zum Griechischkurs.

Von zwei Felsnasen umschlossen liegt Léndas in einer kleinen Bucht am Libyschen Meer. Seinen Namen, der vom Griechischen *léontas* für Löwe abgeleitet ist, verdankt es dem ausgeprägten Felsvorsprung im Westen. Mit ein wenig Fantasie ist ein liegender Löwe zu erkennen, der die Küste bewacht.

Der beschauliche Ort war in den 1980er-Jahren bei deutschen Rucksacktouristen beliebt, deren Kinder und Enkelkinder immer noch gern hierherkommen. Tavernen und Unterkünfte liegen attraktiv direkt über dem 250 m langen Kies-Sand-Strand. Die Bewohner, u. a. zahlreiche Auswanderer, haben sich einiges einfallen lassen, um ihren Gästen etwas zu bieten. Zahlreiche Aushänge weisen auf Griechischunterricht, Bootsausflüge, Tauchkurse, Trekking oder Kletterangebote hin.

Ditikós Beach

Auch die westlich des Löwenbergs gelegene Bucht Ditikós (bzw. Dískos Beach) zählt zu Léndas. Eine

Umgehungsstraße führt von Léndas nach Ditíkós mit wenigen Tavernen, Unterkünften und Cafés. Der größtenteils von Tamarisken gesäumte Kies-Sand-Strand wird im Sommer zum Zeltplatz. Familien, Freunde und Alleinreisende treffen sich gern am Strand zum Nacktbaden, machen romantische Lagerfeuer und genießen selbstgegrillte Köstlichkeiten. Auch der bekannte kretische Dichter Níkos Kazantzákis (1883-1957, siehe S. 46) wusste die Buchten von Léndas zu schätzen und ließ sich hier inspirieren. Als er noch mit seiner ersten Frau Galátia verheiratet war, soll er mit seiner Geliebten Eléni Samíou, die er viele Jahre später heiratete, hier einige Tage verbracht und nackt gebadet haben.

Das antike Levin

Wer sich für Archäologie interessiert, kann auf der Verbindungsstraße zwischen den beiden Buchten von Léndas die Ruinen der antiken Siedlung Levin (Lébena) besichtigen. Pilger und auf Heilung Hoffende steuerten seit dem 4. Jahrhundert v. Chr. das Asklepios-Heiligtum neben einer Thermalquelle an. Archäologen fanden im Westen von Léndas Pilgerunterkünfte. Fundamentreste des Heiligtums blieben aus dem 2. Jahrhundert v. Chr. erhalten. Ein in den Hang gebauter Tempel beeindruckt mit seinen Ziegelwänden und monolithischen Säulen. An der Rückseite des Tempels wurden auf einer Bank Kultstatuen aufgestellt. Neben dem Tempel ist in einer ehemaligen Säulenhalle ein Mosaik aus dem 3. Jahrhundert v. Chr. teilweise erhalten. Es lag über einer Grube, in der die Weihgeschenke der Gläubigen aufbewahrt wurden. Das Bild an der Ostseite zeigt zwei Anthemien – stilisierte Palmblätter und Lotosblüten. Das Bild an der Westseite stellt einen Hippocampus, ein Pferd mit Vorderbeinen und Fischschwanz, zwischen stilisierten Wellen dar.

Infos und Adressen

SEHENSWÜRDIGKEITEN

Antikes Levin. Verbindungsstraße Lentás – Ditikós, Di–So 8.30–15 Uhr, Eintritt 2 €.

ESSEN UND TRINKEN

El Greco. Traditionelle griechische Gerichte werden im Schatten der farbenfrohen Blumen und Palmen serviert. Man darf in die Töpfe schauen. Léndas, Tel. 28 92 095 322, www.lentas-elgreco.com

ÜBERNACHTEN

Hotel Lentas. Fünf Bungalows mit zwölf Doppelzimmern in einem weitläufigen Garten. Lendás, westlicher Ortsrand, Tel. 28 92 095 270.

Villa Tsapákis. Familiäres Hotel mit blumenreichem Innenhof, nur 30 m vom Strand entfernt. Hier werden auch Autos vermietet. Ditikós, Tel. 28 92 095 378, www.villa-tsapakis.gr

AKTIVITÄTEN

Cretan Outdoor Adventures. Der deutschsprachige Lior Levi bietet zahlreiche Outdoor-Aktivitäten und komplette Abenteuer-Urlaube an. Ditikós, Café Relax, Hauptstraße, www.cretan-outdoor-adventures.com

Levin Scuba Base. Tauchkurse, auch für Kinder ab zehn Jahren, sowie geführte Tauchgänge in der Bucht von Tsigounás. Léndas, Tel. 69 78 245 200 (tgl. von 9–11 und 21–23 Uhr erreichbar).

Bootsausflüge. Mit dem Fischerboot »Sandokan« geht es zum feinsandigen Strand von Trachoúlas, zum Kloster Koudoumá, zur Agiofárango-Schlucht (siehe S. 97) oder zum Angeln. Petrákis Beach, Tel. 28 92 095 345, www.petrakisbeach.gr

13 Asteroúsia-Gebirge

Bezaubernde Bergwelt

Asteroúsia, das südlichste Gebirge Europas, bezeichnen die Kreter als »gesegneten Ort«. Gemeint ist die »himmlische« Atmosphäre in dieser Bergwelt aus stillen Dörfern und tiefen Schluchten, die in einsamen Buchten am Libyschen Meer münden. Ein Paradies für Wanderer, Kletterer und Ruhesuchende rund um den höchsten Gipfel Kófinas (1231 m).

Einige der Ausflugsziele in dem grauen Kalksteingebirge und auch einige Küstenorte, die ihm zu Füßen liegen, sind nur über raue, sehr serpentinenreiche Schotterpisten zu erreichen. Oft lassen sich die schweißtreibenden Off-Road-Strecken nur mit einem Geländewagen befahren. Für Fahranfänger sind sie nicht geeignet.

Autofreies Dorf Kapetanianá

Ein idealer Ausgangspunkt für das Wander- und Klettergebiet ist das Bergdorf Kapetanianá auf

Mitte: Im unteren Teil des Bergdorfs Kapetanianá wurden die alten Häuser hübsch restauriert.
Unten: Romantische Unterkünfte in restaurierten Dorfhäusern wie das Thalori bieten in den Bergregionen Kretas erholsamen Schlaf bei kühlen Temperaturen.

MAL EHRLICH

NICHTS FÜR ANGSTHASEN

Kretas Bergwelt birgt viele unumgängliche Serpentinen und manchmal auch steil auf- und abwärts führende Schotterpisten. Besonders im Asteroúsia-Gebirge bewährt es sich, einen Geländewagen zu fahren, auch wenn Einheimische mit kleinen Autos unterwegs sind. Man sollte vorsichtig, aber nicht ängstlich fahren und weder rasen noch schleichen. Einheimische kennen die Strecken und haben es oft so eilig, dass man sich nur wundern kann. Am besten bei der nächsten Gelegenheit rechts ranfahren und sie überholen lassen.

800 m Höhe. Hier scheint die Zeit vor vielen Jahren stehen geblieben zu sein, auch wenn in den vergangenen Jahren immer mehr Besucher die friedliche Lage schätzen lernen. Erst 2005 baute man die serpentinenreiche Asphaltstraße, die vom südlichen Rand der Messará in das abgeschiedene Dorf mit großartiger Aussicht auf das Libysche Meer führt. Die wenigen Einwohner leben noch immer vorwiegend von der Schaf- und Ziegenzucht und kümmern sich um ihre Olivenbäume.

Das autofreie Dorf besteht aus den beiden Vierteln Káto Kapetanianá (unten) und Áno Kapetanianá (oben). An dem schmalen Fußweg, der beide miteinander verbindet, steht auch die Kirche Panagía von 1402 mit gut erhaltenen Fresken. Die Berghütte im oberen Dorf zieht seit über 20 Jahren viele Wanderer und Kletterer aus ganz Europa an. Kreter besuchen meist die neue Anlage restaurierter Dorfhäuser im unteren Dorf.

Trís Ekklisíes: kretischer Treff

Trís Ekklisíes erreicht man über das von Weinreben und Olivenbäumen umgebene Binnendorf Parárimfi. Von dort führt die serpentinenreiche Strecke entlang der Ampá-Schlucht mit ihrem 160 m hohen Wasserfall bis zu dem kleinen Küstenort. »Drei Kirchen« war bis in die 1980er-Jahre nur über den Wasserweg erreichbar; heute gelangt man über eine Piste mit dem Auto bis an den Kiesstrand. Einige Fremdenzimmer und Tavernen sorgen für das Wohl der meist kretischen Besucher. Eine 3 km lange Schotterpiste führt zu dem einsameren Kies-Sand-Strand Pachiá Ámmos hinter dem westlich liegenden Kap.

Kloster und Höhlenkirche

Eine zunächst schmale, später breitere Piste entlang eines Zypressen- und Pinienwalds führt zu

AUTORENTIPP!

AGIOFÁRANGO – PARADIES FÜR KLETTERER

Im äußersten Westen des Asteroúsia-Gebirges ist die Agiofárango-Schlucht ganzjährig ein beliebtes Kletterrevier und lädt auch zu einem schönen Spaziergang mit Strandbesuch ein. Vom Parkplatz am Ende der Schotterpiste braucht man etwa eine halbe Stunde. Der Weg führt zunächst durch Oleanderwald, Johannisbrot- und Olivenbäume zur Kapelle Ágios Antónios aus dem 14. Jahrhundert; kurz danach erreicht man den Strand. Im grauen Sand wachsen viele endemische Pflanzen zwischen glatten, ovalen Steinen. Unter den vereinzelten Olivenbäumen schlagen junge Kletterer gern ihre Zelte auf. An den grau- und orangefarbenen Wänden seilen sich Kletterer ab. Die Kletterbereiche erstrecken sich auf beiden Seiten der Schlucht. Zu jeder Tageszeit sind sonnige und schattige, bis zu über 40 m lange Kletterrouten (www.climbincrete.com) jeder Schwierigkeitsstufe möglich. In den überhängenden Felsen verstecken sich imposante Höhlen und kleine Grotten.

Oben: Der Strand der Agiofárango-Schlucht im äußersten Westen des Asteroúsia-Gebirges, südlich von Mátala.
Mitte: Ikonen schmücken die Wände der kretischen Felskapellen.
Unten: Die besten Kletterer der Insel sind unumstritten die wilden Ziegen.

dem erst 1860 gegründeten Kloster Koudoumá. Hoch über den Felswänden des Asteroúsia-Gebirges kreisen Gänse- und Bartgeier. Besonders im August ist der ummauerte Klosterkomplex am Strand ein beliebtes Pilgerziel kretischer Familien. Vom Meer aus bietet sich ein toller Blick in die Felsgrotten und auf den Kófinas.

Empfehlenswert ist der Besuch der Höhlenkirche Ágios Antónios, die man in etwa 45 Minuten zu Fuß über einen breiten Pfad Richtung Westen erreicht. Links der Kapelle ist der Durchgang zur Tropfsteinhöhle sichtbar. Hier sammelt sich in Trögen das von den Stalaktiten tropfende Wasser an, das die Einheimischen für heilend halten. In der Höhle sollen schon zu vorchristlichen Zeiten Asketen gelebt haben.

Kleine Buchten bei Ágios Ioánnis

Die Strecke von Kapetanianá nach Ágios Ioánnis scheint senkrecht ins Meer zu führen. Doch ist die enge Serpentinenstraße auch mit einem Pkw gut befahrbar. In der westlichen Felswand der Bucht mit dem 50 m langen Strand liegt ein Kloster, dessen Kirche alte Fresken schmücken. Trampelpfade führen von hier zu zwei weiteren Buchten. An den Kieselstränden Elygiá im Osten und dem westlichen Salamiá ist man oft allein.

Wild Zelten

Südöstlich von Kapetanianá geht es durch interessante Felsformationen über eine gut befahrbare Strecke etwa 50 Minuten bergab. Kurz vor der Ankunft am Strand der Tripití-Schlucht wird die Schlucht an einer Stelle so eng, dass nur ein Auto durch die Felswände passt. Im Hochsommer füllt sich der Strand mit Wohnwagen und Zelten. Eine kleine *Kantína* sorgt für Erfrischungen und Snacks.

Infos und Adressen

ESSEN UND TRINKEN

Kleine Tavernen gibt es auch in den Küstenorten Trís Ekklisíes und Ágios Ioánnis.

Thalori. In der urigen Taverne der traditionellen Hotelanlage werden kretische Gerichte aus lokalen Produkten serviert. Auch Abende mit kretischer Live-Musik. Káto Kapetanianá, Tel. 28 93 041 762, www.thalori.gr

ÜBERNACHTEN

Kofinas. Die begeisterten Wanderer und Bergsteiger Marie Luise und Gunnar Schuschnigg haben sich 1984 für ein Leben in Kapetanianá entschieden. In einem liebevoll restaurierten Bauernhaus

Getreidemühle im Bergdorf Kapetanianá.

vermieten die Österreicher seit 1991 drei Doppel- und ein Vierbettzimmer mit Gemeinschaftsbad. Abends kocht Gunnar für seine Gäste. Áno Kapetanianá, Tel. 28 93 041 762, www.korifi.de

Thalori. Márkos Skordalákis hat 14 bis zu 300 Jahre alte Natursteinhäuser restauriert, die zwei bis sechs Personen Platz bieten. Offene Kamine und eine traditionelle Einrichtung sorgen für einen wohlig-warmen Aufenthalt. Der Name beschreibt die Aussicht: »Thal« von *thálassa* heißt Meer, und *óri* Berge. Káto Kapetanianá, Tel. 28 93 041 762, www.thalori.gr

Blick von der Messará auf das Asteroúsia-Gebirge.

VERANSTALTUNGEN

Kirchweihfest. Am 14. September besteigen Pilger den höchsten Gipfel des Gebirges Kófinas bis zur Kapelle Tímios Stavrós. Ein Teil der Prozession zum Fest der Kreuzaufrichtung geht auf die Minoer zurück: Nach der Messe werden Griechische Mehlbeeren verteilt, die vor Krankheiten schützen sollen.

AKTIVITÄTEN

Wandern. Infos zu Wanderungen und Kontakt zu Veranstaltern bekommt man bei Familie Schuschnigg, die auch selbst geführte Wanderungen auf ganz Kreta begleitet. Áno Kapetanianá, Tel. 28 93 041 762, www.korifi.de

Mit viel Liebe aufgebaut: die Pension Kofinas.

RUND UM ÁGIOS NIKÓLAOS

14 Ágios Nikólaos

Provinzhauptstadt am malerischen Mirabéllo-Golf

Friedlich erstreckt sich Ágios Nikólaos an der Ägäis und vor den Hügeln des Hinterlands. Der idyllische Voulisméni-See prägt das moderne Städtchen. Historische Bauten wie in den anderen Provinzhauptstädten auf Kreta gibt es hier kaum. Der auf zwei Seiten von Felsen umrahmte kleine See ist durch einen kurzen Kanal mit dem Golf von Mirabéllo verbunden und dient Fischerbooten als sicherer Liegeplatz.

Ágios Nikólaos wurde schon in den 1960er-Jahren zum Pionier des kretischen Tourismus. Trotzdem ist die Stadt als Geschäfts- und Behördenzentrum Ostkretas ihrem Eigenleben treu geblieben. Morgens füllen Pick-ups der Bauern aus dem Hinterland die hügeligen Straßen. Abends flanieren Kreter und ihre Familien ebenso wie Touristen am Meer und an der kurzen Seepromenade. Die Kreter nennen ihre kleine Stadt mit dem bunt ge-

MAL EHRLICH

WO IST DER STRAND?

Um die Umgebung zu erkunden, die Abende zwischen Einheimischen zu verbringen und zum Shoppen sind die kretischen Städte natürlich ideal. Doch wie sieht es aus, wenn man Strandurlaub machen will? Dann braucht man meist das Auto oder zumindest ein Busticket. In Ágios Nikólaos ist das nicht anders. Die kleinen Stadtstrände Kitroplatía und Ámmos genügen zwar für einen Sprung ins kühle Nass, doch erholsamer und schöner sind die Sandstrände Almirós und Ammoudára, südlich mit dem Bus Richtung Ístron zu erreichen.

Vorangehende Doppelseite: Auf den Gipfeln des Díkti-Massivs glänzt der Schnee bis in den Frühling.
Mitte: Das typische Postkartenmotiv von Ágios Nikólaos: Blick über den Voulisméni-See und den Hafen.
Unten: Im Restaurant Pelagoswird Wert auf Atmosphäre gelegt.

mischten Angebot an Tavernen und Geschäften kurz Ágios. Auch an den stadtnahen Badestränden, wie dem1 km südlich gelegenen Sandstrand Almirós oder dem mit Tamarisken gesäumten, sandigen Ammoúdi Beach am nördlichen Stadtrand, trifft man auf gemischtes Publikum.

Geschichte

An der Stelle des heutigen Stadtgebiets lag in der Antike Lató prós Kamára, der Hafen und Bistumssitz der dorischen Stadt Lató (siehe Seite 121). Als die Genueser Anfang des 13. Jahrhunderts den Venezianern die Herrschaft über Kreta streitig machten, erbauten sie auf dem Hügel südlich des heutigen Hafens das Kastell Mirabéllo (»schöne Aussicht«). Doch die Venezianer siegten, erweiterten das Kastell und benannten den Ort nach der Kapelle Ágios Nikólaos, die dem Schutzheiligen der Seefahrer geweiht ist (siehe Autorentipp rechts). Als die Türken das Kastell 1645 eroberten, wollten die Venezianer es ihnen nicht einfach überlassen und legten es in Schutt und Asche. An das Kastell erinnert heute nur noch der Name der Bucht, die sich von Pláka im Norden bis zum östlichen Zipfel bei Móchlos erstreckt.

Noch bis zur zweiten Hälfte des 19. Jahrhunderts war Ágios ein kleines Fischerdorf mit weniger als 100 Einwohnern. Um 1870 wurde es dann von Siedlern aus dem Dorf Kritsá und von aus Westkreta stammenden Sfakioten besiedelt. 1870 wurde auch der See Voulisméni, in dem schon die Göttinnen Athene und Artemis gebadet haben sollen, durch einen Kanal mit dem Meer verbunden. Bis dahin war er neben dem Kournás-See bei Réthimno (siehe S. 176) und dem See von Agiá bei Chaniá (siehe S. 224) einer der drei Süßwasserseen Kretas. Seit 1904 ist Ágios Nikólaos Provinzhauptstadt von Lassíthi.

AUTORENTIPP!

BYZANTINISCHE KUNST

Für alle, die sich für byzantinische Kunst interessieren, lohnt ein Besuch der kleinen Kirche Ágios Nikólaos auf dem Gelände des Hotels Minos Palace. Sie stammt vermutlich aus dem 8. oder 9. Jahrhundert. Anikonische Fresken im Inneren weisen auf eine Errichtung zur Zeit des byzantinischen Bilderstreits (726–780 und 815–843) hin. Währenddessen war die Darstellung von Heiligen und biblischen Szenen untersagt. So verbirgt sich unter einer Malschicht mit figuralen Motiven aus dem 14. Jahrhundert eine weitere mit seltenen nicht-figuralen. Charakteristisch für die nicht-figuralen Fresken waren geometrische und florale Motive, sich kreuzende Kreise, die bunte Vierblätter darstellen, oder Zeichnungen von Kreuzen und Fischen. In der Kirche sind heute, wenn auch beschädigt, beide Schichten erkennbar. Den Schlüssel erhalten Sie an der Rezeption des Hotels Minos Palace gegen ein Pfand.

AUTORENTIPP!

PAPAGEIEN-PARK

Etwa 18 km trennen Ágios Nikólaos vom »Amazonas Park«, einer in Griechenland einzigartigen Papageien-Auffangstation. Im Juni 2011 eröffneten die Luxemburger Patrick, Fabienne und Patricio den 14 000 m^2 großen Park. Er beherbergt über 60 Papageien-Arten aus verschiedenen Herkunftsländern, die vom Zoll beschlagnahmt wurden oder bei ihren Besitzern nicht mehr erwünscht waren. Um einigen der Tiere das Leben in ihrem natürlichen Lebensraum zu ermöglichen, züchten die drei Tierschützer auch Papageien und wildern sie später am Amazonas aus. Einen Teil der Eintrittsgelder spenden sie an die Amazonas-Ibama-Tierschutzbehörde in Brasilien. Neben Papageien gibt es auch kretische Land- und Wasserschildkröten sowie Esel und Ziegen in der kleinen »kretischen« Farm.

Amazonas Park. Kouroúnes, 3 km nördlich von Neápoli, tägl. 9–19 Uhr, Tel. 69 58 614 048, www.amazonas-park.gr, Eintritt Erwachsene 10 €, Kinder ab drei Jahren 6 € (davon 2 € Spende).

Flanieren am See und Kanal

Einen historischen Stadtkern sucht man in Ágios vergeblich. Für malerisches Flair sorgt hier der 64 m tiefe, dunkelgrün schimmernde See Voulisméni. Auf zwei Seiten säumen Cafés und Tavernen das Ufer. Die steilen Felswände am süd- und nordwestlichen Ufer und die bunten Fischerboote bilden eine tolle Kulisse für die kleine Seebühne und für Spaziergänge. Auf der Südwestseite steht eine nachts beleuchtete Felskapelle und das ein oder andere Plätzchen lädt zum Verweilen ein. Stufen führen von dieser Seeseite auf den Felsen hinauf, von dem sich ein bezaubernder Blick auf den See und die Mirabéllo-Bucht eröffnet.

An der Brücke, die im Osten über den 12 m breiten Kanal führt, liegt ein sehenswertes kleines Folkloremuseum. Seit 1978 stellt es Gegenstände aus einem traditionellen kretischen Haushalt und z.B. eine herausragende Sammlung alter Münzen und Geldscheine sowie eine kretische Lyra mit Schweinedarm-Saiten aus dem 19. Jahrhundert aus.

Einkaufsbummel und Kirchenmalereien

Parallel zum See verläuft südlich die Fußgängerzone 28is Oktovríou, wo man in Souvenirgeschäften und bei Kunsthandwerkern einkaufen kann. Oft lohnt auch ein Besuch einer Kunstausstellung in der Städtischen Galerie. Vom oberen Ende der Straße gelangt man zur Platía Venizélou mit der Hauptkirche der Stadt. Die der Heiligen Dreifaltigkeit geweihte Kirche wurde erst in den 1980er-Jahren im traditionellen byzantinischen Stil ausgemalt und präsentiert zahlreiche Darstellungen von Heiligen. Südlich führt eine Straße hinunter zum Jachthafen und dem Kiesstrand Ámmos.

Stadtrundgang Ágios Nikólaos

A **Voulisméni See** – Zentraler Treff der Stadt sind die Ufer des kleinen, ehemaligen Süßwassersees, der durch einen Kanal mit dem Meer verbunden ist. Zwischen Odós Paleológou und Odós Omírou.

B **Folkloremuseum** – Das kleine Museum präsentiert traditionelle kretische Trachten, Webarbeiten, kunstvolle Stickereien und Fotos aus den 1930er-Jahren, als die Stadt touristisch noch unberührt war. Odós Koundouroú, an der Brücke, Mo–Sa 10–14, im Hochsommer auch 17–19 Uhr.

C **Städtische Galerie** – Wechselnde Ausstellungen aus den Bereichen Fotografie und moderne Kunst. Odós 28is Oktovríou 8, die Öffnungszeiten variieren je nach Ausstellung.

D **Agía Triáda** – Die Kathedrale Agía Triáda schmücken neue Wandmalereien im traditionellen byzantinischen Stil. Platía Eleftérios Venizélou, meist tägl. 7–12 und 16–19.30 Uhr.

E **Stadtstrand Ámmos** – Ein kleiner Sandstrand neben der Marina, an den sich der 200 m lange

Kiesstrand der Gemeinde mit Minigolfplatz, Wassersportangebot, Spielplatz, Fußball- und Basketballplatz anschließt. Aktí Atlantídos.

F **Panagía Vrefotrófos** – Fresken aus dem 13. und 14. Jahrhundert schmücken die kleine Kirche Panagía Vrefotrófos aus dem 12. Jahrhundert. Geweiht ist sie der Jungfrau Maria als Schutzheilige der Kinder »Vrefotrófos«. 1602 wurde hier der Burgherr Lavrentis Malipiero des Kastells Mirabéllo bestattet. Odós Kapetán Távla/Ecke Odós Metaxáki, unregelmäßige Öffnungszeiten.

G **Kitroplatía Beach** – Der etwa 50 m lange Kiesstrand im Zentrum wird von einigen Cafés, Hotels und Tavernen umsäumt. Seinen Namen »Zitronatzitronenplatz« hat er von den Früchten, die man früher von hier verschiffte. Aktí Págalou.

H **Archäologisches Museum** – Sieben Säle zeigen Funde aus Ostkreta. Highlight ist die «Göttin von Myrtos«, ein bemalter Tonkrug in Frauengestalt, in Saal II. Odos Paleológou 74, Tel. 28 41 024 943, Di–So 8.30–15 Uhr.

Die Kathedrale Agia Triáda an der Hauptplatia.

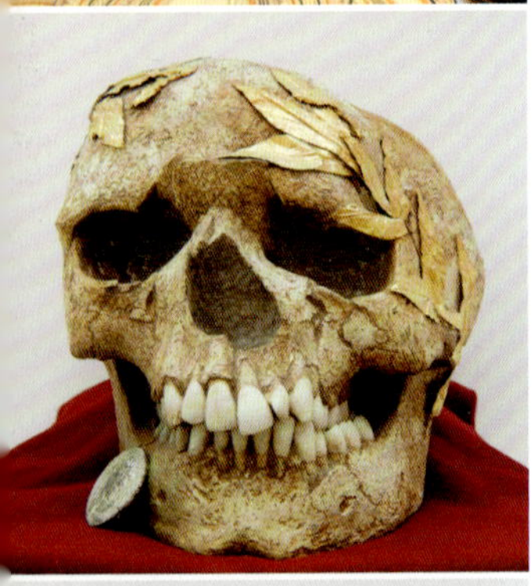

Oben: Die Odós 28is Oktovríou lädt mit vielen kleinen Geschäften zum Bummeln ein.
Mitte: Nur selten bekommt man noch handgemachte Museumskopien wie im Atelier von Nic Gabriel.
Unten: Totenschädel eines Athleten im Archäologischen Museum.

Freunde byzantinischer Malerei sollten einen Abstecher in die Parallelstraße Kapetán Távla machen und sich die Fresken (13./14. Jh.) in der Kapelle Panagía Vrefotrófos aus dem 12. Jahrhundert ansehen.

In einer Mauer der Kapelle ist ein Arkosolium von 1602 eingelassen, ein venezianisches Grab in einer Bogennische und für mittelalterliche Christen eine übliche Bestattungsform. Entweder an der Küste entlang oder durch die Gassen geht es von hier aus über die kleine Bucht Kitroplatía mit Kiesstrand, Cafés und Tavernen zurück Richtung See und Hafen.

Archäologisches Museum

Die Odós Paleológou führt vom See nördlich zum Archäologischen Museum hinauf. In sieben Sälen zeigt es Funde aus dem Neolithikum bis zur Römerzeit. Saal I präsentiert die ältesten Exponate, darunter viele Keramikfunde aus den Ausgrabungen der Nekropole von Agía Fotiá. Die kaum verzierten Fundstücke entstanden nach kykladischem Vorbild. Die Gefäße »kretischer« Art sind an ihren rötlichen, linearen Verzierungen erkennbar.

Das bekannteste Exponat des Museums ist die »Göttin von Myrtos« in Saal II, ein Spendgefäß aus der Altpalastzeit zwischen 3100 und 2100 v. Chr. Dem glockenförmigen Keramikgefäß für Wasser, Öl oder Wein, mit aufgemaltem Schamdreieck und aufgesetzten Brüsten, sitzt ein Deckel auf, der aussieht wie ein überdimensional langer Hals mit winzigem Kopf. Der kleine Krug, den diese kuriose Frauengestalt mit ihren dürren Armen hält, diente als Öffnung, um diese Flüssigkeiten auszuschenken. Im gleichen Saal ist zudem kostbarer Goldschmuck der Nekropole von Móchlos aus der Vorpalastzeit (ca. 2300 v. Chr.) zu sehen. Besonders hübsch ist eine filigran gearbeitete, goldene Blume, die als Haar- oder Anstecknadel diente. Auffällig ist auch ein Diadem aus Blattgold.

Saal III birgt Funde von 1900 bis 1050 v. Chr., darunter ein beachtenswertes Tonmodell eines Hauses aus dem Jahr 1250 v. Chr. Merkwürdig erscheinen die beiden Kamine und das Zeltdach, da bis heute nicht belegt werden konnte, dass solche Bauten in der damaligen Zeit existierten. In Saal IV sind 16 minoische Sarkophage ausgestellt, die aus verschiedenen Zeiten stammen: Die ältesten (2200–2100 v. Chr.) sind mit linearen Mustern geschmückt und die neueren (1440–1050 v. Chr.) mit Pflanzen, Fischen, Tintenfischen, Ziegen und anderen Motiven.

Viele Exponate aus der Nachpalastzeit im 14. und 13. Jahrhundert v. Chr., v. a. typische Bügelkannen, findet man in Saal V. Eine Rarität ist das mit linearen Motiven und Papyrusdekor bemalte, dreiteilige Kultgefäß. Die den drei durch Stege und einen Bügel miteinander verbundenen Krügen aufgesetzten Vögel identifizieren das Gefäß als Objekt für kultische Handlungen, denn sie symbolisieren die Epiphanie, also das Erscheinen und die Gegenwart der Gottheit während der Opferzeremonie.

Funde aus den Jahren 1500–500 v. Chr. werden in Saal VI gezeigt. Gruselig mutet eine Kindesbestattung vor 3000 Jahren an: Skelettreste liegen in einem kleinen Tongefäß, über dem ein Miniatur-Kuppelgrab aus Steinen errichtet war. In Saal VII gibt der Totenschädel mit einem Kranz aus goldenen Blättern Aufschlüsse über die Bestattungsrituale des 1. Jahrhunderts. Die Silbermünze, die Kaiser Tiberius zeigt, war der Obolus an Fährmann Charon, der die Verstorbenen in das Reich der Toten bringen sollte.

AUTORENTIPP!

KRETAS ERSTE LUXUS-HERBERGE

In der Umgebung von Ágios Nikólaos gibt es viele Luxushotels. Wer stadtnah und doch mitten im Grünen, luxuriös und idyllisch Urlaub machen will, wohnt im Minos Beach Art Hotel. Das erste Luxushotel Kretas wurde schon 1963 erbaut und beherbergt seitdem viele Stammgäste. Der Service lässt nichts zu wünschen übrig. Hier fühlt man sich »zu Hause«, beinahe als gehöre man zur Familie. 129 luxuriöse und geräumige Bungalows (ab 45 m^2) mit eigener Terrasse liegen in einem 60 ha großen Garten zwischen Palmen, Maulbeerbäumen und prächtigen Bougainvilleen. Beeindruckend sind viele der 60 Ausstellungsstücke internationaler Künstler, die im Rahmen der seit 1986 immer wieder stattfindenden Art-Symposien in der gesamten Hotelanlage ausgestellt werden. Erstklassige Impressionen von Ágios Nikólaos zeigt eine Ausstellung von Schwarz-Weiß-Fotografien aus den 1960er-Jahren.

Minos Beach Art Hotel. Aktí Eliá Sotírchou, Tel. 28 41 022 345, www.bluegr.com

Infos und Adressen

INFORMATION

Städtische Tourist Information. Aktí Koundouroú, an der Brücke, Tel. 28 41 022 357, tägl. 9–22 Uhr, infoagn@otenet.gr, www.aghiosnikolaos.gr

ESSEN UND TRINKEN

Pelagos. Fischrestaurant mit gemütlichem Garten in einer klassizistischen Villa abseits des Trubels. Große Weinkarte. Odós Stratigoú Kóraka 11/Odós Katecháki, Tel. 28 41 025 737, Mo–Sa 9–17 Uhr, www.pelagos-restaurant.com

Chrysofilis. Durch helle Farben, einer großen Terrasse mit Meerblick und alten Fotos an den Wänden, versucht man in diesem *rakádiko* Modernes mit Traditionellem zu verbinden. Aktí Págalou, Kitroplatía, Tel. 28 41 022 705.

Barko. Eines der schicksten Restaurants der Stadt bietet griechische und mediterrane Küche mit Pfiff. Aktí Págalou, Tel. 28 41 024 610, www.barko-palazzo.gr

Paradosiako. Besonders bei Einheimischen beliebtes *rakádiko* mit typisch kretischen *mezédes* und guten Grillgerichten. Odós Paleológou 41, Tel. 28 41 021 666.

Itanos. Schmackhafte kretische Hausmannskost essen die Einheimischen nicht nur zu Hause, sondern auch in der Taverne Itanos. Odós Kyprou 1, Tel. 28 41 025 340.

Tavernen und Cafés säumen den Voulisméni-See.

ÜBERNACHTEN

Minos Palace. Das 2010 renovierte Hotel hat 148 Zimmer mit Meerblick, einige Suiten haben einen privaten Pool. Es liegt auf einer kleinen Halbinsel abseits des Trubels und dennoch nur 3 km vom Stadtzentrum entfernt. Besser pauschal buchen. Nördlicher Stadtrand, Ammoudíou, Tel. 28 41 023 801, www.bluegr.com

Sgouros. Ruhig gelegenes, familiengeführtes Hotel mit 28 Zimmern, einige auch mit Meerblick. Kitroplatía, Tel. 28 41 028 931, www.sgourosgroup hotels.com

Du Lac. Das einzige Hotel direkt am See bietet 24 Zimmer und Studios. Ein Zimmer mit Seeblick macht wett, das sich nur schwer ein Parkplatz finden lässt. Odós 28is Oktovríou, Tel. 28 41 022 711, www.dulachotel.gr

Eins der In-Lokale an der Uferstraße: Café Molo.

Kastro. Sehr einfaches, altes Haus am Hafen mit 14 Zimmern auf sieben Etagen, die aber Balkon und tollen Blick auf Meer, See und Stadt haben. Odós Lasthénous 23/Akti Koundouroú 7, Tel. 28 41 028 292.

NACHTLEBEN

Alexandros. Bar auf einer Dachterrasse mit Blick auf See und Hafen. Jung und Alt tanzen hier zu Oldies, Evergreens und aktueller Pomusik. Odós Kondiláki 1, tägl. ab 21 Uhr.

Peripou. Das alteingesessene Café der Künstlerszene mit Blick auf den See ist auch ein Buchladen. Odós 28is Oktovríou 25, tägl. ab 10 Uhr.

Pelagos beliebte Adresse für leckeren Fisch.

Puerto. Immer »up to date« ist der Treffpunkt der einheimischen Jugend. Sitzkissen auf den Stufen laden zum Relaxen ein, House und RnB zum Tanzen. Aktí Koundouroú/Ecke Evans.

Yannis Rock Bar. Hier fühlt man sich im Ambiente der 1980er-Jahre wohl. Rock-Musik, Metal oder Blues aus den vergangenen Jahrzehnten. Aktí Koundouroú 1.

EINKAUFEN

BioAroma. Einen guten Überblick über die kretischen Kräuter und Gewürze kann man sich in der Ausstellung BioAroma verschaffen. Das junge Paar Kalliópi und Sákis führt die Destillerie ätherischer Öle voller Elan und Tatendrang. Sie haben auch zahlreiche Naturkosmetikprodukte im stets wachsenden Sortiment. Erklärungen gibt es von Kalliópi auch auf Deutsch. 250 m südlich der Kreuzung Ágios Nikólaos/Iráklio, Tel. 28 41 082 293, Mo–Sa 9–17 Uhr, www.bioaroma.gr

Atelier Ceramica. Seit mehr als 20 Jahren verkauft der gelernte Restaurateur Nic Gabriel in seinem Atelier große und kleine Kunstwerke. Er hat sich auf handgemachte Kopien archäologischer Funde aus vielen Museen in ganz Griechenland spezialisiert. Odós Paleológou 28, Tel. 28 41 082 015.

Sadika. Beeindruckende Glaskunst und Home-Design aus Tunesien bekommt man in der Galerie Sadika. Interessante Kreationen aus Glas kombiniert mit Eisen, Silber, Holz und mehr. Odós Kondiláki 3, Tel. 28 42 021 755.

Byzantio. Handgemalte Ikonen bietet Níkos Tzíris in seinem kleinen Ikonengeschäft. Odós 28is Oktovríou 22, Tel. 28 41 026 530.

VERANSTALTUNGEN

Lato Festival. Von Juli bis September finden an verschiedenen Orten Konzerte, Theater- und Folkloreabende, Ausstellungen und Sportwettkämpfe statt. Die Termine kennt die Touristeninformation.

AKTIVITÄTEN

Little Train Tours. Mit dem kleinen Zug auf Gummirädern lohnt besonders der 3,5-stündige Ausflug ins Bergdorf Kritsá (siehe Seite 118). Weitere Touren führen durch die Stadt (30 Min.) und oberhalb der Küste Richtung Eloúnda (70 Min.). Odós Themistokléous 12, Tel. 28 41 025 420.

Pelagos Diving Centre. Seit über 20 Jahren lehrt Stéfanos Bónis in familiärer Atmosphäre das Tauchen und Schnorcheln nach PADI. Aktí Eliá Sotírchou, Minos Beach Art Hotel, Tel. 28 41 024 376, www.divecrete.com, tägl. ab 9 Uhr.

Martin Bike. Martin und Barbara Gernet vermieten seit über 15 Jahren Mountainbikes und Rennräder. Ein deutschsprachiges Team organisiert auch ganze Mountainbike- und Rennradferien. Lénika, 5 km nördlich von Ágios, Hotel Sunlight, Tel. 28 41 026 622, www.martinbike.com

Open-Air-Kino Christina. Aktuelle Filmvorführungen in der Originalsprache mit griechischen Untertiteln, Vorstellungen 20 und 23 Uhr. Ethnikís Antistaseós, Tel. 28 41 082 047.

Spinalónga. (siehe Seite 110 ff.)

Im Byzantio werden Ikonen von Hand gemalt.

Mitte: Bei der Fahrt von Ágios Nikólaos nach Eloúnda eröffnet sich eine großartige Aussicht auf den Mirabéllo-Golf.
Unten: Der flach abfallende Sandstrand im Zentrum Eloúndas wird von der Halbinsel Spinalónga vor aufkommenden Winden geschützt.

15 Eloúnda und Pláka

Vom Fischerdorf zum Luxus-Spot

Zwei Gründe führen Besucher in die ehemaligen Fischerdörfer Eloúnda und Pláka: Entweder hat man seinen Urlaub in einem der besten Luxushotels Griechenlands gebucht oder man möchte mit einem Bootstaxi auf die Festungsinsel Spinalónga übersetzen. Wenn man in der Gegend ist, lohnt es, in einer der guten Fischtavernen zu essen oder zum Shoppen durch das winzige Pláka zu bummeln.

Eine kurvenreiche Küstenstraße führt von Ágios Nikólaos aus hoch über dem Meer mit toller Aussicht auf die sich lagunenartig eröffnende Bucht nach Eloúnda. Berge und Meer umschließen die vorgelagerte Halbinsel Spinalónga, die gleichnamige Festungsinsel und das Felseiland Kolokítha.

MAL EHRLICH

LUXUSHOTELS VORAB BUCHEN!

Luxushotels sind gewiss nicht nur für Prominente und Millionäre erschwinglich. Ein Doppelzimmer mit Meerblick bekommt man in der Nebensaison ab etwa 180 €/Nacht. Aber auch für »Standard«-Zimmer mit Berg- oder Gartenblick muss man oft überteuerte Preise zahlen. Kostspielige Extras wie das Essen in den schicken Hotelrestaurants oder Wellnessanwendungen kommen noch dazu. Bedenken sollte man auch, dass schöne Sandstrände nur per Auto oder der eigenen Jacht erreichbar sind. Wer sich in einem der Luxushotels von Eloúnda oder Plaká verwöhnen lassen möchte, sollte sich online über Angebote informieren. Meist sind Pauschalreisen oder Online-Buchungen günstiger.

Ein Dorf im Wandel

In den 1960er-Jahren wurde in Ágios Nikólaos das erste Luxushotel Kretas gebaut. 1964 wählte Walt Disney den nördlich liegenden Küstenabschnitt mit den Fischerdörfern Eloúnda und Pláka als Filmset für den Krimi »Der Millionenschatz«. Die Gegend avancierte zum Treffpunkt der griechischen High Society. Etwas später kam der Jetset aus aller Welt, darunter internationale Größen aus Politik und Wirtschaft. Heute stehen in Eloúnda die exklusivsten Hotels der Insel und locken mit exquisiten Restaurants und erstklassigen Wellnesszentren Schöne und Reiche an.

Beschauliches Understatement

Wer in Eloúnda einen schicken Hafen mit schnittigen Motorjachten, edle Gastronomie und teure Autos erwartet, wird enttäuscht. Außerhalb der Hotelanlagen tummeln sich in Restaurants und Cafés hauptsächlich Tagesausflügler, die Spinalónga (siehe Seite 114) besuchen. Parkende Autos, einige Fischerboote und ein Uhrturm prägen den ehemaligen Fischerort. Der kleine Ortskern ist beschaulich – nur ein paar teure Juweliere, Pelzgeschäfte und einige Galerien weisen auf zahlungsfreudige Klientel hin. In den Hotels, an den privaten Stränden und Pools sowie an den privaten Anlegestellen vor den luxuriösen Suiten und Villen ist man unter sich. Man möchte inkognito bleiben und hier in Ruhe ein paar schöne Tage verbringen. Sehr touristisch wirkt der Ort erst am Abend, wenn die Neonreklamen der Tavernen in grellem Licht leuchten.

Halbinsel Spinalónga

Der schmale aufgeschüttete Sandstrand von Eloúnda ist meist stark frequentiert. Urlauber besuchen deshalb meist den schöneren, 1 km ent-

AUTORENTIPP!

SHOPPEN IN PLÁKA

ÖKO

Shoppen in dem winzigen Pláka? Ja, das geht: Bei einem Bummel vom Parkplatz zum kleinen Hafen gibt es originelle kleine Geschäfte zu entdecken. Ein erster Stopp lohnt bei magazaki.net, wo Freunde kretischer Produkte vor Ort und im Online-Shop Olivenöl und *rakí* aus biologischem Anbau, Honig lokaler Hersteller und Naturkosmetik bekommen. Wenige Schritte weiter bietet der Yoni Eco Shop Kleidung und Accessoires aus umweltfreundlichen Materialien, sowie Fair Trade- und Bio-Produkte. An der Ecke zum Hafen findet man im Provolos Art Shop eine liebevolle Auswahl Kunsthandwerk griechischer Künstler. Doch am auffälligsten ist der weiter östlich gelegene kleine Laden Noa. Maria de Ruiter hat sich dem Türkis, der »Farbe der Kommunikation« verschrieben, trägt türkisfarbene Kleidung, und auch ihr Geschäft ist türkis. Accessoires und Kleidung aus ihrem Laden haben einen durchgehend türkisen Touch.

fernten Sandstrand vor Kolokítha auf der Halbinsel Spinalónga, nicht zu verwechseln mit der gleichnamigen Festungsinsel. Doch ist auch dieser Strand zur Mittagszeit überfüllt. Einst bildete die heutige Halbinsel zusammen mit der Küste den von Norden her zugänglichen Hafen der antiken Stadt Ólous. Dann führten Erdbewegungen dazu, dass Teile Ostkretas versanken und sich die Westküste erhob. Heute ist die Halbinsel südlich des Dorfzentrums nur noch über einen Damm erreichbar. Rechts sieht man die ehemaligen Salinen.

Hinter einigen Windmühlen und der Taverne »Canal Bar« liegen die spärlichen Überreste des antiken Ólous. Zu sehen sind der Grundriss der frühchristlichen Basilika aus dem 5. Jahrhundert und das Fußbodenmosaik aus dem Hauptschiff. Es zeigt Delfine und Fische, umrahmt von geometrischen Motiven und Blumen. Die Grundmauern liegen auf dem Meeresboden.

Pláka

Romantischer und charmanter als Eloúnda ist das 5 km nördlich liegende ehemalige Fischerdorf Pláka gegenüber der Festungsinsel Spinalónga. Es ist wegen seiner guten Fischtavernen beliebt. Oberhalb der Küstenstraße liegen einige Luxushotels. Der etwa 100 m lange Kieselstrand an ihrem nördlichen Ende und weitere kleine Badebuchten zwischen Pláka und Eloúnda laden zum Baden ein. Besonders am frühen Abend, wenn die Spinalónga-Besucher den Mini-Ort verlassen haben, lohnt der kurze Spaziergang entlang der Uferpromenade mit ihren restaurierten Häuschen. Das Licht der untergehenden Sonne taucht die Festung und das Meer in mystisches Licht. Ein Großhotelier hat jetzt sogar gefordert, die Insel zu beleuchten, damit seine Gäste abends einen noch romantischeren Blick haben.

Oben: Vom Steg dieser Beachbar zwischen Eloúnda und Pláka gelangt man direkt ins Wasser.
Unten: Viele Kunsthandwerker und kleine, interessante Geschäfte wie das Noa haben sich in den letzten Jahren in Pláka angesiedelt.

Infos und Adressen

INFORMATION

Tourist Information Kepanel. Eloúnda, am Uhrturm, Tel. 28 41 042 464, tägl. 8.30–21.30 Uhr, dhmosan@agn.forthnet.gr

ESSEN UND TRINKEN

Ferryman. Eine gute Wahl für frischen Fisch in familiärer Atmosphäre seit über 30 Jahren. Eloúnda, Uferpromenade, Tel. 28 41 041 230.

Haroupo Ergospasio. In einer alten Johannisbrot-Fabrik serviert man auf der Dachterrasse, im hübschen Ladenlokal und auf einer Terrasse am Meer köstliche Spezialitäten aus ganz Griechenland. Eloúnda, Akti Oloúndos 5, Tel. 28 41 042 082, www.ergospasio.gr

Captain Nicolas. Das Restaurant mit schöner Aussicht auf Spinalónga fischt noch selbst. Der frische Fisch macht die »touristischen« Vorspeisen wett. Pláka, am Hafen, Tel. 28 41 041 838.

Taverna Giorgos. In der familiär geführten Taverne bekommt man nicht nur frischen Fisch, sondern auch schmackhafte kretische Gerichte. Pláka, Uferpromenade, Tel. 28 41 041 355, www.giorgos-plaka.gr.

ÜBERNACHTEN

Blue Palace. Einfach nur wohlfühlen kann man sich im Luxus-Resort mit einer der besten Wellness-Adressen Kretas, dem Elounda Spa & Thalassotherapy. Kurz vor Pláka, Tel. 28 41 065 500, www.bluepalace.gr

Domes of Elounda. Das Luxushotel mit seinen Suiten und Villen zwischen 70 und 450 m² mit Outdoor-Jacuzzi oder Privatpool liegt auf einer Anhöhe zwischen Johannisbrotbäumen mit toller Aussicht auf Spinalónga. Zwischen Eloúnda und Pláka, Tel. 28 41 043 500, www.domesofelounda.de

AUSGEHEN

Pefko. Treffpunkt für einen gemütlichen Drink ist das charmante *kafenío* an der großen Kiefer. Pláka, Straße zum Anleger, Tel. 28 41 042 510.

Anders als in vielen Urlaubsorten am Mittelmeer stehen die Hotels in Eloúnda nicht dicht an dicht.

Mitte: Ausblick vom Hügel der Festungsinsel Spinalónga Richtung kretische Küste mit den Bergen im Hinterland.
Unten: Der überwölbte Torgang des Südeingangs führt auf den von ehemaligen Wohnhäusern und Geschäften gesäumten Hauptweg.

16 Spinalónga
Geschichten über Leben und Tod

Spinalónga, 15 km nordwestlich von Ágios Nikólaos, ist ein Paradebeispiel dafür, wie ein nur 400 m langes und 200 m breites Felseiland eine Gegend prägen kann. Der Bestseller *Insel der Vergessenen* machte die leidvollste Epoche der Insel bekannter denn je. Neugier erwecken seither eher die Geschichten des Lebens in der letzten Leprakolonie Europas als die jahrhundertealte Festung selbst.

Erst 1954 bekam das kleine Eiland seine neue, offizielle Bezeichnung »Kalydón«. Der Grund für diese Namensänderung bleibt bis heute ein Rätsel. Denn kaum jemand nennt oder kennt die Insel bei ihrem neuen Namen. Das führt oft zu Verwirrung. Wenn von »Spinalónga« gesprochen wird, geht es um die 8 ha kleine Festungsinsel, nicht um die größere Schwesterinsel gleichen Namens. In Schriften des 13. Jahrhunderts erscheint sie noch unter dem Namen »Stinelonda«, d. h. übersetzt »bei Eloúnda«. Die Venezianer verwandelten dies in das ähnlich klingende »Spinalónga«, vermutlich

MAL EHRLICH

BAUSTELLEN

Bei historischen Sehenswürdigkeiten trifft man oft auf Restaurierungsarbeiten oder Baustellen, die allem Anschein nach nie zu Ende geführt werden. Das Fehlen finanzieller Mittel und die gegenwärtige Streiklust machen die Situation nicht besser. Unzureichend gesicherte Baustellen bergen oft Gefahren. Seien Sie bei der Begehung archäologischer Stätten vorsichtig, um Verletzungen zu vermeiden.

abgeleitet von *spina* (Dorn) und *longa* (lang), denn die Form der größeren Insel erinnert an einem langen Dorn.

Venezianische Festung

Aufgrund der zunehmenden Bedrohung durch die Türken sollte 1579 auf Spinalónga eine der wichtigsten venezianischen Küstenfestungen des Mittelmeers entstehen. Die Südseite Spinalóngas wurde besonders sorgfältig befestigt. An der heute noch recht gut erhaltenen, einst etwa 1200 m langen Mauer boten westlich und östlich des überwölbten Südtors, dem heutigen Eingang, die Bastionen Tiepolo und Doná Schutz.

Das mit einem Relief des Markuslöwen verzierte, oberhalb liegende Halbmondwerk Mocenigo-Barbarigo diente als wehrhafter Stützpunkt gegen Angriffe von den Hügeln der gegenüberliegenden Schwesterinsel. Bedeutungsvoll bis zu Zeiten der Leprakolonie waren die am westlichen Teil des Hauptwegs liegenden überwölbten Zisternen und das Garnisonsgebäude südlich des Haupttors Porta Maestra. Auch drei Kirchen sind aus venezianischer Zeit erhalten. In der dreischiffigen Kirche Ágios Panteleímon am Dorfplatz, die dem Schutzheiligen der Kranken geweiht ist, finden seit 2011 wieder Gottesdienste statt.

Türkische Kommune

Obwohl 1669 ganz Kreta von osmanischen Streitkräften belagert wurde, blieben Spinalónga wie auch die Festungen von Soúda und Gramvoúsa in Westkreta zunächst verschont. Zu dieser Zeit diente die Insel als Zufluchtsort für viele Kreter, die sich vor den Türken retten wollten. Erst 1715, fast ein halbes Jahrhundert später, belagerten die Türken Spinalónga. Türkische Familien folgten den Streitkräften und wählten die Insel zu ihrer neuen

AUTORENTIPP!

INSEL DER VERGESSENEN

Sie fragen sich, wie die Menschen in der Leprakolonie gelebt haben könnten? Im Roman *Insel der Vergessenen* erzählt Victoria Hislop von der Macht der Lepra, einem Geheimnis, das eine Familie über Generationen hinweg stigmatisierte, und von einer jungen Frau, die der Geschichte auf den Grund geht. Alexis Fielding weiß nichts über die Familie ihrer griechischen Mutter Sofia. Als sie beschließt, sich auf die Spuren ihrer Vorfahren zu begeben, hilft eine alte Freundin. Sie kennt das Schicksal der Familie und führt Alexis behutsam an Spinalónga heran.
Der Roman ist gewiss ein Grund, warum Spinalónga in den letzten Jahren zu einem der Top-Ausflugsziele auf Kreta avanciert ist. Die Geschichte rund um Liebe, Stolz und Isolation lässt die Menschen, die ihr Leben auf Spinalónga gelassen haben, in der Erinnerung weiterleben.

Literaturtipp. Victoria Hislop, *Insel der Vergessenen*, Diana Verlag 2007.

Blick von Nordwesten auf die bebaute Westseite der Festungsinsel Spinalónga.

AUTORENTIPP!

TAGESAUSFLUG FÜR GROSS UND KLEIN

Besonders für Kinder sind Besuche archäologischer Stätten oft anstrengend und langweilig. Eine Alternative zu einem einfachen Besuch Spinalóngas sind die Tagesausflüge ab Ágios Nikólaos. An den Luxushotels von Eloúnda entlang und über die versunkene Stadt Ólous hinweg werden die Besucher mit dem Boot nach Spinalónga gebracht. Nach einem 90-minütigen Aufenthalt (oft auch mit deutschsprachiger Führung) geht es zum Mittagessen in die Bucht von Kolokítha auf der großen Schwesterinsel. Während die Besatzung das Barbecue vorbereitet, bleibt an dem kleinen, flach abfallenden Sandstrand genug Zeit für eine Abkühlung. Die Rückfahrt führt an der Barbarossa-Höhle entlang, in der sich der Legende nach der berühmte türkische Pirat Barbarossa versteckt haben soll, der im 16. Jahrhundert sein Unwesen in der Bucht trieb. Mit etwas Glück sieht man auf der Rückfahrt auch die auf der Insel Agíi Pándes lebenden, kretischen Wildziegen *kri-krí*. Sowohl die unbewohnte Insel als auch die Ziegen stehen unter Naturschutz.

Die Ostseite Spinalóngas ist bis auf die Festungsmauer größtenteils unbebaut.

Heimat. Erst verhielt man sich gnädig. Venezianische und griechische Bewohner durften mit ihrem Hab und Gut von der Insel abziehen. Wer blieb, wurde allerdings auf den florierenden Sklavenmärkten verkauft. Als im 19. Jahrhundert die Aufstände der Kreter starke Konflikte zwischen den Glaubensgruppen mit sich brachten, suchten zunehmend mehr Moslems Schutz hinter den alten Mauern.

Das Verhältnis zwischen Christen und Moslems besserte sich mit der Reaktivierung des Hafens 1856 und dem folgenden wirtschaftlichen Aufschwung der Region für kurze Zeit. Es gab Großgrundbesitzer, Einzelhändler und Handwerker. Doch die meisten lebten von der Seefahrt, denn Spinalónga war ein guter Standpunkt, um die Handelsrouten des östlichen Mittelmeers zu befahren. In dieser Zeit wurden die venezianischen Bauten im Inselinneren durch neue Gebäude ersetzt. Die meist zweistöckigen Wohnhäuser, umgeben von hohen Mauern, zogen sich auf der gesamten West- und Südseite die Hänge hinauf. Auf der Ostseite wurden wegen der starken Winde nur der osmanische Friedhof und zusätzliche Zisternen platziert. Im Jahr 1897 belagerten und bombardierten türkische Aufständische Spinalónga. Um den Frieden sicherzustellen, wurde die gesamte Insel unter den Schutz Großbritanniens, Frankreichs, Italiens und Russlands gestellt. Die türkischen Truppen rückten ab und damit auch die meisten Moslems.

Die Leprakolonie

Die letzte und für Spinalónga prägendste Epoche begann mit dem Beschluss der kretischen Regierung, auf der Insel eine Leprakolonie einzurichten. Im Jahr 1898 wurde Kreta autonom, nur fünf Jahre später wurde der Beschluss umgesetzt. Mit der

Aussicht auf Entschädigungszahlungen verließen zu dieser Zeit auch die letzten etwa 270 Bewohner die Insel.

Die Mauer schützte seither nicht mehr vor Angreifern, sondern sollte die Menschen außerhalb vor der tödlichen Krankheit bewahren. Leprakranke Kreter wurden auf die Insel verbannt und nach der Vereinigung Kretas mit Griechenland im Jahr 1913 auch kranke Griechen vom Festland. Isoliert von Familien und Freunden, waren sie zunächst ganz auf sich allein gestellt. Bis zu den 1930er-Jahren wurden etwa 1000 Leprakranke nach Spinalónga gebracht. Die medizinische Versorgung war anfänglich ungenügend. Doch die Bewohner zeigten Überlebenswillen, übernahmen die Häuser der Türken, bauten sie nach ihren Bedürfnissen um und versuchten, ihren Berufen nachzugehen. Es entstand eine kleine Kommune, in der alle gleich waren. Keiner musste sich für seine Krankheit schämen. Es gab Tavernen, Lebensmittelgeschäfte und eine Bäckerei, deren Ofen am Dorfplatz noch erhalten ist. Fischer und Priester. Trotz des Verbotes, neue Ehen zu schließen, heirateten die Menschen und gebaren Kinder. Gesunde Kinder wurden in Waisenhäuser fernab der Insel gebracht.

Erst 1937 eröffnete in der alten Moschee das erste Krankenhaus. Auch die heutige Ringstraße, die eine bequeme Umrundung der Insel ermöglichte, wurde erst 1939 angelegt. 1948 wurden, gleichzeitig mit der Ankunft des heilenden Medikaments aus den USA, neue Wohnhäuser vom Staat finanziert. Am Hauptweg sind sie teilweise noch erhalten. Während ein Teil der Leprakranken dank der Sulfonamidtherapie geheilt wurde und die Insel verlassen konnte, brachte man andere nach der Schließung der Kolonie 1957 zur Weiterbehandlung nach Athen.

Infos und Adressen

NFORMATION

Informationskiosk auf Spinalónga, April–Okt. tägl. 8.30–17 Uhr (im Sommer auch länger); Nov.–März meist nur Sa, So 8.30–15 Uhr, Eintritt 2 €, Tel. 28 41 041 773. Der Rundgang entlang der Umgehungsstraße dauert ca. 1 Std. Die meisten Sehenswürdigkeiten liegen im westlichen Teil.

ESSEN UND TRINKEN

Getränke sind im kleinen Café neben dem Eingang erhältlich. Die Bastionen mit schöner Aussicht bietet sich für ein (selbst mitgebrachtes) Picknick an.

ÜBERNACHTEN

Übernachtungen sind auf Spinalónga verboten.

ÜBERFAHRT

Von Pláka tägl. alle 30 Min., Hin- und Rückfahrt 8 €, Dauer 10 Min.
Von Eloúnda tägl. alle 30 Min., Hin- und Rückfahrt 10 €, Dauer 20 Min.
Von Ágios Nikólaos nur vier- oder sechsstündige Rundreisen mit einer Führung auf Spinalónga und einem Badestopp in der Bucht von Kolokítha, tägl. 12.30–17 Uhr, Rundreise 15 € (plus Eintritt für die Festung); Mo, Mi, Fr auch 10 Uhr als Tagesausflug mit Barbecue der auch von Reisebüros in Ost- und Zentralkreta angeboten wird, Erwachsene 25 €, Kinder 15 € (plus Eintritt für die Festung), siehe Autorentipp S. 116.

AUSRÜSTUNG

Wer Spinalónga auch abseits des Rundwegs erkunden möchte, sollte feste Schuhe tragen; Kopfbedeckung und Sonnenschutz sind sehr empfehlenswert.

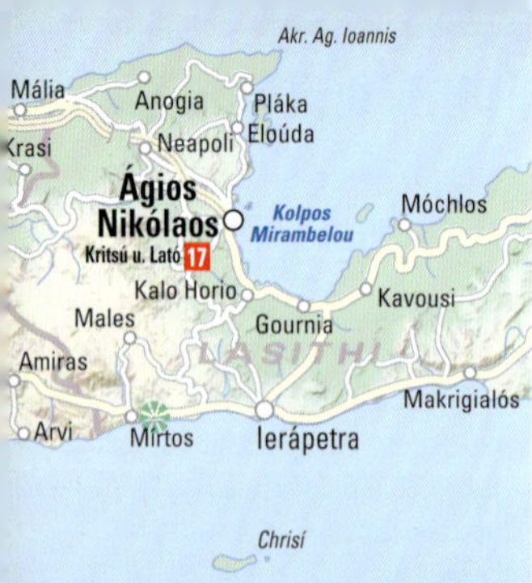

Mitte: Malerisch schmiegen sich die Häuser des Bergdorfs Kritsá an die Hänge des Díkti-Gebirges.
Unten: Schuster wie Giórgos Detorákis in der Hauptgasse von Kritsá sieht man immer seltener.

17 Kritsá und Lató

Dörflicher Charme und eine antike Stadt

Mit weißen Häusern, vielen Tavernen und *kafenía* erstreckt sich das Bergdorf Kritsá am Ausgang einer 13 km langen Schlucht am Fuß des Díkti-Gebirges. Weite Olivenhaine liegen gleich darunter. Die Szenerie des typisch kretischen Dorfes gab 1956 auch den Ausschlag für die Wahl als Kulisse für Jules Dassins Film »Der Mann, der sterben muss« nach dem Roman *Griechische Passion* von Níkos Kazantsákis. In Lató kann man sich auf eine Zeitreise in die Antike begeben.

Heute ist Kritsá ein beliebter Ausflugsort für Besucher aus den naheliegenden Hotelorten, die der dörflichen Atmosphäre auf der Spur sind. Viele Reiseveranstalter werben zwar für das typisch kretische Dorf, doch hat man sich auch hier ganz auf Tourismus eingestellt. Ein großer Parkplatz steht für die vielen Autos und Busse bereit. An fast jeder Ecke gibt es Souvenirgeschäfte, die Häkel-,

MAL EHRLICH

BUSSE UND HALTESTELLEN

Auch kleine Dörfer sind auf Kreta oft mit dem Bus erreichbar. Leider sind jedoch nicht alle Haltestellen deutlich gekennzeichnet. Deshalb fragt man am besten den Busfahrer oder Fahrkartenverkäufer, ob das gewünschte Ziel direkt angefahren wird. Wer mit dem Bus nach Kritsá fährt, sollte wissen, dass die Busse nicht nur im Dorf, sondern vorher auch an der Kirche Panagía i Kerá halten. Nach Lató kommt man nur mit dem Auto oder über einen halbstündigen Fußweg.

Web- und Strickarbeiten anbieten. Ein Abstecher in die kleinen Seitengassen vermittelt das Flair des ursprünglichen Dorfs, einst die Kulisse für den Film »Der Mann, der sterben muss«, der den bewegenden Bevölkerungsaustausch zwischen Kleinasien und Griechenland von 1922 thematisiert. An der kurzen Hauptgasse sind nur noch wenige alte, flache Häuser erhalten, in denen die Händler früher ihre Waren anboten. Ein paar Häuser in den verwinkelten Gassen dahinter haben noch die typischen weiß gekalkten Mauern mit farbigen Türen und Fensterläden.

Byzantinisches Highlight

Die Kirche Panagía i Kerá liegt friedlich zwischen Zypressen und Mandelbäumen kurz vor dem nördlichen Dorfeingang Kritsás auf der rechten Straßenseite. Sechs Verstrebungen an Nord- und Südseite stützen die dreischiffige Marienkirche, eine der schönsten und bedeutendsten auf Kreta. Innen birgt sie prächtige Fresken, deren Stil sich drei Baustufen zuordnen lässt.

Der älteste Teil ist das überkuppelte Mittelschiff aus dem 13. Jahrhundert, das von traditioneller orthodoxer Malerei, linearer Zeichnung der Motive sowie wenig Bewegung und Plastizität geprägt ist. Den venezianischen Einfluss verdeutlicht die Auswahl der Heiligen: Inmitten der griechisch-orthodoxen Heiligen ist auf dem nordwestlichen Pfeiler der römisch-katholische Franziskus von Assisi abgebildet. Bemerkenswert und für griechisch-orthodoxe Kirchen unüblich ist die Abbildung auf der Mittelkuppel. Anstelle von Christus als Pantokrator zeigt sie vier Engel und die vier großen Feste der griechisch-orthodoxen Kirche. Von Süd nach Ost: Taufe, Tempelgang, Palmsonntag und die Erweckung des Lazarus. Plastischer und bewegter sind die Malereien im Stil der »kre-

AUTORENTIPP!

AB IN DIE BERGE

Von Kritsá aus lohnt ein schöner Ausflug in unberührte Natur der etwas versteckt liegenden kleinen Katharó-Hochebene. Durch reizende Felsformationen führt die 16 km lange, asphaltierte Serpentinenstraße an den Hängen des Díkti-Gebirges entlang auf eine Höhe von 1200 m. Zwischen Eichen, Johannisbrotbäumen und einem Zypressenwäldchen erscheinen immer wieder Ruinen kleiner Hirtenhütten. Auf dem Plateau selbst liegen vereinzelte Hütten und Häuser, umgeben von einer grünen Landschaft, die mit ihren abgeernteten Feldern im Sommer in glänzendem Gelb erstrahlt.
Katharó bietet ideale Bedingungen für den Anbau von Getreide, Gemüse, Obst und Nüssen. Die Bewohner von Kritsá bewirtschaften die Felder schon seit den 1960er-Jahren. Viele ziehen sich in den Sommermonaten hierher zurück, um den heißen Temperaturen im Tal zu entfliehen. Dass Katharó nicht ständig bewohnt ist, liegt wohl auch daran, dass es bis heute keine Stromleitung gibt. Für das leibliche Wohl der Besucher sorgen drei Tavernen.

Die byzantinische Kirche Panagía i Kerá in Kritsá.

AUTORENTIPP!

MIT KRETERN ESSEN

In dem kleinen Dorf Kroústas, 4 km südöstlich von Kritsá, ist der Tourismus noch nicht angekommen. Vor den flachen Häusern der mit Maulbeerbäumen gesäumten Hauptstraße sitzen alte Leute; Souvenirgeschäfte gibt es nicht. Nur zwei Tavernen ziehen Besucher in den Ort. Man trifft sich an den Wochenenden bei »O Kroustas«, unter Kretern der Geheimtipp für kretische Küche. Der Wirt Kóstas Stavrakákis serviert köstliche Fleischgerichte, aber auch unbekannte Gerichte füllen die Speisekarte: So verstecken sich etwa hinter dem Gericht *lasánga* (nicht Lasagne!) die in Fleischbrühe gekochten Nudeln *skoufichtá* mit dem Hartkäse *anthótiro*. Spezialität ist die hausgemachte Schafsbutter *stáka*, als Brotaufstrich oder im Omelette eine exzellente Kalorienbombe.

O Kroustas. Kroústas, Hauptstraße, tägl. ab 18 Uhr, Tel. 28 41 051 362.

tischen Schule« aus der ersten Hälfte des 14. Jahrhunderts im Südschiff, das der Heiligen Anna geweiht ist. In der Wölbung der Apsis ist nicht wie sonst üblich die Jungfrau Maria mit geöffneten Armen dargestellt, sondern die Heilige Anna. Einzigartig auf Kreta sind die zwölf Szenen in der gewölbten Decke, die aus dem Leben der Heiligen Anna, ihres Mannes Joachim und der Jungfrau Maria erzählen.

Die aus dem Ende des 14. Jahrhunderts stammenden Malereien des Nordschiffs ähneln stilistisch denen des Südschiffs, sind aber etwas dunkler. Das Nordschiff, das dem Heiligen Antonius geweiht ist, zeigt viele Paradiesszenen. Am Nordostteil der Decke ist das »Jüngste Gericht« abgebildet und am nordwestlichen Teil u.a. das Paradies. Charakteristisch für griechisch-orthodoxe Kirchen ist die Darstellung der zu erwartenden »Höllenqualen« als letzte Mahnung an die Gläubigen an der Westwand. Eine Besonderheit dieses Schiffs ist die Abbildung der Stifterfamilie. Sie zeigt Mann, Frau und Kind und veranschaulicht, wie sich wohlhabende Familien aus venezianischer Zeit kleideten.

Dorische Polis – Lató

Einen umfassenden Eindruck einer antiken Polis bekommt man etwa 3,5 km nördlich von Kritsá in den Ausgrabungen von Lató. Im 8. Jahrhundert v. Chr. gründeten dorische Einwanderer die Stadt in einsamer Berglage. Ihre Glanzzeit erlebte sie im 5. bis 3. Jahrhundert v. Chr., also in hellenistischer Zeit. Aus dieser Epoche stammen die heute sichtbaren Überreste, die um 1899 von Franzosen ausgegraben wurden.

Die Fundamentreste der Ausgrabungen von Lató sind leider weder beschildert noch erklärt. Einzig eine Tafel auf dem zentralen Platz, der Agorá, bietet dürftige Orientierung. Vom Eingang des Geländes führt ein etwa 150 m langer Weg zum antiken Stadttor. Offensichtlich wollten sich die Bewohner vor Angriffen schützen. Sie gelangten durch zwei ummauerte Höfe und drei Tore in die Polis. 80 Stufen führen von diesen Höfen durch eine mit zwei Türmen gesicherte, ummauerte und geschwungene Gasse hinauf zur Agorá. Rechter Hand geht es durch das ehemalige Geschäftsviertel mit diversen Arbeitsstätten und Wohnhäusern. Gleich zu Beginn weisen einige Tröge, Becken und ein Wasserreservoir auf eine ehemalige Färberei und Mahlsteine auf eine Bäckerei hin.

Am Ende der Gasse bildet die Agorá aus dem 4. Jahrhundert v. Chr. das Zentrum des Stadtstaats. Vom Sattel der Siedlung bietet es einen herrlichen Blick auf die Mirabéllo-Bucht und auf Ágios Nikólaos. Rechter Hand kann man am südlichen Ende der Agorá eine Plattform erkennen, die aus hellenistischer Zeit stammt. Daneben grenzen kreisförmig angeordnete, große Steine den Dreschplatz ab. Die kaum noch erhaltene Stoá, eine vermutlich zweigeschossige Säulenhalle mit Sitzbänken, befand sich dahinter. Auffällig er-

Oben: Gut erhaltene byzantinische Wandmalereien schmücken das Innere der Kirche Panagía i Kerá.
Unten: Die antike Siedlung Lató liegt gut geschützt zwischen zwei Hügeln oberhalb von Kritsá.

Oben: Faszinierender Ausblick von Lató auf die Mirabéllo-Bucht und das Häusermeer von Ágios Nikólaos.
Mitte: Lató ist die besterhaltene kretische Stadt aus hellenistischer Zeit.
Unten: Östlich von Lató erheben sich die Gipfel des Díkti-Gebirges.

scheint die heute umzäunte und einst bedeckte Zisterne, in die Stufen hinunterführen. Die Fundamentreste eines rechteckigen Altarraums grenzen auf der Südseite fast direkt an die Zisterne an. Aus dem kleinen Raum konnten mehrere Statuen aus dem 6. Jahrhundert v. Chr. geborgen werden.

Am nördlichen Ende der Agorá ist die Stufengestaltung gegenüber der Zisterne bemerkenswert. Neun Reihen dienten als Sitzbänke, um Veranstaltungen, politische Diskussionen und religiöse Zeremonien auf der Agorá oder der gegenüberliegenden Plattform zu beobachten. Die Freitreppe teilen zwei Spalten mit niedrigeren Stufen, der Durchgang zum Prytaneion, dem Verwaltungsgebäude. Im rechten Raum, der für Besprechungen vorgesehen war, stand ein großer, von Bänken umgebener Tisch. Links daneben war ein weiterer Raum, der für gemeinsame Essen der Oberschicht und zum Empfang von Gästen diente. In den zwei kleinen Lagerräumen dahinter wurden Speisen und Gefäße mit Wein sowie Waffen gelagert.

Vom Prytaneion blickt man auf den Haupttempel am südlichen Hang, dessen Terrasse eine hohe steinerne Mauer stützt. Im Tempel, der aus Cella und Vorraum bestand, wurde eine Statue der Göttin Letó gefunden. Östlich darunter sind die Überreste eines halbmondförmigen Theaters mit Bühne und etwa 350 Plätzen zu erkennen.

Gut strukturierte Freitreppe nördlich der Agorá.

Infos und Adressen

SEHENSWÜRDIGKEITEN

Panagía i Kerá. Vor dem nördlichen Dorfeingang, April–Okt. Di–So 8.30–15 Uhr, Eintritt 3 €.
Lató. 4 km nördlich, ausgeschildert, April–Okt. Di–So 8.30–15 Uhr, Eintritt 2 €.

ESSEN UND TRINKEN

Platanos. Unter einer großen Platane und Weinreben werden leckere kretische Hausmannskost und Grillgerichte serviert. Hauptgasse, Tel. 28 41 051 230.

Kritsá ist für Häkel- und Webarbeiten bekannt.

Glockenturm auf der einsamen Katharó-Hochebene.

To Plai. Mit hübschem Blick über das Dorf genießt man auf dem Balkon traditionelle kretische Küche und vielfältige Zickleingerichte. Straße zur Katharó-Hochebene, Tel. 28 41 051 196.

ÜBERNACHTEN

Argyro. Zwölf einfache, sehr saubere Zimmer mit Balkon oder Terrasse bei den gastfreundlichen Wirtsleuten Argyró und Manólis. Im schattigen Garten werden kleine Mahlzeiten und das Frühstück serviert. Ortseingang, Tel. 28 41 051 174, www.argyrorentrooms.gr
Olive Press. Die Olivenpresse von 1830 wurde liebevoll in drei Studios und ein Apartment für zwei bis vier Personen umgewandelt. Die Belgierin Liesbeth Deturck hat die originale Presse im Apartment erhalten. Neben der Kirche Ágios Geórgios, Tel. 28 41 051 296, www.olivepress.centerall.com

EINKAUFEN

Women's Cooperative. Bei der Frauenkooperative von Kritsá ist alles selbst gemacht, vom traditionellen Gebäck *kaltsoúnia* bis zu den typisch kretischen Nudeln *skioufichtá*. Am Parkplatz, Tel. 28 41 051 111, tägl. 8–13 und 17–21 Uhr.
Detorakis. Bei Giórgos Detorákis kann man schon seit 50 Jahren robuste kretische Stiefel in Auftrag geben, außerdem gibt es handgemachte Ledersandalen. Hauptgasse, Tel. 28 41 051 349.

Mitte: Fast kreisrund breitet sich die fruchtbare Lassíthi-Hochebene zwischen den Gipfeln des Díkti-Gebirges aus.
Unten: Tzermiádo ist das größte Dorf der Lassíthi-Hochebene und erwartet seine Besucher mit zahlreichen Souvenirgeschäften.

18 Die Lassíthi-Hochebene

Von Landwirtschaft und Tourismus

Wer die Küste verlässt, kann die von Bergen umschlossenen Hochebenen im Inselinneren entdecken. Zu Füßen des 2158 m hohen Díkti-Gebirges liegt auf etwa 850 m Höhe das wohl bekannteste Plateau Kretas, die Lassíthi-Hochebene. Wer ihre Ursprünglichkeit auf sich wirken lassen möchte, bleibt am besten über Nacht. Nur so hat man genügend Zeit, die reizenden Dörfer in ländlicher Umgebung und das Leben der kretischen Bauern hautnah zu erleben.

Serpentinenreiche Straßen führen von der Küste auf die 25 km² große Lassíthi-Hochebene. Von Ágios Nikólaos ist sie über Neápoli und Zénia erreichbar. In Zénia lohnt ein Halt an der Taverne Moutsoúnas mit einer großartigen Aussicht auf den Mirabéllo-Golf. Von Iráklio kommend, zwei-

MAL EHRLICH

ORGANISIERTE FREIZEIT

Für Ruhesuchende ist Lassíthi ideal. Doch werden auf der Hochebene selbst kaum Freizeitaktivitäten angeboten. Wanderungen, Spaziergänge und Fahrradtouren muss man auf eigene Faust unternehmen. Eine Touristeninformation, die z.B. Wanderkarten zur Verfügung stellt oder Wanderwege markiert, wäre sicherlich eine gute Initiative. Bisher merken nur die Hoteliers, dass ihre Gäste an organisierten Angeboten interessiert sind und beginnen langsam auch, etwas dafür zu tun.

gen die Serpentinen bei Chersónissos, Stalída und Mália ab und vereinen sich vor dem Dorf Krási, in dem eine der ältesten und mächtigsten Platanen Kretas steht.

Kurz nach Krási passiert man das Kloster Panagía i Kerá, das wegen einer wundersamen Marienikone viele Pilger anzieht. An der reich geschmückten, von Pilgern verehrten Ikone hängt ein Teil einer grob gliedrigen Eisenkette, auf dem Klosterhof steht eine kleine Marmorsäule. Ikone, Säule und Kette verbindet eine Legende: Die Ikone wurde während der Türkenherrschaft zweimal gestohlen. Wundersam kehrte sie beide Male nach Kreta zurück. Dabei nahm die Ikone beim zweiten Heimflug sogar Säule und Kette mit, die ihren Verbleib in der Türkei hatten sichern sollen.

Die Passhöhe Selí Ambélou

Guter Ausgangspunkt für die Erkundung der Hochebene ist die Passhöhe Selí Ambélou, die einen ersten Blick auf die fruchtbare Ebene inmitten der schroffen Díkti-Gipfel eröffnet. Auf den Hügeln links und rechts der Straße stehen alte Windmühlen, in denen die Bewohner bis in die Nachkriegszeit Weizen, Gerste und Hafer gemahlen haben. Oft kreisen imposante Bartgeier über dem Pass. Die seltenste Greifvogelart Europas mit einer Flügelspannweite von bis zu 2,90 m findet hier einen idealen Lebensraum vor: Felswände, große Höhenunterschiede, ideale Thermik und Aufwinde.

Schon von der Passhöhe aus sieht man die äußerst fruchtbaren, weitgehend geometrisch angelegten Felder im Zentrum der 20 rundherum erhöht liegenden Dörfer. Besonders hübsch ist der Blick im Frühjahr, wenn ein roter Teppich aus Mohnblumen zwischen den Bergen aufleuchtet. Wassermassen

AUTORENTIPP!

FÜR KINDER INTERESSANT: HOMO SAPIENS MUSEUM

Fährt man von Iráklio auf die Lassíthi-Hochebene, passiert man vor dem Pass das auffällige Freilichtmuseum der Menschheitsgeschichte, mit dem sich Giórgos Petrákis einen Traum verwirklicht hat. Im selbst erbauten Museum zeigt er eine Ausstellung zum Leben von der Steinzeit bis zur Weltraumsgeschichte. Besonders wichtig ist Giórgos die Zeit vom Leben der Höhlenbewohner bis zur Schaffung des griechischen Götterhimmels Olymp. Dem folgt die Geburt Jesu, auf die eine liturgieuntermalte Kapelle mit der Aufschrift »Und dann kam Jesus Christus« verweist. Dritte bahnbrechende Errungenschaft ist die Entdeckung des Weltalls: Ein Denkmal erinnert an alle verunglückten Astro- und Kosmonauten. Die verunglückte Hündin Laika hat Giórgos nicht vergessen.

Homo Sapiens Museum. 1 km vor der Passhöhe, Tel. 28 97 051 880, tägl. 9–19 Uhr, www.homo-sapiens-village.gr, Eintritt 3 €.

AUTORENTIPP!

ROMANTISCH WOHNEN: VILAETI

Bei der Ankunft in dem unscheinbaren Dorf Ágios Konstantínos mag man sich fragen: Warum ausgerechnet hier? Bleibt man über Nacht, ist die Antwort schnell klar. Alíki und ihr Mann Giórgos haben in dem winzigen Dorf fünf uralte Steinhäuser restauriert, die bis zu sieben Personen Platz bieten, und Oasen der Ruhe geschaffen. Jedes Detail ist liebevoll und kreativ durchdacht. Die Natursteinhäuser mit offenen Kaminen, hübschen Steinbögen und individueller Einrichtung machen den Aufenthalt unvergesslich. Oft ist hier nur das Gackern der Hühner zu hören. Für Aktive organisieren Alíki und Giórgos Reitausflüge und Wanderungen und für jeden, der sich traut, eine traditionelle kretische Hochzeit. In dem charmant gestalteten Restaurant verwöhnen sie ihre Gäste mit kretischen Gerichten aus lokalen Produkten: Gemüse von den Feldern der Eltern, Bio-Kartoffeln von Alíkis Schwester und Fleisch von den Tieren einheimischer Hirten. Ein wahrer Gaumenschmaus.

Vilaeti. Ágios Konstantínos, Tel. 28 44 031 983, www.vilaeti.gr

ÖKO

aus Schneeschmelzen und Regenfällen, die im Winter teilweise das Tal überschwemmen, bescheren den Bauern ganzjährig reichlich Grundwasser. Kombiniert mit dem Klima ergeben sich ideale Voraussetzungen für den Anbau von Kernobst, diversen Gemüsearten, Getreide und Kartoffeln, die in der Gegend mittlerweile auch als Bio-Produkt kultiviert werden.

Tausende segeltuchbespannte Windräder, die heute noch viele Postkarten zieren und das Werbematerial der Reiseveranstalter verschönern, pumpten bis vor zwei Jahrzehnten das Wasser auf die Felder. Heute haben Stauseen und Motorpumpen die Windräder ersetzt. Ihr Betrieb war mit beschwerlicher Arbeit verbunden. Jeden Abend mussten die Tücher von den bis zu 10 m hohen Rädern abgenommen werden.

Selbst EU-Subventionen konnten die Bauern nicht motivieren, wieder auf die schönere und ökologisch verträglichere Variante umzusteigen. Vielleicht bewirken aber die erhöhten Energiepreise, dass die Bauern die Windräder wieder einführen. Dann müssten Besucher auch nicht mehr nur mit Attrappen und historischen Fotos vorliebnehmen.

Urlaub auf dem Land

An den Winterwochenenden zieht es besonders viele Kreter auf die schneebedeckte Lassíthi-Hochebene. Im Sommer sorgt abends erfrischend kühle Luft für den angenehmen Schlaf der Besucher, die morgens durch krähende Hähne und Kirchenglocken geweckt werden. Dann ist die Arbeit auf den Feldern, durch die ein beschildertes Streckennetz führt, schon in vollem Gange.

Zahlreiche Busse und Mietwagen fahren täglich rund um die Ebene. Von den Küstenorten aus

Rundfahrt Lassíthi-Hochebene

Ⓐ **Kloster Panagía i Kerá** – Viele Pilger kommen wegen der wundersamen Marienikone in das Kloster. Vor Krankheiten soll eine Eisenkette schützen, die man sich umlegt. Kerá, tägl. 8–13 und 16–20 Uhr, Eintritt 2 €.

Ⓑ **Getreidemühlen** – Bis in die Nachkriegszeit waren die Getreidemühlen die einzigen der Umgebung. Zwei restaurierte Mühlen können besichtigt werden. Nördliche Passhöhe, tagsüber geöffnet, Eintritt frei.

Ⓒ **Kloster Vidianís** – In der Kirche aus dem 19. Jahrhundert weisen einige Ikonen Einschüsse aus dem Zweiten Weltkrieg auf. Angeschlossen ist ein kleines naturgeschichtliches Museum. Östlich der Passhöhe, Umgehungsstraße, tägl. 9–21 Uhr, Museumseintritt 1 €.

Ⓓ **Díkti-Höhle** – Ob Zeus nun in der Höhle geboren oder großgezogen wurde, bleibt für die Nachwelt ein mythologisches Rätsel. Um in die imposante Tropfsteinhöhle zu gelangen, wählt man am besten den 20-minütigen gepflasterten Weg. Psychró, tägl. 8.30–19.30 Uhr, Eintritt 4 €, Parkplatz 2 €.

Ⓔ **Lasinthos Eco Park** – Das Handwerk von Webern, Töpfern, Kerzenziehern und Holzschnitzern wird manchmal auch mit anschaulichen Vorführungen präsentiert. Im Oktober kann man bei der *rakí*-Destillation zuschauen. Kinder freuen sich über den kleinen Zoo nebenan. Zwischen Avra-kóntes und Ágios Geórgios, tägl. 10–18.30 Uhr, Eintritt 4 €.

Ⓕ **Volkskundliches Museum.** – Das Museum präsentiert den traditionellen Haushalt der Lassíthi-Bewohner. Auffällig: Um Wärme zu speichern, besaßen die Häuser keine Fenster. Ágios Geórgios, tägl. 10–16 Uhr, Eintritt 3 €.

Ⓖ **Venizelos-Museum** – Den Schlüssel für das Steinhaus (1873) mit seiner Foto- und Dokumentensammlung zu Elefthérios Venizélos und Níkos Kazantzákis bekommt man im Volkskundlichen Museum. Ágios Geórgios, tägl. 10–16 Uhr.

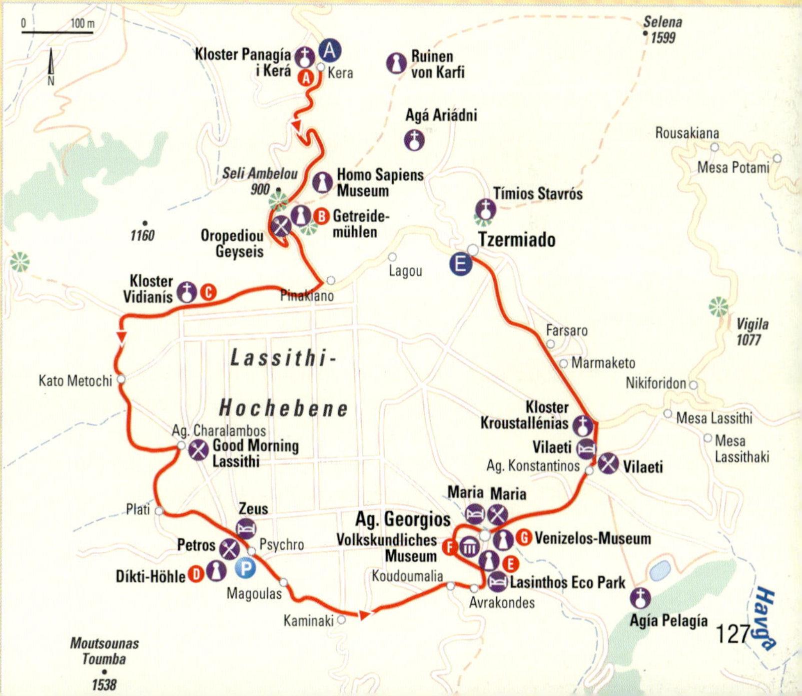

Oben: Teilweise restaurierte Windmühlen am Hauptpass der Lassíthi-Hochebene, Selí Ambélou.
Unten: Auch mit Esel hat man im Dorf Ágios Geórgios Zeit für einen Plausch mit der Nachbarin.

werden auch begleitete Fahrradtouren angeboten. Hält man sich vom Pass Selí Ambélou an der ersten Straßengabelung rechts, lohnt ein erster Stopp an dem einsam gelegenen, restaurierten Kloster Vidianís zwischen vielen Zypressen und Blumen.

Zeus-Höhle

Folgt man der Rundstraße um die Hochebene weiter, trifft man bei Psychró auf die oberhalb des Dorfes gelegene Díkti-Höhle (oder Diktéon Ándron), tägliches Ziel Hunderter Touristen. In der etwa 80 m tiefen, beleuchteten Tropfsteinhöhle beeindrucken Stalagmiten und Stalaktiten. Auch archäologisch ist die Höhle interessant: Minoische Votivgaben und kleine Altäre, die hier gefunden wurden und im britischen Ashmolean Museum in Oxford ausgestellt sind, weisen auf ihre Funktion als Kultstätte für einen Vegetationsgott hin.

Bekannter ist die mythische Geschichte der Höhle: Zeus soll hier von der Ziege Almathía großgezogen worden sein, weil seine Mutter Rhea ihn vor seinem Vater Chronos schützen wollte. Dieser hatte zuvor schon die Geschwister des späteren Göttervaters Zeus verschlungen.

Museen in Ágios Geórgios

Durch kleinere Dörfer gelangt man zwischen Avrakóntes und Ágios Geórgios zum Lasinthos Eco Park. In den Schauwerkstätten der touristischen Anlage aus rosafarbenen kleinen Häusern wird das kretische Kunsthandwerk anschaulich präsentiert. Manchmal gibt es auch Vorführungen.

In Ágios Geórgios lohnt ein Besuch im Volkskundlichen Museum. In einem alten Bauernhaus zeigt es, wie die Menschen auf dem Plateau bis in die Nachkriegszeit lebten und teilweise heute noch leben. Die gesamte Familie nutzte einen Hauptraum zum Wohnen, Schlafen und Arbeiten. Die Enge erforderte Erfindungsreichtum. So wurden beispielsweise Weinpressen mithilfe eines Bretts zu Betten umfunktioniert. Auch der obligatorische Webstuhl fehlt nicht.

Im Vorratsraum wurde Nahrung für Mensch und Vieh in verschiedenen Gefäßen aufbewahrt. Landwirtschaftliche Geräte, die auf Kreta noch vor wenigen Jahrzehnten genutzt wurden, findet man im Stall. Das klassizistische Gebäude nebenan präsentiert kretische Trachten sowie Web- und Strickarbeiten. Im Volkskundlichen Museum bekommt man auch den Schlüssel für das Venizélos-Museum. Es ist dem kretischen Kämpfer und Staatsmann Elefthérios Venizélos und dem Dichter Níkos Kazantzákis gewidmet.

Zur Nísimos-Hochebene und nach Karfí

Vom Hauptort der Hochebene Tzermíado mit vielen Souvenirgeschäften kann man eine etwa 5 km lange Wanderung zur Nísimos-Hochebene mit der Kapelle Tímios Stavrós und den Ruinen von Karfí unternehmen. Eine schmale Asphaltstraße und Feldwege führen zunächst zur Gipfelkapelle, die einen imposanten Blick auf das Díkti-Gebirge bietet. Von dort sieht man bereits die weiße Agía-Ariádni, die einzige Kapelle auf Kreta, die der Heiligen Ariadne gewidmet ist.

Von hier schlängelt sich der Weg in etwa einer Stunde zu den einsamen Ruinen von Karfí auf 1150 m Höhe hinauf. In der zwischen 1190 v. Chr. und 1050 v. Chr. bewohnten Siedlung mit etwa 30 Häusern versteckten sich minoische Kreter vermutlich vor Freibeutern, die im Mittelmeer ihr Unwesen trieben.

AUTORENTIPP!

DIE EINZIGE SCHLUCHT DER HOCHEBENE

Während sich im Tal zwischen Obst- und Gemüsegärten ausgedehnte Spaziergänge anbieten, können sich Bergsteiger und Wanderer auf hohe Berggipfel freuen. Eine Wanderung führt Naturliebhaber von Ágios Konstantínos zur 3 km langen Havgá-Schlucht. Durch Gemüsefelder erreicht man vom westlichen Ortsende (ausgeschildert »Havga Canyon«) nach etwa 30 Minuten den südöstlich gelegenen Stausee. Linker Hand sind es nur wenige Minuten bis zum Eingang der wilden Schlucht, die früher die einzige Verbindung mit der einsamen Katharó-Hochebene (siehe Seite 119) darstellte. Zwischen steil aufragenden Schluchtwänden mit bizarren Felsformationen gelangt man zu einem fotogenen kreisrunden Felsen, der mitten im Bachbett den Weg versperrt und die Stelle der Rückkehr markiert. Unter Beobachtung der über der Schlucht kreisenden Bartgeier kraxelt man über grobes Geröll, wilde Kräuter und Pflanzen – eine interessante Tour durch faszinierend unberührte Natur.

Infos und Adressen

ESSEN UND TRINKEN

Seli Ambelou. Das große Restaurant mit schöner Aussichtsterrasse ist der absolute Tipp für Schweinebraten aus dem Holzofen. Nördliche Passhöhe, Tel. 28 44 022 595.

Maria. Gute Grillgerichte gibt es bei María, deren Mann Giórgos Metzger ist. Zu empfehlen sind Leber, *stifádo* (Rindfleisch in Tomatensauce mit ganzen Zwiebeln), aber auch der Gemüseeintopf. Ágios Geórgios, am Dorfrand, Tel. 28 44 031 209.

Oropedíou Geyseis. Das traditionelle *rakádiko* ist Treffpunkt der Einheimischen. Aus lokalen Produkten werden köstliche kretische *mezédes* kreiert. Tzermiádo, Hauptstraße, Tel. 28 44 022 747.

Vilaeti. Das junge Wirtspaar Alíki und Giórgos führen das zu den gleichnamigen Gästehäusern gehörende Restaurant. Im urigen Gastraum des Steinhauses werden Gerichte mit Zutaten aus dem Anbau der Familie, aber auch köstliche hausgemachte Pizza serviert. Tipp: Unbedingt den hauseigenen Tee probieren! Ágios Konstantínos, Hauptstraße, Tel. 28 44 031 983, www.vilaeti.gr

Good Morning Lassithi. In einem Blumenmeer versinkt die Taverne von Manólis Spanós. Für seine Gerichte verwendet er Gemüse aus eigenem Anbau. Ágios Charálambos, Hauptstraße, Tel. 28 44 031 913.

Restaurant Vilaeti im Dorf Ágios Konstantínos.

Petros. Pétros Zervákis bietet in seiner Taverne nicht nur kretische Küche und Grillgerichte, sondern organisiert auch Wanderungen ins Díkti-Gebirge mit Übernachtung unter dem Sternenhimmel. Psychró, am Parkplatz, Tel. 28 44 031 600.

ÜBERNACHTEN

Maria. In der kleinen Pension werden 16 Zimmer vermietet. Flure und Zimmer gleichen einem kleinen Folkloremuseum. An den Wänden hängen Fotos, Webarbeiten und andere folkloristische Gegenstände. Ágios Geórgios, am Dorfrand, Tel. 28 44 031 774.

Lasinthos Eco Park. Die für die Lassíthi-Hochebene recht große Bungalowanlage entspricht nicht ganz den gängigen Vorstellungen von Ökotourismus. Bungalows, Studios und Apartments sind zwar aus Naturmaterialien erbaut, bieten aber modernen Komfort, offene Kamine und Internetzugang. Aktivitäten wie Bogenschießen und Mountainbike-Vermietung ergänzen das Angebot. Zwischen Ágios Geórgios und Avrakóndes, Hauptstraße, Tel. 28 44 089 101, www.lasinthos.gr

Zeus. Das unauffällige Hotel Zeus bietet einfache Zimmer nahe der Díkti-Höhle. Die Besitzer findet man in der Taverne Hálavros am Parkplatz. Psychró, vor dem Abzweig zur Höhle, Tel. 28 44 031 284.

EINKAUFEN

Vilaeti. Das kleine Shopping-Sortiment im Restaurant Vilaeti umfasst ausgewählte lokale Produkte, einheimischen Bergtee, interessante Liköre und Naturkosmetik. Ágios Konstantínos, Hauptstraße.

Lasinthos Eco Park. In der touristischen Großanlage kann man alle Produkte aus den Schauwerkstätten kaufen. Bücher und viele andere Souvenirs ergänzen das Angebot. Zwischen Avrakóntes und Ágios Geórgios, Hauptstraße.

Moutsounas. Allerwelts-Souvenirgeschäfte gibt es auf der Hochebene an jeder Ecke. Manólis aber bietet Taverne, Museum und Souvenirshop in einem. Er verkauft seltenen *rakí* mit Honig, einhei-

Die Kartoffeln sind das wichtigste landwirtschaftliche Erzeugnis der Lassíthi-Hochebene.

mische Kräuter und Olivenöl und zahlreiche andere Produkte aus eigener Herstellung. Sein ganzer Stolz sind einige Holzlöffel, die sein Großvater mit über 100 Jahren geschnitzt hat. Zénia, kurz vor dem Dorfeingang von Ágios Nikólaos kommend.

VERANSTALTUNGEN

Kartoffelfest. Die hohe wirtschaftliche Bedeutung der Kartoffeln für die Bewohner der Hochebene wird beim jährlichen Dorffest am Wochenende nach dem 15. August deutlich. Der Beginn der Erntezeit und die Hoffnung auf eine gute Ernte werden bei einem dreitägigen Fest mit Live-Musik, Tanz und Kartoffelgerichten gefeiert. Tzermiádo.

Zucchinifest. An einem Samstag zwischen dem 1. und 15. August findet jedes Jahr ein Dorffest mit verschiedenen Speisen aus Zucchini und Fischgerichten mit kretischer Live-Musik und Tanz statt. Avrakóndes.

AKTIVITÄTEN

K2 Kampitakis. Miltiádis und Níkos Kampitákis organisieren Wanderausflüge in den Provinzen Iráklio und Lassíthi. Von der Lassíthi-Hochebene steigen sie einmal wöchentlich auf den höchsten Gipfel des Díkti-Gebirges auf, den Spathí (2148 m). In sieben Stunden geht es von Ágios Geórgios entlang des Europäischen Fernwanderwegs E4 über die Limnákaros-Hochebene nach Spathí und wieder zurück. Tel. 69 44 877 713 oder 69 45 385 044, info@k2kampitakis.com, www.k2kampitakis.com

Odysseia Stables. Bei der Auffahrt aus Chersónisos gelangt man beim Dorf Avdoú zu einem der besten Reitställe der Insel. Bei Manólis Fragákis und seiner niederländischen Frau Sabine kann man auch Reiterferien buchen. Avdoú, Tel. 28 97 051 080, www.horseriding.gr

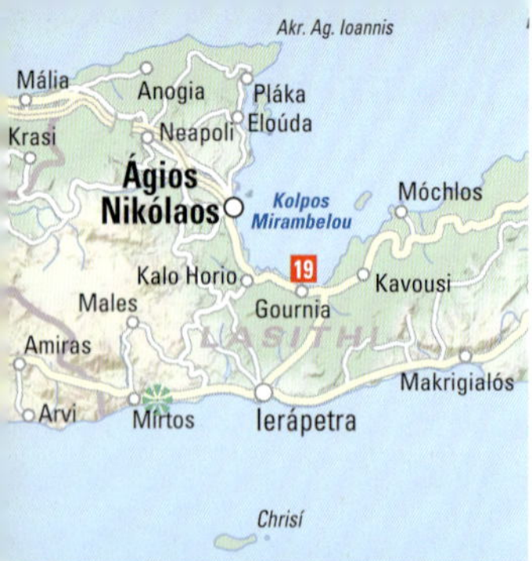

Mitte: Die Überreste der minoischen Kleinstadt Gourniá liegen ganz nah am Meer mit Blick auf den Golf von Mirabéllo.
Unten: Die auffälligsten Merkmale von Gourniá: winzige Häuser an schmalen, gepflasterten Straßen.

19 Gourniá

Das »Pompeji des minoischen Kreta«

Die Überreste der minoischen Stadt Gourniá wurden Anfang des 20. Jahrhunderts 19 km östlich von Ágios Nikólaos ausgegraben. Umgeben von Olivenhainen liegen sie in schöner Landschaft auf einem niedrigen Hügel nahe dem Meer an der schmalsten Stelle Kretas. Keine andere minoische Ausgrabungsstätte vermittelt einen besseren Eindruck vom Leben der »einfachen« Minoer als diese ehemalige Kleinstadt.

Die Ausgrabungen der kleinen minoischen Stadt, deren ursprünglicher Name nicht bekannt ist, liegen in der Nähe des Ferienorts Pachiá Ámmos. Die Bezeichnung Gourniá leitet sich von dem griechischen Wort für »Wassertränke« ab, denn man fand dort sehr viele Tränken. Aufgrund des guten Zustands der in bis zu 1 m Höhe erhaltenen Mauern und der gepflasterten Gassen gilt Gourniá als »Pompeji des minoischen Kreta«. Harriet Boyd Hawes leitete das 100-Mann-Team der Pennsylvania Universität aus den USA, das die minoische Villa mit großem Hof, umgeben von vielen kleinen Häusern, zwischen 1901 und 1904 ausgrub und schaffte so den Durchbruch in der Männerdomäne der Archäologie.

Gourniás Standort war geschickt gewählt. Nur etwa 15 km Luftlinie trennen hier die Nord- von der Südküste. Handelsgüter konnten also auch über Land an die Südküste transportiert werden. Die Bewohner lebten von der Bewirtschaftung ihrer Felder, Viehzucht und Handwerk sowie von Handel und Fischerei.

Stadt mit Wasserversorgung

Das um 1600 v. Chr. erbaute Gourniá wurde wie alle minoischen Palastzentren kurz nach 1450 v. Chr. zerstört. Aus den folgenden Jahrhunderten gibt es nur wenige minoische und mykenische Spuren. Fest steht, dass Gourniá um 1200 v. Chr. endgültig verlassen wurde. Die meist zweistöckigen Häuser hatten eine sehr kleine Grundfläche (max. 5 x 5 m). Außerdem teilten sie sich oft die Außenmauern und hatten Verbindungsgänge. Alle Häuser waren an ein Wasserversorgungssystem angeschlossen. Heute sind nur noch die Lagerräume und Werkstätten im Erd- oder Untergeschoss erkennbar. Von den Wohnbereichen in den oberen Etagen waren sie wahrscheinlich nur über Holzleitern erreichbar. Während das Untergeschoss aus Bruchstein bestand, wurden die oberen Etagen mit rohem Backstein gebaut. Die Dächer bestanden aus Ästen und Lehm.

Palast und Kultstätte

Die minoische Villa liegt an der höchsten Stelle des Hügels gegenüber dem heutigen Eingang, nördlich des großen Platzes. Das Gebäude, das vermutlich als Herrenhaus oder Verwaltungssitz diente, ist größer als die restlichen Häuser. Auf dem Platz, der wohl auch die Agorá der Siedlung war, weisen eine Schautreppe und eine große Steinplatte mit Vertiefungen (Opferstein) auf kultische Funktionen des Gebäudes hin. Die inneren Mauern der Villa sind nicht mehr gut erhalten, doch muss es große Räume und Lagerräume gegeben haben. Auch hier lagen die Wohn- und Schlafgemächer im Obergeschoss. Interessant ist ein Haus nördlich des Palasts, das über drei Stufen erreichbar ist: eine heilige Stätte mit einem Altar an seiner nördlichen Wand.

Infos und Adressen

INFORMATION

Gourniá. Ein Geländeplan sowie Schilder mit Erklärungen und einigen Rekonstruktionszeichnungen an mehreren Stellen der Ausgrabungsstätte helfen bei der Erkundung. 19 km östlich von Ágios Nikólaos, Tel. 28 41 029 443, Di–So 8.30–15 Uhr, Eintritt 2 €.

ESSEN UND TRINKEN

To Rahati. Kretische Küche und typische *mezédes* aus lokalen Produkten genießt man hier in »alternativer« Atmosphäre direkt am Meer. Pachiá Ámmos, Uferstraße, Tel. 28 42 093 222.

O Mermigas. Besonders beliebt bei Einheimischen ist diese Taverne am Strand wegen der köstlichen Fischgerichte. Pachiá Ámmos, Tel. 28 42 093 434.

Kapileio. Ein Abstecher zu dieser urigen Taverne mit tollem Ausblick auf die Mirabéllo-Bucht lohnt besonders bei Sonnenuntergang. Saisonabhängige, regionale *mezédes* werden samstags von kretischer Live-Musik begleitet. Monastiráki, zwischen Pachiá Ámmos und Ierápetra, Tel. 28 42 093 320.

ÜBERNACHTEN

In Pachiá Ámmos (1 km östlich) und Ístron (6 km westlich) gibt es viele kleine Hotels und Pensionen.

BADEN

Einer der populärsten Strände der Mirabéllo-Bucht befindet sich ind er Nähe der Ortseinfahrt von Ístron: Der Voúlisma Beach ist ein flach abfallender Abschnitt mit feinem Sand unterhalb einer hohen Felswand und besonders bei Familien mit Kindern beliebt.

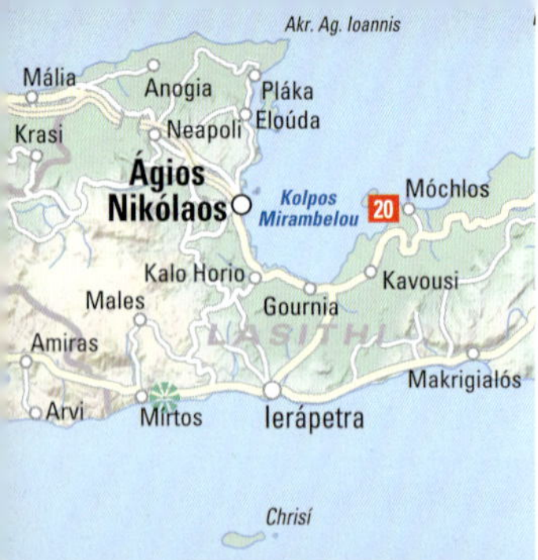

20 Móchlos

Fischerdorf mit Inselidylle

Das idyllische Fischerdorf Móchlos hat seinen ursprünglichen Charme bewahrt. Die Fischtavernen am romantischen Hafen locken besonders an Wochenenden Kreter in den Ort. Mit Blick auf die minoischen Ausgrabungen auf der vorgelagerten Insel und die kleinen Fischerboote in der Meerenge dazwischen lassen sich hier besonders gesellige Abende verbringen.

Auf etwa halber Strecke zwischen Ágios Nikólaos und Sitía versteckt sich das Fischerdorf Móchlos hinter hohen Klippen. Zwei asphaltierte Nebenstrecken führen von der Schnellstraße in den kleinen Ort. Interessanter ist es, der Abzweigung bei Plátanos Richtung Móchlos zu folgen. Dabei fährt man eine 4 km lange gewundene Straße an einem gewaltigen Gipssteinbruch entlang hinunter. Vor Millionen Jahren hob sich hier ein Gebirge aus Gipsalabaster empor. Alabaster wurde wegen seiner leichten Verarbeitung während der minoischen Zeit sehr geschätzt. Das dem Marmor in gewisser Weise ähnliche Material wurde für den Bau minoischer Paläste verwendet. Heute befinden sich hier drei Steinbrüche, in denen meist Gips für die Weiterverarbeitung zu Gipskartonplatten abgebaut wird. Zwar stören die Baustellenfahrzeuge das Bild, aber der pyramidenförmige Steinbruch schmiegt sich perfekt in die Landschaft ein.

Fisch essen und baden

In Móchlos, das unter Kretern als absoluter Tipp für fangfrischen Fisch und Meeresfrüchte gilt, leben etwa 90 Einwohner. Besonders im Sommer blüht der Ort regelrecht auf: Dann füllen sich die

Mitte: In der Bucht von Móchlos fällt der Blick von überall auf das vorgelagerte Inselchen Ágios Nikólaos mit seinem minoischen Kulturgut.
Unten: Einfacher als von Móchlos aus nach Ágios Nikólaos zu schwimmen, ist das Übersetzen mit einem Fischerboot.

Tavernen am kleinen Hafen, an dem die Fischerboote vor Anker liegen, und die Bougainvilleen an den wenigen Häusern erstrahlen in vollem Glanz. Der aufstrebende Küstenort besteht aus wenigen neuen Bauten am Hang, wenigen Straßen, kleinen Pensionen, ein paar Souvenirläden und einem Minimarkt. Völlig untypisch für Kretas Nordküste kann man in Móchlos noch abseits des touristischen Trubels Urlaub machen. Etwas außerhalb steht nur ein großes Clubhotel mit vorwiegend französischen Gästen.

Am westlichen Dorfrand in der Nähe des neuen Hafenbeckens liegt ein etwa 20 m langer Kiesstrand. Die winzigen Badebuchten des Orts sind überwiegend felsig, aber gut erreichbar. Badeschuhe sind vorteilhaft. Das glasklare Wasser bietet Schnorchlern Gelegenheit, die interessante Unterwasserwelt zu entdecken. Zum winzigen Hauptstrand mit Kies und Sand gelangt man direkt von den Tavernen aus. Gegenüber erhebt sich das kleine, heute unbewohnte Felseiland Ágios Nikólaos, das oft auch wie der Ort Móchlos genannt wird.

Minoische Vergangenheit

Eine nur 200 m breite Meerenge trennt Móchlos von der kleinen Insel Ágios Nikólaos. Bei Windstille kann man gut vom alten Hafen hinüberschwimmen, aber Vorsicht! nahe der Insel können Strömungen auftreten. Wer das Eiland lieber trockenen Fußes besuchen möchte, nimmt besser eines der Boote, die Besucher täglich auf die Insel befördern. In minoischer Zeit stand hier eine bedeutende Hafenstadt, deren Fundamentreste hinter der kleinen Kirche Ágios Nikólaos zu sehen sind. Die Insel soll zu dieser Zeit sogar mit dem Festland verbunden gewesen sein. Vor der westlichen Küste ragen einige Felsen nur knapp unter

AUTORENTIPP!

OLIVENBAUM MIT OLYMPISCHEM RUHM

Viele Dörfer rund um Móchlos laden zu Wanderungen oder Ausflügen mit dem Auto ein. Tausende Olivenbäume umgeben Kavoúsi, etwa 10 km südöstlich. Vom Dorfeingang führt ein ausgeschilderter Feldweg zum »Ancient Olive Tree«. Der etwa 3250 Jahre alte Baum soll einer der ältesten Olivenbäume Griechenlands sein. Er beeindruckt mit einem Durchmesser von 5 m und einem Stammumfang von 19 m.
Berühmtheit erlangte er 2004 vor den Olympischen Spielen in Athen, als man einen alten Olivenbaum suchte, um die Siegerkränze für die Marathonläufer zu flechten. Zwischen zwei Gemeinden Kretas entbrannte ein Disput darüber, wer den »ältesten Baum Kretas, Griechenlands oder sogar der ganzen Welt« für sich beanspruchen dürfe. Ein Kompromiss musste her: Die Zweige aus dem westkretischen Voúves (siehe Seite 246) wurden für den Kranz des Siegers verwendet, der Baum aus Kavoúsi brachte die Zweige für den Kranz der Siegerin. Welcher der Bäume nun tatsächlich der ältere ist, bleibt ein Rätsel.

Oben: Schöner Blick auf Móchlos von den minoischen Ruinen auf der Insel Ágios Nikólaos.
Mitte: Imposant ragen die Klippen in der Bucht von Móchlos am östlichen Ende der Mirabéllo-Bucht auf.
Unten: In den Tavernen dreht sich alles um Fisch und Meeresfrüchte.

der Meeresoberfläche empor. Im nordwestlichen Teil von Móchlos fand man auch minoische Gemäuer. Am Ortsrand, gleich links von der Straße zum Hafen wurden um 1989 Gebäudereste aus der spätminoischen Periode ausgegraben.

Der amerikanische Archäologe Richard Saeger begann 1908 mit den Ausgrabungen auf der kleinen Insel, die aber aus finanziellen Gründen wieder unterbrochen wurden. Jetzt graben seit 1990 US-amerikanische und griechische Archäologen immer mal wieder. Die frühminoischen Fundamentreste sind für Laien nicht leicht zu entschlüsseln. Nur einige Mauer- und Gassenreste sind erkennbar. Im westlichen Teil der Insel fand man auf einem Friedhof aus der frühen oder mittleren minoischen Periode kostbaren Schmuck, der im Museum von Ágios Nikólaos ausgestellt wird. Es ist ziemlich romantisch, zwischen den minoischen Gemäuern zu sitzen, vielleicht noch alte Tonscherben zu sehen und auf die weißen Häuser von Móchlos mit ihren blauen Fensterläden und roten Ziegeldächern zu schauen.

Infos und Adressen

ESSEN UND TRINKEN

Bogazi. Manólis und seine Frau, die Schweizerin Gaby, servieren frischen Fisch, wechselnde Tagesgerichte und das biologische kretische Bier »Kritiki Biologiki«. Zweimal wöchentlich Live-Musik. Alter Hafen, tägl. ab 9 Uhr. Tel. 28 43 094 200.

Natural. Hoch über den Klippen mit tollem Blick auf die Mirabelló-Bucht bekommt man leckere griechische Gerichte. Das Gemüse stammt teilweise aus eigenem ökologischen Anbau. Schnellstraße zwischen Móchlos und Kavoúsi, tägl. 10–19 Uhr.

ÜBERNACHTEN

Sofia. Oberhalb der familiär geführten Taverne werden teilweise neu möblierte Zimmer vermietet. Von den Balkonen auf der Vorderseite hat man eine schöne Aussicht auf die kleine Insel. Am Hafen, Tel. 28 43 094 554.

Cressa Ghitonia. Die kleine, preisgekrönte Anlage aus restaurierten Steinhäusern mit 16 Wohneinheiten, Pool und kleinem Spa mit Jacuzzi, Hamam und Sauna bietet traumhafte Momente mit Meerblick. Sfáka, 6 km südlich, Tel. 28 43 029 040, www.hotel-crete.gr

AKTIVITÄTEN

Bootstour. Täglich fahren Fischerboote zur Insel Ágios Nikólaos. Alter Hafen, Infos bei Kapetán Níkos, Tel. 69 74 023 903 oder in der Taverne Ta Kochília.

Wandern. Der deutschsprachige Ioánnis Alexandrídis und seine österreichische Kollegin Angela Panagopoúlou bieten Wanderreisen und manchmal auch Tageswanderungen an. Tel. 69 73 757 341, www.kretawandern.de

La Chlorophylle. Jiánnis Petrákis und seine Frau Anne organisieren geführte Jeeptouren (mind. 4 Tage) und Naturwanderungen. Tel. 28 43 094 725.

Der winzige, romantische Hafen von Móchlos.

Beliebt bei Seglern und Windsurfern: die malerische Mirabéllo-Bucht.

SITÍA UND DER OSTEN

21 Sitía

Authentisches Flair und minoisches Erbe

Die östlichste Stadt Kretas klettert den Hang eines flachen Hügels zum Meer hinunter. Sitía, erst 1871 gegründet, hat keine großen Sehenswürdigkeiten, ist aber ein guter Ausgangspunkt, um den äußersten Osten Kretas zu erkunden. Ein langer Strand und unverfälschtes kretisches Kleinstadtleben machen Sitía aus – ideal für Strand- und Stadturlaub.

Die Asphaltstraße durch die hügelige Landschaft von Ágios Nikólaos nach Sitía wurde erst in den 1960er-Jahren gebaut. Seit Jahren hoffen die Bewohner auf eine neue Nationalstraße, damit auch Touristen den Ort leichter erreichen können. Baustellen und halbfertige Brücken prägen einen Teil der Zufahrtsstraße. Wann genau die neue, ausgebesserte Strecke fertig sein wird, ist ungewiss. Doch dank der isolierten Lage hat sich Sitía das charmante Kleinstadtflair bewahrt.

MAL EHRLICH

WEIT ABGELEGEN

Wer in Sitía Urlaub machen will, fliegt von Deutschland meist ins 130 km entfernte Iráklio. Die etwa zweistündige Fahrt müsste man nicht auf sich nehmen, wenn der Regionalflughafen der Stadt ausgebaut wäre. Immer wieder stellen die zuständigen Bauunternehmen die Arbeiten ein, weil der Staat ihre Rechnungen nicht begleichen kann. Obwohl die Landebahn ausgebaut wurde, steuern Passagierflugzeuge aus dem Ausland den Flughafen nicht an. Sitía kann nur mit Inlandsflügen über Athen angeflogen werden.

Vorangehende Doppelseite: Bunte Fischerboote und blühende Opuntien an der Ostküste bei Káto Zákros.
Mitte: Im Hafen der beschaulichen Kleinstadt Sitía liegen kleine und große Fischerboote.
Unten: Cafés und Tavernen wie das Itanos säumen die Promenade Sitías.

Mehr Einheimische als Touristen

Anders als in der Gebirgswelt Westkretas erreichen die Berggipfel in der Region Sitía nur eine Höhe von etwa 800 m. Die niedrigen Hügel säumen zahlreiche Täler, in denen ganzjährig genügend Wasser fließt, um die Küstenebene zu bewässern. Bis zur Felsküste sind die Hänge mit Olivenbäumen übersät. Kein Wunder, dass Sitías Union der Agrargenossenschaften 43 kleine Vereinigungen aus der ganzen Region angehören. Das Leben hier dreht sich hauptsächlich um die Landwirtschaft. Sogar in den Sommermonaten scheint das Städtchen im Gegensatz zu den anderen Städten der Nordküste mehr Einheimische als Touristen zu beherbergen.

Bei genauem Hinsehen ist Sitía viel ansprechender als es die vielen Neubauten auf den ersten Blick erscheinen lassen. Morgens füllen sich die Straßen mit den Pick-ups der Bauern, die in die Stadt fahren, um Einkäufe zu tätigen, mittags herrscht Stille und abends flanieren Familien über die Uferpromenade – und Kinder spielen auf den Straßen. Auch an dem kilometerlangen Sandstrand, der sich vom Hafen bis zum nächsten Ort Petrás erstreckt, wird vorwiegend Griechisch gesprochen.

Geschichte

Sitía birgt kaum archäologische Sehenswürdigkeiten. Ausgrabungen nahe der Stadt zeigen aber, dass die Gegend schon zu frühminoischen Zeiten besiedelt war. Ihren Namen hat sie vermutlich von der hellenistischen Siedlung Itía, 2 km östlich, bei Tripitó. Im heutigen Stadtgebiet hat man Funde aus byzantinischer Zeit bergen können. Sicher ist, dass Sitía im Jahr 731 Bischofssitz war. In den letzten Jahren der byzantinischen Zeit wurde dann die Festung erbaut und nach Einzug der Ve-

AUTORENTIPP!

PREISGEKRÖNTES OLIVENÖL PROBIEREN

Produkte der Union der Agrargenossenschaften Sitías werden europaweit vertrieben. Außer Olivenöl verkauft die Kooperative auch Wein, *rakí* und andere Agrarprodukte. In dem großen Raum unterhalb der Produktionshallen kann man die Produkte auch probieren. Eine 20-minütige Filmvorführung vermittelt einen guten Eindruck von den landwirtschaftlichen Tätigkeiten der Region. Mit besonderem Stolz wird das vom »International Olive Oil Council« preisgekrönte kaltgepresste Olivenöl »Sitia 0,3« präsentiert.
Bemerkenswert: Die Genossenschaft hat das Olivenöl auch international gut auf dem Markt positioniert, obwohl der kommerzielle Olivenanbau hier erst in den 1990er-Jahren begann. Hier hat man die EU-Subventionierungen richtig einzusetzen gewusst.

Union of Agricultural Cooperatives of Sitia. Sitía, westlicher Ortseingang, Tel. 28 43 029 991, April–Okt. 8–14.30 Uhr, www.sitiacoop.gr

AUTORENTIPP!

OHNE SPRACHBARRIEREN

Auf Kreta wird eigentlich überall Englisch gesprochen, selbst in kleineren Dörfern gibt es kaum Verständigungsprobleme. Auch mit deutschen oder deutschsprachigen Wirten kann man sich einfach austauschen. Wirtin Alexandra Gressmann aus Hessen lebt schon lange in Sitía und betreibt im Stadtkern liebevoll eine kleine, preiswerte Pension. In einem über 100 Jahre alten Stadthaus mit Flair beherbergt sie in ungezwungener, persönlicher und geselliger Atmosphäre viele Stammgäste und Traveller. Abends sitzt man hier gern bei Wein oder Ouzo unter dem Orangenbaum zusammen. Alexandra kann interessierten Gästen viel über Land und Leute erzählen. Ihre Freundlichkeit lässt die Gäste auch darüber hinwegsehen, dass die zehn einfachen, aber sehr sauberen Zimmer nur über Etagenbäder verfügen. Einige Zimmer haben Balkone, die oberen Meerblick.

Pension Archontiko. Odós Kondiláki 16, Tel. 28 43 028 172

nezianer erweitert. Eine weitere Instandsetzung folgte im Jahr 1508 nach Schäden durch ein Erdbeben. Doch schon 1538 wurde die Festung erneut zerstört, diesmal von osmanischen Soldaten. Die Einwohner waren ab diesem Zeitpunkt ungeschützt. Als 1651 die Türken erneut angriffen, flohen die Menschen aus der Stadt. Sitía war nunmehr verlassen und verlor an Bedeutung. Das nahe Dorf Piskokéfalo wurde zur Hauptstadt Ostkretas. Erst 1871 wurde Sitía erneut besiedelt und gewann, wie auch Ágios Nikólaos, neue Einwohner aus den umliegenden Dörfern.

Wiege der kretischen Volksdichtung

Das zentrale Leben in Sitía spielt sich an der Uferpromenade mit ihren Tavernen, *rakádika* und Cafés ab. Dort steht an der Platía Politechníou ein modernes Denkmal, das Vitséntzos Kornáros gewidmet ist, einem der größten Vertreter der kretischen Literatur. Kornáros, Nachfahre einer venezianischen Adelsfamilie, wurde 1553 in Sitía geboren. Sein Hauptwerk *Erotókritos* ist eine romantische Liebesgeschichte aus 10 000 Versen.

Kornáros Werk bildet die Grundlage der kretischen Volksdichtung. Die Verwendung des kretischen Dialekts, die Nähe zum Volk, machte *Erotókritos* bei den Kretern zum Nationalepos. Noch heute finden sich Verse aus dem Werk im kretischen Volksgut wieder und werden in Form sogenannter *mantinádes* wiedergegeben.

Früher wurde in diesen 15-silbigen rhythmischen Reimpaaren verschlüsselt vom kretischen Widerstandskampf und dem Leid der Bevölkerung erzählt. Heute greift man bei den *mantinádes* thematisch auf das Epos zurück, dichtet im gleichen Versmaß neue, die z. B. als Liedtexte verwendet

Rundgang Sitía und archäologische Stätten

A Denkmal Vitséntzos Kornáros – Dieses moderne Denkmal präsentiert acht Verse zum Leben des Dichters Kornáros sowie Szenen aus *Erotókritos,* seinem romantischen Epos in 10 000 Versen. Eine senkrecht stehende Lanze symbolisiert das in seinem Werk thematisierte Rittertum. Platía Politechníou.

B Festung Kazárma – Die byzantinische Festung, deren Name vom italienischen »Casa di Arma« (Waffenhaus) stammt, wurde teilweise rekonstruiert. In der Mauer der einst zweistöckigen Festung sind Schießscharten zu erkennen. Oberhalb des Hafens, sporadisch geöffnet.

C Folklore-Museum – In der alten Stadtvilla werden Web- und Häkelarbeiten, alte Möbel und landwirtschaftliche Geräte ausgestellt. Odós Kapetán Sífi 26, Tel. 28 43 028 300, Mo–Sa 9.30–13.30 Uhr, Eintritt 2 €.

D Archäologisches Museum – Das Museum beherbergt Funde aus Ostkreta, die in vier Bereiche aufgeteilt sind: minoisches Sitía, der minoische Palast von Káto Zákros, geometrisch-klassische Zeit und hellenistische Zeit. Odós Piskokefálou, Tel. 28 43 023 917, Di–So 8.30–15 Uhr, Eintritt 2 €.

E Propalatial Fortification Wall – Spätminoisches Palastzentrum und Befestigungsmauer aus dem 19. Jahrhundert v. Chr. Petrás, ausgeschildert, frei zugänglich.

F Hellenistic Town – Archäologen vermuten, dass hier das antike Itía gelegen hat. Zwischen Mauerresten befinden sich steinerne Schalen und Mörser sowie der Sockel einer Weinpresse. Tripitós, von der Küstenstraße an der Olivenpresse links in den Feldweg abbiegen, frei zugänglich.

G Kouphota Hill – Diese Fundamentreste auf der Basis einer frühminoischen Siedlung stammen aus drei verschiedenen Zeiträumen. Kouphóta-Hügel, ausgeschildert, eingezäunt.

H Nekropole – Die 250 Gräber hier wurden teilweise für Mehrfachbestattungen genutzt. Agía Fotiá, ausgeschildert als »Saint Fotia Archeological Site«, frei zugänglich.

Oben: Die von Palmen gesäumte Promenade der östlichsten Stadt Kretas lädt zum Flanieren ein.
Unten: Treppenstufen verbinden die Straßen in der Altstadt des am Hang erbauten Sitía.

werden, oder improvisiert solche Verse bei Hochzeiten, Taufen, Begräbnissen oder beim geselligen Zusammensitzen.

Als fester Bestandteil der kretischen Volksmusik werden *mantinádes* als Sprechgesang von der kretischen Lyra begleitet, einem Streichinstrument mit drei Saiten, sowie von dem Zupfinstrument *laoúto*, einer Art der arabischen Laute. Beliebte Themen dieses begleiteten Sprechgesangs sind die kretische Natur, die Schönheit Kretas, die Sorgen der Inselbewohner und natürlich die Liebe.

Zwischen Promenade und Hafen

Folgt man der Promenade nördlich bis zum Hafen, kann man zu dem einzigen historischen Bauwerk der Stadt aufsteigen. Die Festung Kazárma bietet heute ausreichend Platz für Open-Air-Veranstaltungen sowie einen schönen Blick auf die Stadt und das Meer. Durch die Einkaufsstraße Odós Kornárou, die immer wieder durch recht steile Treppenstufen mit ihren Parallelstraßen verbunden ist, gelangt man zum Folklore-Museum. Das 1975 gegründete Museum liegt in einem recht lebendigen Wohn- und Geschäftsviertel der Stadt und präsentiert auf zwei Stockwerken eines schönen alten Hauses traditionelle Landwirtschafts- und Haushaltsgeräte aus dem 19. und 20. Jahrhundert.

Archäologisches Museum

Am südlichen Ende des Stadtkerns, das man gut über die Odós Venizélou erreicht, liegt das kleine Archäologische Museum am Beginn des Gewerbegebiets. Es zeigt Funde aus Ostkreta. Ein Besuch empfiehlt sich, wenn man vorhat, die Ausgrabungsstätten in Ostkreta zu besichtigen. Leider sind die Exponate unzureichend beschriftet, und man erfährt meistens nicht viel mehr als ihren Fundort.

Gegenüber vom Eingang steht in einer Vitrine das beachtlichste Exponat der Sammlung, die Statuette eines Jünglings aus dem 15. Jahrhundert v. Chr. Die 49 cm hohe minoische Statuette aus Nilpferd-Elfenbein wurde bis ins Detail ausgearbeitet: Bewundern kann man ihre goldenen Sandalen, die gut erkennbaren Muskeln und Gelenke und die Haare aus Serpentin-Stein. Spuren von Gold lassen darauf schließen, dass ein Armreif und der Lendenschutz aus Blattgold gefertigt waren. Die Augen bestanden aus Bergkristallen. Außerdem werden Keramikobjekte, Amphoren und Schnabelkannen, die Aufbewahrungsbehälter *píthoi*, Linear-A-Tafeln und Sarkophage ausgestellt.

Minoische Spuren in der Nähe

Zeugnisse der frühen Besiedelung der Gegend gibt es nur wenige Kilometer außerhalb von Sitía zwischen Petrás und Agía Fotiá. Die Küstenstraße Richtung Vái führt zunächst nach Petrás, wo eine Befestigungsmauer aus der Vorpalastzeit zu sehen ist. Fundamente aus spätminoischer Zeit kann man sich in dem minoischen Palastkomplex, etwas weiter links, ansehen. Nur 1 km weiter östlich liegen die kleine Halbinsel Tripitós und die Ausgrabungen einer hellenistischen Stadt mit einer Agorá und den Fundamenten alter Häuser.

Aus minoischer Zeit stammen die Ausgrabungen auf dem Hügel Kouphotá nördlich der Hauptstraße nahe Agía Fotiá. Frühminoische Mauerreste liegen im Südwesten. Ein rechteckiger Komplex mit acht Wohneinheiten stammt aus der Zeit zwischen 2100 und 1950 v. Chr. Zwei Tholosgräber werden in die Zeit zwischen 1850 und 1750 v. Chr. datiert. Letzte Ausgrabungsstätte am Weg ist die frühminoische Nekropole von Agía Fotiá mit 250 Gräbern. Die Grabbeigaben kann man in den Museen von Sitía und Ágios Nikólaos besichtigen.

AUTORENTIPP!

KRETISCH SCHLEMMEN

Rakádika sind ein altersunabhängiger fester Bestandteil kretischen Lebens. In den Lokalen, in denen Gerichte in kleinen Portionen – *mezédes* – serviert werden, trifft man sich nicht nur, um zu essen. Im Vordergrund stehen geselliges Beisammensein und stundenlanges Philosophieren.
In einer Nebenstraße im Zentrum liegt das recht einfache, aber charmante *rakádiko* des jungen Wirts Stélios Papadákis. Der Name »Ziaféti« – vom türkischen »ziyafet« für Festessen – drückt aus, was die Lebensart der Einheimischen ausmacht: Gastfreundschaft kombiniert mit köstlichen Speisen in wohliger Atmosphäre. Wert wird dabei auf traditionelle Gerichte und lokale Produkte gelegt. Im Kühlschrank stehen kretische Softdrinks, auf der Karte z. B. kleine frittierte Fische, traditionelle Wurst oder die mit Weichkäse gefüllte *píta* »neráti«. Es gibt *rakí* oder Wein, oft auch mit Live-Musik, und man erlebt hier die Ausgelassenheit, die das kretische Lebensgefühl ausmacht.

Ziaféti. Odós Fountalídou 22, Tel. 28 43 026 994.

Infos und Adressen

INFORMATION

Municipal Tourist Information. Odós Karamanlí (Höhe Odós Papandréou), Tel. 28 43 028 300, Mo–Fr 9.30–14.30 und 17–21 Uhr, Sa 9.30 bis 14.30 Uhr, www.sitia.gr

ESSEN UND TRINKEN

The Balcony. Tónya Karandídou führt das beste Restaurant der Stadt in der ersten Etage einer Stadtvilla. Ihre kreativen Variationen traditioneller kretischer Rezepte sind ein Genuss. Odós Fountalídou 19, Tel. 28 43 025 084.

O Michos. Wirt Michális serviert in seiner Grillstube exzellente Grillgerichte und köstliche kretische Hausmannskost. Odós Kornárou 117, Tel. 28 43 022 416.

To Faliro. Die einfache Taverne ist ideal für ein schnelles Mittagessen während des Strandbesuchs. Die Terrasse liegt direkt am Strand. Odós Karamanlí 36, Tel. 28 43 025 729.

To Steki. Bodenständig und preiswert ist die Tavernenkost in diesem einfachen Lokal, dessen Gäste auch auf dem Grünstreifen einer Zufahrtsstraße bewirtet werden. Odós Papandréou 10, Tel. 28 43 023 857.

Mitsakakis. Das Café ist seit 40 Jahren in ganz Ostkreta für seine hervorragenden *loukoumádes* und das *galaktomboúreko*, Blätterteig mit Cremefüllung und Zuckersirup, bekannt. *Loukoumádes*, in heißem Öl ausgebackene Teigbällchen mit Honig, gibt es jedoch nicht den ganzen Tag, sondern erst am Nachmittag. Odós Karamanli 6–8, Tel. 28 43 022 377.

ÜBERNACHTEN

Nereids. Sechs recht modern eingerichtete Bungalows zwischen 40 und 60 m², umgeben von einem großen Garten nur 30 m vom Strand entfernt. Odós Karamanlí, Tel. 28 43 022 477, www.nereids.gr

Flisvos. Einfaches Stadthotel an der Promenade mit 21 Zimmern. Die Zimmer im Neubau auf der hinteren Seite sind größer als die anderen. Odós Karamanlí 4, Tel. 28 43 027 135. www.flisvos-sitia.com

Ein Paradies für Naschkatzen: das Café Mitsakakis.

Sitia Bay Hotel. Das von außen nicht außergewöhnlich wirkende Hotel ist die beste Hoteladresse der Stadt. Es hat 19 großzügige Apartments mit Meerblick und einen großen Pool gleich gegenüber vom Strand und wird familiär, aber sehr professionell geführt. Tritis Septemvriou 8 (Uferstraße Richtung Vái), Tel. 28 43 024 800, www.sitiabay.com

Villas Delight. Kleine Anlage mit zwölf zweistöckigen Villen für zwei bis sechs Personen und drei Pools in Hanglage außerhalb der Stadt. Umgeben von weiten Olivenhainen, hat man eine schöne Sicht über das Meer. Géla, 2 km westlich von Sitía, Tel. 28 43 022 900, www.villasdelight.com

NACHTLEBEN

Albatros. Café-Bar mit Rock-Musik. Urige Deko aus Holz und Stein. Odós Venizélou 50.

Velvet Club Restaurant. Das moderne Bar-Restaurant mit schönem Garten ist in den Sommermonaten Treffpunkt der Einheimischen. Wechselnde Musikrichtungen (Griechisch bis Mainstream) je nach Veranstaltung. Odós Vartholoméou, meistens ab 21 Uhr.

EINKAUFEN

Kyveli. Das hübsch gestaltete Geschäft verkauft zertifizierten, handgemachten, modernen Silber- und Goldschmuck sowie kreative Wohnaccessoires. Odós Kornárou, Tel. 28 43 029 067.

Matthaios Jewels. Seit 2006 fertigt Matthéos Markákis originalgetreue Kopien minoischer Siegelringe aus Gold und Silber. Odós Fountalídou 1, Tel. 28 43 023 648.

Aretousa. In der Bäckerei von Anna Garefaláki bekommt man seit Jahren süße, kretische Leckereien. Odós Venizélou 23, Tel. 28 43 024 794.

VERANSTALTUNGEN

Kulturfestival Kornária. Jedes Jahr von Juli bis Anfang September Konzerte, Folklore-Abende und Sportveranstaltungen an verschiedenen Schauplätzen der Stadt und in den umliegenden Dörfern. Theaterstücke auf der Bühne der Festung. Über das Programm informiert die Touristeninformation, und es wird durch Aushänge bekannt gemacht.

AKTIVITÄTEN

Universal Diver. Seit 1985 entdeckt Pavlós Simiós mit seinen Schülern die Unterwasserwelt. Er bietet PADI-Tauchkurse an sowie Ausflüge für erfahrene Taucher. Odós Kornárou 140, Tel. 69 99 946 537, www.universaldiver.gr

Itanos Tours. Der Veranstalter Itanos im gleichnamigen Hotel hat Erfahrung in Sachen Aktivurlaub. Auf dem Programm von Michális Antonidákis stehen Mountainbike, Segel- und Kajaktouren, Kochkurse, Landschaftsmalerei, Töpfern und Wanderungen. Keine festen Termine, sondern nach individueller Absprache. Tel. 28 42 022 900, info@itanostours.gr, www.itanostours.gr

Dicht besiedelt erscheint das Städtchen Sitía besonders von der Meerseite aus.

Mitte: Trotz seiner einsamen Lage ist das festungsähnliche Kloster Toplóu ein beliebtes Pilger- und Touristenziel.
Unten: Im Tonnengewölbe des Klosters werden viele wertvolle Ikonen ausgestellt.

22 Moní Toplóu

Kloster mit Großgrundbesitz

Hinter Sitía trifft man im äußersten Nordosten auf trockenes, brachliegendes Land. Die wenigen Hügel säumen dornige, vom Wind gekrümmte Sträucher, durch die ab und zu eine zerzauste Ziege stolpert. Mitten im Nirgendwo erhebt sich auf einem Plateau das festungsähnliche Kloster Toplóu mit seinen Weingärten: Es ist eines der reichsten Klöster Kretas.

Das im 14. Jahrhundert gegründete Kloster Toplóu ist eins der meistbesuchten Klöster Kretas. Seine heutige Gestalt bekam das kürzlich restaurierte Kloster jedoch erst im 17. Jahrhundert. Sein Name »Toplóu« (»Platz mit der Kanone«) stammt von den Türken. Abt Filótheos und zwei Mönche bewohnen den Konvent, zu dessen Grundbesitz fast das ganze Land zwischen dem Bauerndorf Palékastro und der antiken Stadt Ítanos (siehe Seite 151) zählt. Wer in dieser Gegend übernachten oder essen möchte, ist in dem bei Individualurlaubern und Surfern beliebten Palékastro richtig. Hinter dem Strand Chióna fanden Archäologen die Überreste der größten minoischen Stadt Kretas, die von Mitte des 3. Jahrtausends bis etwa 1200 v. Chr. bewohnt war.

Kloster Toplóu

Über einen Vorhof mit einer alten Windmühle und schönem Meerblick gelangt man zum Klostereingang und durch einen überwölbten Torgang in den blumengeschmückten Innenhof mit Arkaden. In der Kirche sind Wandmalereien aus dem 14. Jahrhundert erhalten. Von Ost nach West: Jakobs Traum von der Himmelsleiter, die Geburt Mariens, die Segnung Mariens durch die Priester und

ihre Eltern, wie sie ihre Gaben dem Tempel übergeben. Herausragend ist eine Ikone des Malers Ioánnis Kornáros von 1770 mit dem Titel »Groß bist du, Herr!« (»Mégas ei kyrie»). Diese byzantinische Miniaturmalerei erzählt in vier Hauptmotiven und kleinen Einzeldarstellungen Inhalte aus dem Neuen und Alten Testament. Die Hauptmotive von oben nach unten: Dreifaltigkeit, Taufe, Maria mit Adam und Eva und die Höllenfahrt Christi. Eindrucksvoll sind sie von Miniaturdarstellungen umschlossen, die sich nach dem Prinzip der kontinuierlichen Darstellung ineinander verschlingen.
Im Museum erinnern viele Ausstellungsstücke an die Freiheitskämpfe. Zudem zeigt es liturgische Gewänder und Geräte aus dem 16. bis 19. Jahrhundert, zahlreiche Schriften und Drucke sowie wertvolle Ikonen. Außergewöhnlich ist die Ikone der Panagía Akrotirianí, die aus Holzmangel auf Marmor gemalt worden ist.

Pläne für ein Großprojekt

Mit dem immensen Grundbesitz des Klosters hat Abt Filótheos jetzt große Pläne. Bisher sichern eine Weinkellerei, eine Olivenmühle und die Schnapsbrennerei die jährlichen Einnahmen. Die Verpachtung des Grundbesitzes, 20 000 Olivenbäume und 20 ha Weingärten, bringt den Rest. Der Abt will jetzt weitere 26 000 ha Land an britische Investoren verpachten. Eine Luxusanlage mit drei Golfplätzen, einem Jachthafen und fünf traditionellen Hoteldörfern gehören zu ihrem 1,2 Milliarden Euro teuren Großprojekt, das 2000 neue Arbeitsplätze schaffen soll. Archäologen und Umweltschützer sind in Sorge um Flora, Fauna und Altertümer. Schon seit 1998 kämpfen die Briten um das Projekt. Ende 2010 bekamen sie eine erste Absage vom obersten Verwaltungsgericht Griechenlands, wollen aber erneut versuchen, eine Genehmigung zu bekommen.

Infos und Adressen

INFORMATION

Moní Toploú. Tel 28 43 061 226, April–Okt. tägl. 9–18 Uhr, Eintritt 2,50 €.

ESSEN UND TRINKEN

Kloster-Café. Lokaltypische Speisen wie selbst gemachter Joghurt mit Honig, *mezédes*, Oliven oder selbst gebackenes Brot werden hier aufgetischt, die gut zum hauseigenen *rakí* passen. Klostervorplatz.
Chióna. Einige der Tische in der besten Fischtaverne der Region stehen auf einem kleinen Felsvorsprung direkt am Meer. Frischer Fisch und regional angebaute Weine sind auf der Karte hier eine Selbstverständlichkeit. Chióna Beach, 11 km östlich des Klosters, nahe Palékastro, Tel. 28 43 061 228.
To Finistri. Das kleine *rakádiko* serviert zahlreiche köstliche Kleinigkeiten. Palékastro, Straße Richtung Vái, Tel. 28 43 061 117.

ÜBERNACHTEN

Die nächsten Übernachtungsmöglichkeiten findet man nahe Vái (siehe Seite 150) oder im 9 km entfernten Palékastro.
Castri Village. Familiär geführtes Hotel mit gemütlichen Studios und Apartments mit Meerblick. Schöne Aussichtsterrasse mit Pool. 2 km hinter Palékastro Richtung Vái, Tel. 28 43 061 100. www.castrivillage.gr
Hellas. Das älteste Hotel des Ortes bietet einfach ausgestattete Zimmer mit Doppelverglasung mitten im Dorfzentrum. In der Taverne werden leckere traditionelle Gerichte serviert. Palékastro, Tel. 28 43 061 240, www.palaikastro.com/hotelhellas

Mitte: Schon lange ist der Palmenstrand von Vái kein Geheimtipp mehr.
Unten: Freak Surf – eine der besten Surfstationen der Insel liegt am Strand Koureménos ganz in der Nähe.

23 Palmenstrand von Vái
Südsee-Flair auf Kreta

Der 200 m lange Sandstrand ist einer der bekanntesten der Insel und mit seinen Palmen im Hintergrund ein beliebtes Motiv. Zumindest in der Nebensaison liegt hier »Südsee«-Flair in der Luft: Sonnenbaden unter Palmen, glasklares Wasser und schnorcheln zwischen kleinen Fischschwärmen.

Vor einigen Jahrzehnten war Vái ein Badeparadies, der Palmenhain begehbar und der Strand touristisch unerschlossen. Camper und Hippies verschmutzten und zerstörten das Gebiet. 1973 wurde es unter Naturschutz gestellt. Bis heute sind die über 5000 Kretischen Dattelpalmen in dem 200 ha großen Palmenhain umzäunt. Das sich zum Meer hin öffnende Palmental endet am Grobsand-Strand mit Restaurant, Duschen, einer Wassersportstation und gebührenpflichtigem Parkplatz. Am Strand spenden Sonnenschirme Schatten. Wer am frühen Morgen kommt, kann auch einen der schönen Plätze unter den Palmen ergattern, die den Strand vom Palmenhain trennen.

MAL EHRLICH

LANGE ANREISE

Touristen, die im Osten Kretas Urlaub machen, sollten Vái einmal gesehen haben. Besonders morgens vor der Ankunft der großen Ausflugsbusse und nachmittags nach ihrer Abfahrt ist die felsengesäumte Bucht ein Traum. Wer in Westkreta Urlaub macht, sollte die stundenlange Fahrtzeit hierher nicht unterschätzen. Aus dem Westen lohnt eher ein Ausflug an den Palmenstrand von Préveli (siehe Seite 212)!

Kretische Dattelpalmen

Legenden ranken sich um die Herkunft der Kretischen Dattelpalme. Doch spuckten wohl weder ägyptische Soldaten noch arabische Piraten die Kerne mitgebrachter Datteln in den Sand. Schon in der Antike galt die Palme auf Kreta als »Zeichen des Lebens« und ist als mythologisches Symbol auf Funden wie Vasen oder Münzen abgebildet. Die Kretische Dattelpalme ist kompakter und hat mehrere, kurze, buschige Stämme und silbergrau schimmernde Blätter. Erst 1967 klassifizierte der Schweizer Botaniker Werner Greuter sie als eigene Dattelpalmenart. Ihren lateinischen Namen »Phoenix theophrastii« bekam sie angelehnt an Theophrast (371–287 v. Chr.), einem Schüler von Aristoteles. Der Naturforscher ordnete die Palme in seinen botanischen Werken »Historia plantarum« und »Causae plantarum« zusammen mit Weinstock und Kernobst den Nutzpflanzen zu. Im Gegensatz zur Echten Dattelpalme sind ihre Früchte nicht besonders schmackhaft, aber essbar.

Weitere Strände

Besonders zur Mittagszeit ist der Strand von Vái überfüllt. Über die südliche Felsnase erreicht man den Sandstrand Psíli Ámmos in der nächsten Bucht. Die Stufen zum Aussichtspunkt und ein schmaler Fußpfad dahinter führen zu diesem Strand, der sich 200 m weit ins Landesinnere zieht. Diese Bucht mit tieferem Wasser eignet sich besser zum Schwimmen. Auch bei FKK-Touristen ist sie sehr beliebt. Mit dem Auto erreicht man 2 km weiter nördlich drei weitere kleine Buchten. Die Strände an den Ausgrabungen von Ítanos, einer antiken Hafenstadt mit idyllisch gelegenen Grundmauern mehrerer frühchristlicher Basiliken, sind meist menschenleer. Den südlichsten der drei Strände säumen ebenfalls einige Palmen.

Infos und Adressen

INFORMATION

Touristeninformation der Gemeinde. Im 8 km von Vái entfernten Palékastro, 50 m östlich des Dorfplatzes gelegen, Tel. 28 43 061 546, tägl. 8–14.30 Uhr.

ESSEN UND TRINKEN

Taverne Palm Beach. Trotz touristischen Massenandrangs und Monopolstellung ist das Essen o.k. Guter Bio-Wein aus dem Kloster Toploú. Vái, am Strand, Tel. 28 43 061 129.

Metohi Vai. Richtig gute, authentisch kretische Küche in traditionellem Ambiente bekommt man in der etwa 1,5 km entfernten Taverne des restaurierten Klosterguts serviert. Im Metohi Vai Village, Tel. 28 43 061 071.

ÜBERNACHTEN

Metohi Vai Village. Sechs traditionell eingerichtete hübsche Studios und Apartments für bis zu fünf Personen stehen den Gästen in dem ehemaligen Gut des Klosters Toploú zur Verfügung. Hauptstraße vor der Abzweigung Moní Toploú – Palékastro, Tel. 28 43 061 546. www.palaikastro.com/metohivai

AKTIVITÄTEN

Watersports Natura. Fun Rides, Wasserski, Wakeboarding, Jetski- und Tretbootverleih bieten Mános Kafesákis und sein Vater. Vaí, am Strand, Tel. 28 43 061 070.

Freak Surf. Hannes Unterweger und Davina Payne betreiben eine der besten Surfstationen der Insel. Flacher sandiger Einstieg und ägäistypische Meltémi-Winde. Koureménos Beach, 10 km südlich von Vái, Tel. 69 79 253 861, tägl. 10–18 Uhr, www.freak-surf.com

24 Von Zákros nach Káto Zákros

Wandern im äußersten Osten

Imposant und auch mit Kindern zu erwandern ist das »Tal der Toten« im äußersten Osten der Insel, das den beeindruckenden Schluchten Westkretas in nichts nachsteht. Begleitet von Thymian- und Oregano-Aromen geht es auf der beliebten Schluchtwanderung von dem Bergdorf Zákros durch einen Oleanderwald in den Küstenort Káto Zákros. Am Ziel erwarten Sie ein minoischer Palast und kleine Tavernen am Strand.

Die 800 Einwohner im Bergdorf Zákros leben hauptsächlich vom Olivenanbau – und das Olivenöl der Gegend zählt zu den besten der Insel. Tourismus ist hier Nebensache und beschränkt sich auf Wanderer, die das 5,5 km lange »Tal der Toten« erkunden möchten. Am Ausgang der Schlucht, im kleinen Küstendorf Káto Zákros, ist man hingegen auf Touristen vorbereitet. Die wenigen Pensionen und Tavernen an der Uferpromenade und der kilo-

MAL EHRLICH

BARGELD NICHT VERGESSEN

Káto Zákros ist ideal, um sich zu erholen und die Ruhe zu genießen. Doch solche abgelegenen, idyllischen Orte haben auch Nachteile: Tankstellen sind rar und Geldautomaten noch seltener. Dies sollte man bei der Reise in abgelegene Dörfer bedenken. Wer in Káto Zákros wohnt, muss im 8 km entfernten Dorf Zákros einkaufen und tanken. Geld abheben kann man nur im 26 km entfernten Palékastro. Planen Sie im Voraus, um sich lange Wege zu ersparen.

Oben: Einsam thront die Kirche mit ihrer auffälligen, roten Kuppel bei Azokéramos, umgeben von weitläufigen Olivenplantagen.
Unten: Trotz niedrigerer Bergregionen ist auch der Osten Kretas ein hervorragendes Wandergebiet.

meterlange Kieselstrand laden zu mehrtägigem Verweilen ein. Im Norden gibt es einen weiteren nur etwa 70 m langen Sandstrand. Wanderrouten in der unberührten Umgebung machen das Freizeitangebot komplett. In Káto Zákros liegt auch der viertgrößte minoische Palast Kretas, ein wichtiger Hafen für den Handel mit Ägypten aus der Neupalastzeit.

Durch das »Tal der Toten«

Die Bergwelt im Osten ist nicht so schroff und hoch wie im westlichen Teil der Insel. Doch auch hier gibt es Schluchten mit imposanten Felsformationen und viel unberührte Natur. Die etwa zweistündige Wanderung durch die Schlucht von Zákros nach Káto Zakros ist eine der schönsten der Insel. Die Strecke führt entlang des westlichsten, kretischen Teils des Europäischen Fernwanderwegs E 4, vorbei an imponierenden Felsformationen aus rötlichem und grauem Kalkstein. Die Minoer nutzten Höhlen und Grotten in den Felswänden als Gräber. Daran angelehnt bekam die Schlucht ihren Namen »Tal der Toten«.

Vom Hauptplatz in Zákros an der Taverne Maestro vorbei geht es zunächst über einen Zementweg hinunter zum Schluchteingang (ausgeschildert: »Gorge«). Nach etwa 15 Minuten markiert ein Gittertor den Eingang zur Schlucht. Das Tor unbedingt wieder schließen, damit die frei laufenden Ziegen die Schlucht nicht verlassen können.
Etwa zehn Minuten folgt man dem Pfad parallel zum Fluss Xeropótamos bis zu dem platanengesäumten Flussbett. Zwischen Johannisbrotbäumen, Mastix-Sträuchern und Disteln wird das Flussbett drei Mal auf Trittsteinen überquert. Ein Schild »Exit to Parking« weist nach etwa einer Stunde auf einen zweiten Eingang/Ausgang hin – eine Alternative für den Rückweg.

AUTORENTIPP!

PARADIESISCHE UNTERKUNFT

Stella Ailamáki und ihr Mann Ilías Pagiannídis sind leidenschaftliche Bergsteiger. Sie haben neben dem Olymp und dem Kilimandscharo viele andere Gipfel der Welt bestiegen. Zu Hause sind sie in Káto Zákros und wollen dieses Gefühl auch an ihre Gäste weitergeben. Inmitten von Johannisbrotbäumen, Bougainvilleen, Olivenbäumen und Weingärten haben sie Stellas altes Elternhaus in ein kleines Paradies um- und ausgebaut. Verspielt und zugleich rustikal eingerichtete vier Apartments und fünf Studios, eine Dachterrasse und der Garten mit tollem Meerblick und vielen Blumen bilden die Kulisse für einen romantischen Urlaub. In Hängematten und selbst gebauten Sitzgruppen kann man nicht anders als sich wohlfühlen. In der gemeinsam nutzbaren Open-Air-Küche hält Stella ein paar Köstlichkeiten für ihre Gäste bereit, gibt aber auch gern Einkaufstipps. Derweil kümmert sich Ilías um die Planung Ihrer nächsten Wanderung.

Stella's Traditional Apartments.
Káto Zákros, landeinwärts, in der Nähe vom Schluchtausgang,
Tel. 28 43 023 739,
relax@stelapts.com,
www.stelapts.com

Die Platanen weichen bald waldartig wachsendem, bis zu 6 m hohem Oleander. Ein paar Minuten später erreicht man den Wegweiser »Minoan Castle« zur Ausgrabungsstätte Kástelas, die über einen ungesicherten Klettersteig erreichbar ist. Der 40-minütige Abstecher durch Oleander und wilde Olivenbäume zu dem schönsten Aussichtspunkt oberhalb der Schlucht ist allerdings nur erfahrenen Wanderern zu empfehlen.

Läuft man weiter am Flussbett entlang, erscheint in der Schlucht immer wieder fliederfarbener Keuschbaum. Seine scharf schmeckenden Früchte, der Mönchspfeffer, dienten früher als Pfefferersatz. Gegen Ende weitet sich die Schlucht. Von der Betonstraße geht es rechts entweder zu Fuß wieder entlang der ausgeschilderten, etwa 3,5 km langen »Old Road«, einem unbefestigten Fahrweg, zurück nach Zákros. Oder man folgt der Straße links, die am minoischen Palast vorbei, in zehn Minuten zum Strand von Káto Zákros führt.

Der minoische Palast von Zákros

Der viertgrößte minoische Palast aus der Zeit um 1900 v. Chr. wurde nach einer ersten Zerstörung um 1600 v. Chr. erneut aufgebaut und wie die Paläste von Knossós, Mália und Festós um das Jahr 1450 v. Chr. vermutlich durch ein Erdbeben wieder zerstört. Aufgrund seiner abgelegenen Lage wurde er nie geplündert. Seine Funde sind in den Museen von Iráklio und Sitía ausgestellt. Auch die Aufteilung seiner rund 300 Räume unterscheidet ihn von den anderen Palastzentren. Die Räume der Oberschicht befinden sich im Ostflügel. Gleich gegenüber diente der Westflügel mit Festsaal und Schatzkammer kultischen Zwecken. Im Süden waren die Werkstätten angesiedelt, die Lagerräume lagen im nördlichen Teil. Der kurioseste Fund in Zákros: 3000 Jahre alte Oliven, die in einem Was-

AUTORENTIPP!

TAL DER TOTEN – EIN »ROUND TRIP«

Eine schöne Alternative zur üblichen Route ist die vierstündige Rundwanderung, die in Káto Zákros beginnt und endet. Imposantere Felsformationen und eine üppigere Vegetation machen sie zu einem einzigartigen Erlebnis.

Ein markierter Pfad führt zunächst rechts vom Schluchtausgang an einer Kapelle vorbei und hinauf Richtung »Tragostalos-Azokeramos«. Hier findet man sich auf einem kleinen Plateau wieder, von dem sich eine grandiose Aussicht auf die Schlucht eröffnet. Von dort geht es weiter entlang eines gepflasterten, aber überwucherten Weges bis zu einer Abzweigung. In Richtung »Azokeramos« folgt man für längere Zeit dem Pfad, der von Salbei, Thymian und stacheligem Dornginster gesäumt ist.

Die nächste Kreuzung mit dem Hinweisschild »To the Gorge« führt hinunter in die Xeropótamos-Schlucht. Um einen 3 m hohen Felsen hinabzusteigen, muss man hier einen Klettersteig überwinden. Schlielich gelangt man, meist in Begleitung von Wildziegen und inmitten von Höhlen, Kapern und Bohnenkraut, in das Tal der Toten.

Informationen zur Wanderung ins Tal der Toten

INFORMATION

Beschreibungen zu allen Wanderrouten rund um Káto Zákros bekommt man bei Ilías Pagianídis, der die Routen alle selbst markiert hat, entweder auf seiner Webseite www.katozakros.info (auf Englisch) oder direkt vor Ort (Stella's Apartments).

Ausrüstung: Die Wanderung ist mit festen Sportschuhen möglich. Wichtig sind für den größtenteils schattenlosen Weg Sonnenschutz und Kopfbedeckung.

Verpflegung: In der Schlucht gibt es keine Verpflegungsmöglichkeiten – die Wasserhähne der Wasserleitungen funktionieren meist nicht – also genügend Wasser mitnehmen. Gute Einkehrmöglichkeiten am Strand von Káto Zákros.

Alternativen: Die Wanderung kann auch über zwei alternative Routen erfolgen. Eine kürzere Strecke (1 Std.) beginnt 3 km hinter Zákros, von der Straße Richtung Káto Zákros (ausgeschildert), lässt aber den landschaftlich schönsten Teil aus. Die anspruchsvollere Alternative (ca. 4 Std.) führt in einer Rundwanderung von Káto Zákros nördlich der Schlucht entlang der hier beschriebenen Route zurück nach Káto Zákros (siehe Autorentipp S. 154).

An- und Abfahrt: Linienbusse zwischen Káto Zákros und Zákros (bzw. Sitía) fahren nur von Juni bis August. Wenn kein Bus fährt, mit dem Taxi (Tel. 28 43 093 383) oder per Anhalter.

Wanderkarte: Für alle Routen der Umgebung kann man die Wanderkarte von Anavasi »Zakros – Vai. Hiking map« verwenden, die auch am Eingang der Schlucht platziert ist. Erhältlich auf Kreta oder im Voraus unter www.mountains.gr.

Káto Zákros verzaubert mit seiner größtenteils unbebauten Landschaft.

Oben: Wie der minoische Palast von Mália liegt der Palast von Zákros ungeschützt am Meer.
Mitte: Bis vor einigen Jahren waren Esel vom Land nicht wegzudenken.
Unten: Die alten, restaurierten Wassermühlen in Zákros können tagsüber besichtigt werden.

serbecken »eingelegt« waren. Die heutigen Bewohner leben in und auf den Zisternen des Palasts: Zahlreiche Schildkröten paddeln im schlammigen Wasser oder nehmen ein Sonnenbad auf den Steinen.

Weitere Wanderungen

»Den Menschen, die den weiten Weg auf sich nehmen, um in unseren Ort zu kommen, müssen wir etwas anbieten«, sagt Stella, die mit ihren Pensionen Stella's Traditional Apartments und Terra Minoika in Káto Zákros bezaubernde Wohlfühlorte geschaffen hat. Ihr Mann Ilías, ein begeisterter Wanderer, hat zehn Wanderrouten rund um den Küstenweiler mit roten Punkten und Holzschildern markiert und am Beginn der Schlucht eine Umgebungskarte angebracht. Zwei dieser Wanderungen führen an der Küste entlang: Nördlich gelangt man in einem einstündigen Spaziergang zur Pelekitá-Höhle, einer der größten Höhlen Kretas. Mit einer Taschenlampe kann man sie über einen Zickzackweg begehen. Der Pfad Richtung Süden führt in etwa 2,5 Stunden zu dem bezaubernden Strand Alóna von Xerókambos (siehe Seite 150). Im Bergdorf Zákros lohnt ein Spaziergang entlang drei restaurierter Wassermühlen zur oberhalb des Dorfes entspringenden Quelle.

Infos und Adressen

SEHENSWÜRDIGKEITEN

Minoischer Palast Zákros. Káto Zákros, Tel. 28 43 026 897, Mai–Okt. tägl. 8–20 Uhr, Nov.–April tägl. 8.30–15 Uhr, Eintritt 3 €.

ESSEN UND TRINKEN

Nostos. In der hübschen, 2011 eröffneten Taverne mit Lounge-Bereich serviert Tochter Angelikí die riesigen Portionen aus den Kochtöpfen von Mutter Maria, während Vater Chrístos sich mit seinen Gästen unterhält. Káto Zákros, Uferstraße, Tel. 28 43 026 890.

Nikos Platanakis. Köstliche griechische Hausmannskost wie gefüllte Zucchiniblüten oder Kaninchen in Tomatensauce werden bei Níkos Platanákis serviert. Das Gemüse stammt von den riesigen eigenen Anbauflächen. Káto Zákros, Uferstraße, Tel. 28 43 026 887.

Marmorrelief an der Wasserquelle von Zákros.

ÜBERNACHTEN

Terra Minoika. Komfortable Wohneinheiten in neu erbauten Steinhäusern mit King-Size-Betten und Hydro-Massage-Duschen. Von den Balkonen der am Hang gebauten Häuser hat man einen tollen Blick auf den 500 m entfernten Strand. Káto Zákros, Tel. 28 43 023 739, www.stelapts.com

Athena. Einfache, gemütliche Zimmer an der Taverne Akrogiáli mit einzigartiger Lage am Strand. Káto Zákros, am Strand, Tel. 28 43 093 143, www.kato-zakros.gr

Die »Old Road« zwischen Zákros und Káto Zákros.

NACHTLEBEN

Xyloporta. Die Café-Bar von Níkos Daskalákis serviert auch kleine Snacks. Internetzugang. Zákros, Hauptstraße, Tel. 28 43 093 152.

Castle Kohi. Das modern gestylte Café mit großer Terrasse und Pool bietet eine spektakuläre Aussicht auf Káto Zákros und verwandelt sich abends in den Sommer-Club der Gegend. 350 m abseits der Verbindungsstraße Zákros-Káto Zákros, Tel. 69 32 491 260.

Einfach entspannen: unter Tamarisken am Strand.

25 Xerókambos
Mehr Strände als Tavernen

Weit abgeschieden liegt die kleine Streusiedlung Xerókambos, die »trockene Ebene«, im äußersten Südosten. Das heute mit Olivenbäumen bewachsene Tal lockt zwischen kargen Hügeln und abwechslungsreichen Strandabschnitten seit Jahren Individualtouristen an. Menschenleere Buchten, friedliche Stille und die naturbelassene Landschaft versprechen Erholung.

Bis Mitte der 1960er-Jahre war Xerókambos die Sommersiedlung der Bewohner aus der nahen Chandrás-Hochebene. Zu Fischern gesellten sich einige Wanderer und Ende der 1970er-Jahre eröffnete die erste Taverne. 1984 kam endlich der Strom, und Wasser musste nicht mehr aus den Bergdörfern geholt werden. Heute zählt die kleine Küstensiedlung etwa 60 Einwohner und sechs Tavernen. Orientierungspunkt ist eine Felserhebung am Meer, auf der eine hellenistische Siedlung stand, von der nur noch wenige Grundmauern übrig sind. Heute thront auf dem Felsplateau die Kapelle Ágios Nikólaos von 1895, die mit ihrem blauen Dach vom gesamten Tal her sichtbar ist.

Buchten im Norden und Süden

In Xerókambos gibt es mehr Buchten als Tavernen: schroffe Felsen, Felsplatten, Sand, Kies oder Kieselsteine, aber auch Tonminerale, die als hautreinigend gelten. An das Felsplateau schließt sich nördlich der sandige Hauptstrand an. Nur an den beiden Buchten des Voúrlia Beach werden Sonnenschirme und Liegen vermietet. Weiter nördlich wird die Küste schroffer und kleine Felsen im Wasser prägen einen weiteren, schmalen Sandstrand. Hinter dem nördlichen Ende der Uferstraße

Mitte: Die abwechslungsreichen Strände von Xerókambos sind vor allem wegen der Abgelegenheit des Ortes noch recht unberührt.
Unten: Nur selten stehen an den Stränden der winzigen Streusiedlung Sonnenschirme und Liegen bereit.

rasten auf der Sandfläche der alten Saline Alatsólimni im Frühling und Herbst Zugvögel. Falken, Reiher oder Flamingos sind keine Seltenheit. Wer lieber ganz allein sein möchte und Kieselsteine mag, ist am nächsten schmalen Strand genau richtig. Sandig wird es wieder in der letzten Bucht im Norden der Siedlung, die von Felsen und Dünen umschlossen ist. Der feinsandige Strand Alóna (oder Katsounáki) imponiert mit kristallklarem Wasser und weißen Sandlilien.

Gleich unterhalb des Felsplateaus mit der Kirche öffnet sich südlich des Zentrums die Bucht Árgilos. Ihre Felsen enthalten Tonmineralien und laden Urlauber zum natürlichen Schlammbad ein. Der winzige Strand in der Bucht weiter südlich besteht aus feinem Sand. Hinter dem Kap Tráchilos liegt der ca. 500 m lange und 20 m breite weiße Sandstrand Amatoú. Weiter südlich eignet sich das tiefere Wasser besser zum Schwimmen. Über einen kleinen Steinpfad erreicht man den Kieselsteinstrand »Tis ligiás o lákkos«. Etwa 100 m weiter führt eine Schotterpiste zum »Hafen von Amatós«, der Fischerbooten guten Schutz vor Winden bietet. An dem mit Tamarisken gesäumten kleinen Kies-Sand-Strand ist man meist allein.

Winzige Buchten entzücken rund um Xerókambos.

Infos und Adressen

ESSEN UND TRINKEN

Taverna Kostas. Die Taverne von Níkos Daskalákis gewährt einen bezaubernden Ausblick über Xerókambos zum Meer. Die Tagesgerichte werden noch in der Küche gezeigt. Bei Vollmond holt der Wirt sein Teleskop aus der Kammer, vielleicht darf man mal durchschauen. Hauptstraße. Tel. 28 43 026 702.

Akrogiali. Die Uferstraße von Xerókambos ist kaum bebaut. Die erste Taverne am Strand tischt *mezédes* und Grillgerichte und in der Jagdsaison auch Kaninchen-Gerichte auf. Uferstraße (Ámbelos Beach), Tel. 28 43 026 777.

ÜBERNACHTEN

Villa Petrino. Die großen, voll ausgestatteten Apartments sind sehr gut für Familien geeignet. Die Apartments im Obergeschoss warten mit Meerblick auf. Nahe der Hauptstraße, Tel. 28 43 026 702, www.xerokambos-villas.gr

Villa Ostria. Ein modernes Haus mit sechs Studios für zwei bis fünf Personen etwa 200 m vom Meer entfernt. Nahe der Hauptstraße, Tel. 69 45 553 806. www.palaikastro.com/ostria

Lithos Houses. Vier hübsche, zweistöckige Steinhäuser im traditionellen Stil mit modernem Equipment für drei bis vier Personen kann man hier mieten. Sie alle bieten Meerblick. Hauptstraße, Tel. 28 43 026 729, www.lithoshouses.gr

Liviko View. Kleine Anlage mit vier einfachen Zimmern, Balkone mit Panoramablick, und schöner Garten. Angeschlossene Taverne. Hauptstraße, Tel. 28 43 027 000, www.livikoview.gr

26 Makrigialós und Kloster Kapsá

Entspannte Ferien für Individualisten

Makrigialós ist ein guter Standort, um von der Südküste aus Ausflüge ins unentdeckte Hinterland Ostkretas und entlang der Küste zu unternehmen. Am langen, flach abfallenden Sandstrand, der besonders gut für Kinder geeignet ist, kann man stundenlang verweilen. Wesentlich ruhiger ist die vorgelagerte Insel Koufonísi. Tolle Ausblicke auf das Libysche Meer eröffnen sich vom Kloster Kapsá, das an einer Felswand zu kleben scheint.

Makrigialós (bzw. Makrys Gialós) und der Nachbarort Análipsi sind zu einem Ort zusammengewachsen, der zu den bekannteren Urlaubszielen der Südküste zählt. Während sich am östlichen Ende von Análipsi zwei Großhotels auf skandinavische All-inclusive-Urlauber eingestellt haben, beherbergen die restlichen, kleineren Unterkünfte vor allem Individualtouristen. Ein 1 km langer

Mitte: Der lange Strand von Makrigialós ist ideal für ausgelassene Tage im Wasser und im Sand.
Unten: In der Taverne Kalliotzina in Koútsouras isst man kretische Gerichte im Schatten von Tamarisken direkt am Meer.

Die Ruinen der antiken Stadt auf der Insel Koufonísi.

Sandstrand zieht sich von Análipsi bis zu dem kleinen Hafen von Makrigialós. Auf dem Felsplateau oberhalb liegt der Dorfkern von Makrigialós. Westlich umgeben einige Apartmentanlagen einen weiteren, 300 m langen Strand mit rötlichem Sand. Das touristische Leben spielt sich östlich des Hafens zwischen den beiden Orten ab. Der etwa 50 m breite Hauptstrand mit Beachvolleyballfeld und Wassersportstation verläuft zum Teil entlang der Promenade, die mit ihren Tavernen und Cafés zur allabendlichen Flaniermeile wird.

Minoer und Römer

Auf dem Felsvorsprung wurde zwischen den heutigen Wohnhäusern in den 1970er-Jahren eine spätminoische Villa ausgegraben. Sie hatte stabile Wände, ein Dach aus Schilf und Lehm sowie einen gefliesten Boden und ähnelte durch ihren Aufbau mit Zentral- und Westhof einem minoischen Palast. Auf dem Gelände wurden auch kostbare Funde gemacht. Eine weitere Villa hat man nahe der Dorfkirche ausgegraben. Die römische Villa mit Wandverkleidung und Boden aus Marmor hatte sogar einen Fischteich. Ihre Bewohner scheinen recht wohlhabend gewesen zu sein. Leider sind die freigelegten Ruinen heute umzäunt und größtenteils überwuchert.

Einsame Insel – Koufonísi

Wenn das Meer ruhig und es nicht zu heiß ist, fahren Einheimische mit ihren Booten gern zum Baden auf die 10 Seemeilen südöstlich liegende, schattenlose Insel Koufonísi. Weiße, feinsandige Strände, türkisblaues Wasser und absolute Stille machen den Besuch zu einem außergewöhnlichen Erlebnis. Koufonísi war aber nicht immer so still und einsam. In der Antike lebten die Bewohner der 5 km² großen Insel von der Purpurschneckenzucht. Dies muss sehr aufwendig gewesen sein,

AUTORENTIPP!

BACK TO NATURE

Mitten in dem urwaldartigen Tal oberhalb eines Flussbetts liegen die Steinhäuser Áspros Potamós, die für jeden interessant sind, der mal einige Tage ohne moderne Standards verbringen möchte. Harmonisch fügen sich die erdfarbigen Wohneinheiten in die Landschaft ein. Aléka Chalkiá verwirklichte sich hier gemeinsam mit ihrer Deutsch sprechenden Tochter Mirtó ihren Traum vom »alternativen« Tourismus: Elf Häuschen, die erholsame Tage ohne moderne Technik ermöglichen. In den Häusern, in denen einst Schäfer und Bauern aus dem Bergdorf Péfki ihr Winterlager aufschlugen, fühlt man sich beinahe ins 19. Jahrhundert zurückversetzt. Für heißes Wasser und den Strom für Badezimmerlicht, Leselampen und Kühlschrank sorgt eine Solaranlage. Elektrischen Strom und Steckdosen gibt es in den traditionell kretisch und liebenswert eingerichteten Häuschen nicht. Das Handy darf an der Rezeption aufgeladen werden, und für romantisches Licht sorgen Kerzen und Öllampen.

Aspros Potamós. Análipsi, 1 km landeinwärts (gut ausgeschildert), Tel. 28 43 051 694. www.asprospotamos.com

Die unbewohnte Insel Koufonísi mit ihren schönen Stränden ist auf jeden Fall einen Ausflug wert.

Oben: Im Hinterland von Makrigialós beim Bergdorf Péfki werden Artischocken angebaut.
Mitte: Péfki bietet seinen Besuchern ein winziges Volkskundemuseum.
Unten: Das Kloster Kapsá hängt eindrucksvoll an einer Felswand am Ausgang der Pervolákia-Schlucht.

denn um 500 g Farbe zu gewinnen, benötigten sie 60 000 dieser Meerestiere. Die Farbe für kaiserliche Gewänder wurde nach Athen und sogar bis nach Rom exportiert.

Gleich am Anleger sieht man im Sand versunkene Überreste von Häusern, Werkstätten und einem Theater, das etwa 1000 Plätze hatte. Sie gehören zu einer bis 400 n. Chr. bewohnten römisch-hellenistischen Siedlung. Da die archäologische Behörde die Ausgrabungen schützen möchte, gibt es für Urlauber keine regelmäßigen Überfahrten nach Koufonísi. Wer jedoch das Glück hat, die Insel besuchen zu können, wird wahrscheinlich noch Gehäuse von Purpurschnecken im Sand entdecken.

Moní Kapsá

Die etwa zehnminütige Fahrt zum Kloster Kapsá lohnt, denn es liegt spektakulär an einer Felswand über dem Libyschen Meer. Westlich öffnet sich die mit Tamarisken und Oleander bewachsene Pervolákia-Schlucht. Im Innenhof des Klosters aus dem 15. Jahrhundert laden ein Brunnen sowie Zitronen- und Mispelbäume zum Verweilen ein. Ein Mann mit wundersamen Kräften machte das Kloster im 19. Jahrhundert auf ganz Kreta bekannt: Ioánnis Vitséntzos. 1799 wurde er in diesem Kloster geboren. 42 Jahre später kehrte er zurück. Eines seiner Kinder war gestorben, und da er dies für eine Strafe Gottes hielt, beschloss er in Frömmigkeit zu leben. 17 Jahre lebte Vitséntzos oder »Gerontogiánnis«, wie die Kreter ihn nennen, in einer Höhle oberhalb des Klosters, gab Rat, heilte Kranke und wurde zum Heiligen erklärt. Mithilfe von Spenden konnte er das Kloster erweitern und Unterkünfte für Pilger und Mönche schaffen. 1861 bekam die in den Felsen gebaute Kirche ein zweites Schiff. Die Reliquien von Vitséntzos werden bis heute verehrt.

Infos und Adressen

ESSEN UND TRINKEN

Golden Beach. Ideal für ein Mittagessen während des Strandbesuchs. Análipsi, Strand, Tel. 28 43 051 296.

Piperia. Typische Hausmannskost im Schatten eines riesigen Pfefferbaums, dem die Taverne auch ihren Namen verdankt. Absolute Dorfidylle. Péfki, 6 km nördlich von Análipsi, Tel. 28 43 052 471.

I Spiliá tou Drákou. Eine Höhle und der Nachname des Wirts gaben der »Höhle des Drachen« ihren Namen. Die Taverne zählt zu den besten der Gegend und serviert exzellente Gerichte vom Holzkohlegrill. Richtung Tráchilas (ausgeschildert), Tel. 28 43 051 494.

Rakí-Pause an einer Bergkapelle in Péfki.

Zu einem Gespräch unter Frauen gehören ein Frappé und ein Fläschchen Wasser.

Kalliotzina. Traditionelle griechische Küche auf einer traumhaften Terrasse unter Tamarisken am Meer laden zu stundenlangem Verweilen unter Einheimischen ein. Koútsouras, 2 km westlich von Makrigialós, Tel. 28 43 051 207.

ÜBERNACHTEN

Artemis. Nur wenige Stufen und eine Wiese mit Palmen trennen das Hotel mit 46 geräumigen Zimmern vom Strand. Análipsi, Tel. 28 43 051 773, www.artemisholidays.gr

The White Houses. Stilvolle historische Häuser mit modernem Komfort am Hafen. Makrigialós, Hafen, Tel. 28 43 029 183, www.makrigialos.com

VERANSTALTUNGEN

Casa dei Mezzo. Sechstägiges Festival mit internationalen und lokalen Künstlern klassischer und griechischer Musik, www.casadeimezzo-festival.com

AKTIVITÄTEN

Poseidon. Michális Avgoustinákis bringt Interessierte mit seinem 9 m langen Motorboot nach Absprache zu den Inseln Koufonísi und Chrisí oder auch zur weit entfernten Insel Kássos, die bereits zur Inselgruppe der Dodekanes gehört. Mit Sportanglern fährt er gern auch zum Angeln. Tel. 69 76 683 166, mixalisaugust@mail.gr

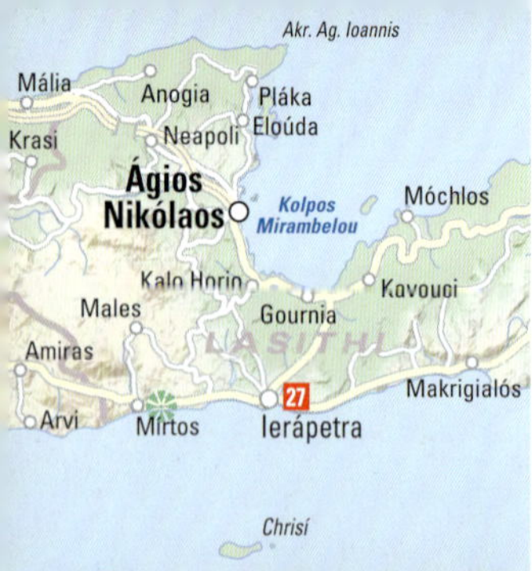

Mitte: Restauriertes Brunnenhaus vor der Moschee – in Kretas einziger Südküstenstadt in Ierápetra sind viele osmanische Einflüsse zu sehen.
Unten: Auf den Bananenplantagen rund um Ierápetra sind viele ausländische Landarbeiter im Einsatz.

27 Ierápetra
Kretisches Kleinstadt-Flair

In Ierápetra bestimmt die Landwirtschaft das Leben. Zahlreiche Gewächshäuser prägen das Bild der Küstenebene. In den Tavernen und Cafés tauschen sich die Einheimischen nach der Arbeit in geselliger Runde aus. Das ganz normale kretische Leben macht die Kleinstadt am Libyschen Meer für Besucher so reizvoll.

Ierápetra ist nicht nur die einzige Stadt an Kretas Südküste, sondern auch die südlichste Europas. Nur 200 Seemeilen entfernt liegt die afrikanische Küste. Die »afrikanischen« Temperaturen spürt man deutlich; in Ierápetra scheint an mehr als 300 Tagen im Jahr die Sonne. Das Klima, der fruchtbare Boden und ein Stausee mit einer Kapazität von 16 Millionen Kubikmetern bieten ideale Voraussetzungen für den Gemüseanbau. Die Bauern wissen das zu nutzen. Sie gehören griechenlandweit zu den wichtigsten Lieferanten von Frühgemüse.

Anbau von Frühgemüse

Die Gewächshäuser von Ierápetra erstrecken sich über eine Fläche von mehr als 1300 ha und bestimmen seit über 40 Jahren das Landschaftsbild. Für das westeuropäische Auge, das schöne Glasgewächshäuser gewohnt ist, wirken die oft nur mit Plastikplanen bedeckten Treibhäuser sehr unaufgeräumt. Unter der Anleitung des Niederländers Paul Kuijpers begannen die ersten Kreter bereits im Jahr 1966, Gurken und Tomaten in Gewächshäusern aus Holzgerüsten und billigem Nylon anzubauen. Den Erfolg seiner Schützlinge erlebte Kuijpers nicht mehr; 1971 starb er bei einem Autounfall. Aus Dankbarkeit errichteten die Bauern

Das venezianische Kastell Kalés am Hafen.

ihm im kleinen Dorf Gra Ligiá ein Denkmal. Verständlich, denn dank seiner Idee konnten die Einwohner von Ierápetra 40 Jahre später das höchste Durchschnittseinkommen Kretas erwirtschaften.

Kurze Geschichte

Schon in der Antike lag an der Stelle des heutigen Ierápetras die dorische Hafenstadt Hierápytna, die aufgrund der vorteilhaften Lage an der schmalsten Landenge Kretas bedeutend für den Handel mit Ägypten und der Kyrenaika war. Zusammen mit Ítanos im Nordosten der Insel kontrollierte Hierápytna den gesamten Osten der Insel. Spuren der antiken Stadt findet man heute jedoch nicht mehr. Wichtig war die Stadt bis zur venezianischen Zeit. Dann konzentrierte sich der Handel immer mehr auf Mitteleuropa, und Ierapetrá verlor an Bedeutung.

Rund um den Hafen

Der hübscheste Teil Ierápetras ist das ehemalige türkische Altstadtviertel, das mittlerweile allerdings überwiegend aus neuen kleinen Wohnhäusern besteht. Einzig die engen verwinkelten Gassen lassen das Gefühl von Altstadt aufkommen und laden zu planlosem Bummeln ein. Im Ost-

AUTORENTIPP!

STADTHOTEL MIT FLAIR

Im Herzen Ierápetras liegt ein kleines, restauriertes Stadthaus aus dem 18. Jahrhundert. Schon beim Betreten des Innenhofs durch das kleine Holztor vergisst man die ausdruckslosen Neubauten, die es umgeben. Zum Strand und der Uferpromenade sind es keine fünf Minuten Fußweg. Trotz zentraler Lage herrscht in dem von Wein bedeckten Innenhof wohltuende Ruhe, hervorragend zum Postkartenschreiben, zu lesen oder andere Gäste zu treffen. Mános Dermitzákis, der Betreiber des kleinen Hotels, hat die neun Zimmer schlicht, aber doch typisch kretisch eingerichtet. Der jung gebliebene Junggeselle betreibt das Hotel engagiert und leidenschaftlich. Es gibt kaum eine Frage, auf die Mános keine Antwort weiß. Aber wenn es doch mal so ist, wird bei einem Telefonat schnell alles geklärt. Im Cretan Villa fühlt man sich auch im Urlaub schnell wie zu Hause.

Cretan Villa. Odós Lakérda 16,
Tel. 28 42 028 522.
www.cretan-villa.com

AUTORENTIPP!

SUNDOWNER

María und Giórgos sind gute Beispiele für die kretische Flexibilität. Lange betrieb das junge Paar das beste Restaurant der Stadt. Heute wollen sie sich den finanziellen Möglichkeiten ihrer Stammgäste anpassen. Dabei stehen der Wohlfühlfaktor und gutes Essen im Mittelpunkt. Und was eignet sich dafür besser als kretische *mezédes*? Im Juni 2011 eröffneten die beiden ihre kleine Wohlfühloase Galéra am Stadtrand. Das Geräusch der sich brechenden Wellen an den mit Sitzkissen bestückten Felsplatten und die romantisch beleuchtete Terrasse schaffen ein relaxtes Ambiente. María empfiehlt Freunden, die zu Besuch kommen wollen, den Sonnenuntergang: »Es sieht beeindruckend aus, wenn die Sonne hinter Ierápetra verschwindet.« Für die Kreter viel zu früh. Wenn die Freunde dann später erscheinen, kann es so stimmungsvoll werden, dass man nach dem Sonnenuntergang auch noch den Sonnenaufgang in der Beach-Bar erlebt.

Galéra. Agíou Andréa 1 (neben dem Hotel Petra Mare),
Tel. 28 42 027 094, tägl. ab 10 Uhr.

Ierápetras *rakádika* sind bei Einheimischen beliebt.

und Südteil der Altstadt kann man dabei immer wieder einen Blick zum Meer erhaschen – und die Meeresbrise ist überall zu spüren.

Vom Chrisí-Anleger führt der Weg zur verkehrsreichen Platía Kounoupáki, die die Neustadt von der Altstadt trennt. Ein längliches Gebäude an der Nordwestecke der Platía beherbergt die Archäologische Sammlung mit Funden aus der Region. Das Gebäude, eine ehemalige Koranschule, wurde erst nach der Befreiung von den Türken 1899 erbaut. Besondere Beachtung verdient im mittleren Raum ein spätminoischer Tonsarkophag, der 1946 in der Nekropole von Episkopí gefunden wurde. Der Sarkophag zeigt in zwölf Feldern typische Motive und Szenen: Tintenfische, Pflanzen, eine Kuh, die ein Kalb säugt, und Wildziegen, die von Hunden gejagt werden. Das Schmuckstück des Museums steht im hinteren Saal: eine sehr gut erhaltene, etwa 1,50 m hohe Marmorstatue der Göttin Persephone aus dem 2 Jh. n. Chr. In der linken Hand trägt die Tochter von Zeus und Demeter ein Äh-

Stadtrundgang Ierápetra

A Uferpromenade – An der autofreien Promenade reihen sich Tavernen und Cafés lückenlos aneinander. Odós Markopoúlou.

B Archäologische Sammlung – In der kleinen Sammlung werden schöne Funde aus minoischer Zeit bis zur klassischen Epoche präsentiert. Zu den Exponaten gehören u. a. Keramikfunde, Töpferscheiben, Inschriftentafeln, Skulpturenreste und Statuen. Odós Dimokratías/Platía Kanoupáki, Di–So 8.30–15 Uhr, Eintritt 2 €.

C Türkischer Brunnen – Schön restaurierter türkischer Brunnen mit arabischer Inschrift. Odós Koutandoú/Ecke Agíou Georgíou.

D Napoleon's House – Das zweistöckige Haus hat einen schmalen Eingang mit einer Türhöhe von 1,75 m – gerade hoch genug für den kleinwüchsigen Napoleon. Heute wird es vom archäologischen Dienst genutzt. Keine Innenbesichtigung möglich.

E Festung Kalés – Die venezianische Festung wurde schon zu Beginn des 13. Jahrhunderts erbaut, ursprünglich um die venezianische Herrschaft zu stärken. Nachdem die Türken Ierápetra im Jahr 1647 erobert hatten, nutzten sie die Festung einfach weiter und bauten sie mehrfach um. Odós Stratigoú Samouíl, Di–So 9–15 Uhr, Eintritt frei.

F Kirche Aféntis Christós – Während der venezianischen Herrschaft war es üblich, sich die Kirchen zu teilen. In der einen Kirchenhälfte fanden römisch-katholische und in der anderen griechisch-orthodoxe Gottesdienste statt. Odós Kougioumoutzáki, nur selten geöffnet.

G Moschee – Der völlig schmucklose Innenraum der Moschee wird heute hauptsächlich für Versammlungen und Proben des Gemeindeorchesters genutzt. Odós Vintzéntzou Kornárou, meist verschlossen.

Oben: Auch Ierápetra wollten die Venezianer mit einem Kastell schützen.
Mitte: Nachdenklich sitzt man(n) zusammen im *kafenío*. Aktuelles Problem: Lohn- und Rentenkürzungen.
Unten: Impressionen in der kleinen Altstadt: Boungainvilleen zieren die Fassaden vieler Häuser.

renbündel, ihren Kopf schmückt ein von zwei Schlangen umgebener Altar, ein Hinweis für ihre Verbindung zur Unterwelt.

Geht man vom Museum südwestlich über die Platía, erreicht man links entlang der Odós Choúta die kleine Straße Agíou Georgíou. Hier beginnen die Gassen der Altstadt. Nach etwa 150 m ist die Kirche Ágios Spirídonas erreicht, hinter der ein türkischer Brunnen steht. Ebenfalls in der Altstadt liegt das sogenannte Napoleon's House, das am einfachsten über die Uferstraße erreichbar ist. Während seines Beutezugs nach Ägypten 1798 soll ein kretischer Notar dem französischem Staatsmann Napoleon Bonaparte (1769–1821) seine Gastfreundschaft angeboten haben. Er ließ den Fremden in seinem Haus nächtigen, ohne zu wissen, wer er war. Am nächsten Morgen verließ der französische Staatsmann heimlich das Haus, hinterließ aber eine Notiz mit den Worten: »Wenn ihr wissen wollt, wer eurer Gast war, dann erfahrt, dass ich Napoleon Bonaparte bin.«

Festung, Kirche und Moschee

Die erst vor einigen Jahren restaurierte Festung Kalés am südlichsten Zipfel der Stadt wurde schon im Jahr 1307 in einem venezianischen Dokument erwähnt. Viel gibt es in ihrem Inneren jedoch nicht zu sehen. Vom begehbaren Nordostturm hat man aber einen schönen Blick über die Stadt.

Ganz in der Nähe der Festung liegt die älteste Kirche Ierápetras. Die Doppelkirche Aféntis Christós stammt aus dem 14. Jahrhundert. Das bedeutendste Bauwerk der Stadt ist die osmanische Moschee mit einem schmalen Minarett. Einige Palmen umgeben den Vorhof, der mit seinem schönen Reinigungsbrunnen und Bänken ein hübscher Platz für eine Rast ist.

Infos und Adressen

INFORMATION

Informationskiosk am Chrisí-Anleger. Nur sporadisch geöffnet, www.ierapetra.gr

ESSEN UND TRINKEN

Napoléon. Seit 1969 kommt in der Taverne zwischen Chrisí-Anleger und altem Hafen köstliche, kretische Küche auf den Tisch. Odós Stratigoú Samouíl 26, Tel. 28 42 022 410.

Giarakáki. Das schnuckelige *rakádiko* ist ein Treffpunkt für Studenten. Der Innenhof erinnert an ein romantisches Filmset aus den 1960er-Jahren. Kreative *mezédes*-Variationen. Odós Lakérda 13, Tel. 69 42 919 175.

ÜBERNACHTEN

Hotel Astron. Das Hotel mit 66 Zimmern an der Uferpromenade wurde Ende 2010 komplett renoviert und modern umgestylt. Odós Kothrí 56, Tel. 28 42 025 114, www.hotelastron.com

El Greco. Modernes und familiäres Hotel mit 20 erdfarbig gestalteten Zimmern, teils mit Balkon und Meerblick. Odós Kothrí 42, Tel. 28 42 02 84 71, www.elgreco-ierapetra.gr

NACHTLEBEN

Pavlís. Im von vielen Einheimischen besuchten *rakádiko* an der Promenade werden zum Bier und *rakí* einige *mezédes* serviert.
Odós Kírva 11, tägl. ab 21 Uhr.

Ein absolutes Muss: der Besuch der Insel Chrisí.

Moderne Lounge-Cafés an der Uferstraße.

Odeíon. In dem stilvollen Café in einer Villa mit romantischem Innenhof gibt es kleine kretische Leckereien und gelegentlich Live-Musik. Odós Lasthénous 18, tägl. ab 17.30 Uhr.

Seven Club. Eine der vielen Bars der Ausgehmeile, in der man zu internationaler und griechischer Popmusik tanzt. Odós Kírva 28.

EINKAUFEN

Frisches Gemüse aus den Gewächshäusern bekommen Sie auf dem **Wochenmarkt**, Sa 7–14 Uhr, Odós Psilináki.

VERANSTALTUNGEN

Kyrveia-Festival. Seit 1983 findet jedes Jahr von Juli bis August das Kulturfestival mit abwechslungsreichem Musikprogramm, Theater- und Filmvorführungen oder Sportveranstaltungen statt. Großes, traditionelles Abschlussfest. Das Programm wird durch Aushänge bekannt gemacht.

AKTIVITÄTEN

Chrisí. (Siehe Seite 170)

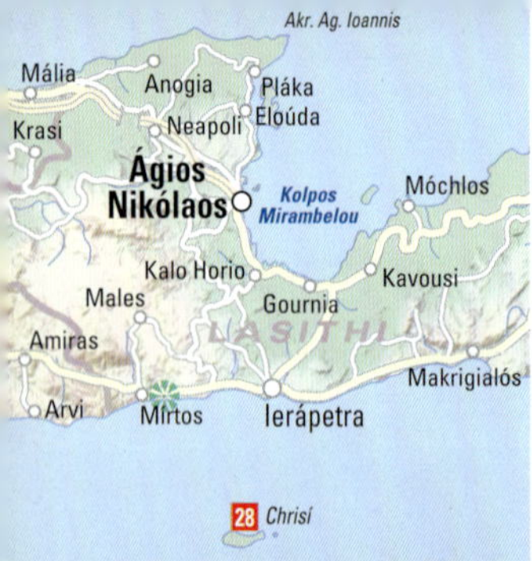

Mitte: Die Taverne am Anleger ist Treffpunkt der Fischer, die sich auf Chrisí zurückziehen.
Unten: Auch für Kinder ist der Golden Beach auf Chrisí ein ideales Plantsch- und Baderevier.

28 Die Insel Chrisí

Traumstrand im Libyschen Meer

Ein endloser Sandstrand, unzählige Muscheln, kristallklares Wasser und unberührte Natur locken im Sommer Tausende Urlauber auf die kleine Insel Chrisí. Täglich steuern Passagierschiffe und kleine Motorjachten das 15 km südwestlich von Ierápetra liegende Eiland an.

Die offiziell unbewohnte und unter Naturschutz stehende Insel Chrisí (bzw. »Gaidouronísi«) ist eine Insel der Extreme. Sie ist einsam, doch man ist nie allein. Auf einer Fläche von 5 km^2 suchen Aussteiger auf Zeit und Fischer Ruhe abseits aller Verpflichtungen. Doch in manchen Sommernächten verwandelt sich Chrisí in eine Partyinsel, auf der nicht nur die einheimische Jugend Beachpartys bis in die frühen Morgenstunden feiert.

Blick nach Afrika

Der winzige Anleger Vougioú Máti liegt mit Blick nach Ägypten auf der Südseite, gleich neben einem kleinen Sandstrand. In der einzigen Taverne erwarten Fischer die Besucher. Markierte Sand- und Felswege überlassen es jedem selbst, den direkten Weg zum »Golden Beach« an der Nordseite zu wählen oder zu einer etwa 10 km langen Entdeckungstour zu starten.

Die einzigartige Landschaft beeindruckt die Besucher schon bei dem zehnminütigen Spaziergang durch die Dünen zum Hauptstrand im Norden. Den Sandweg säumen großfruchtige, echte Stechwacholder. Das enorme Wurzelgeflecht wächst bizarr den Sand empor und prägt mit seinen eigenartigen Formen das Bild der kleinen Insel – wie in einem Märchenwald. Der endlos scheinende flach abfallende Sandstrand eröffnet sich am Ende des beeindruckenden Dünentals. Im Schatten der Sonnenschirme, die man mieten kann, lässt sich der Blick auf die gegenüberliegenden kretischen Berge stundenlang genießen. Aktive bevorzugen die Nähe zur Beach Bar oder spielen Beach-Volleyball.

Einsame Wanderung

Entdecker führt ein markierter Rundweg durch die faszinierende Landschaft. Immer wieder bezaubern Wälder aus echtem, großfruchtigem Stechwacholder und phönizischem Wacholder. Jeder Küstenabschnitt hat etwas Besonderes. Östlich besticht der Blick vom höchsten Punkt der Insel »Kefála« (31 m). An der Nordküste trifft man auf uralte Fossilien, große versteinerte Muscheln und Stellen, die ausschließlich aus winzigen Muscheln bestehen. Im Westen steht das einzige auf der Insel erhaltene Gebäude, die Kirche Ágios Nikólaos aus dem 13. Jahrhundert. Der Rückweg führt südlich über rote Kieselschieferschichten zum Anleger. Aufgrund der hohen Temperaturen sind Besucher auf ihrer Wanderung oft allein und begegnen meist nur der heimischen Tierwelt: Geckos, Eidechsen und den für Menschen völlig ungefährlichen Europäischen Katzennattern.

Die Stechwacholderwurzeln befestigen den Sand.

Infos und Adressen

INFORMATION

Passagierboote. Abfahrt ab Ierápetra: Mai–Okt. tägl. 10.30 und 12.30 Uhr, Rückfahrt zwischen 18 und 18.30 Uhr. Tickets (25 €) sind direkt am Boot oder in allen Reisebüros in Ierápetra erhältlich. Die Überfahrt dauert etwa 1 Stunde.
Motorjacht. Abfahrt ab Ierápetra tägl. etwa 10–10.30 Uhr, Rückfahrt zwischen 18 und 18.30 Uhr. Die Tour wird auch als Ausflug mit Barbecue und Möglichkeit zum Angeln angeboten. Infos und Anmeldung unter Tel. 28 42 089 989 oder bei www.nautiloscruises.gr (Preis: 25 €). Die Überfahrt mit der »Nautilos« dauert etwa 30 Minuten.
Organisierte Ausflüge. Von fast allen großen Hotels und Reisebüros in Ostkreta werden organisierte Touren nach Chrisí angeboten (Bus- und Boottransfer).
Wege/Ausrüstung. Die gut markierten Wege sind völlig schattenlos. Sonnenschutz und Trinkwasser sind bei einer Erkundungstour rund um die Insel daher unbedingt mitzunehmen.

ESSEN UND TRINKEN

Die **Taverne am Anleger** sorgt mit einfachen griechischen Fisch- und Fleischgerichten vom Holzkohlegrill für das leibliche Wohl.
Die **Beach Bar am Hauptstrand** bietet kleine Snacks an und verschiedene Getränke für eine Erfrischung an heißen Tagen.

ÜBERNACHTEN

Das Übernachten und Campen ist auf der Insel eigentlich streng verboten. Allerdings halten sich viele Leute nicht daran.

29 Mírtos

Charmanter Ferienort

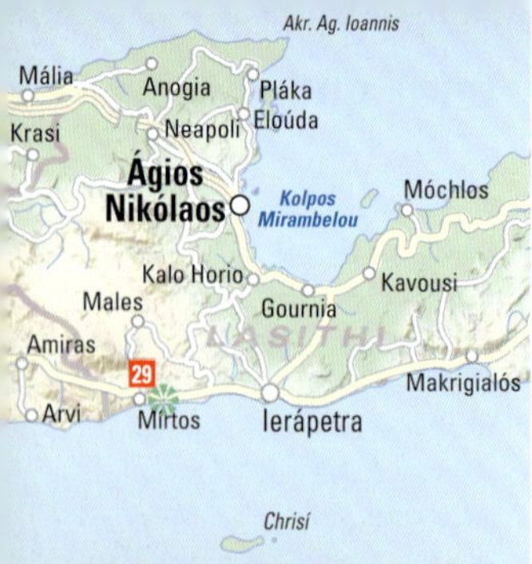

Das ehemalige Hippiedorf Mírtos ist der touristisch am meisten entwickelte Ort westlich von Ierápetra. Weiße Häuser mit blauen Türen und Fensterläden, drapiert mit farbenprächtigen Bougainvilleen, in Konservendosen blühende Geranien und in Maulbeerbäumen zum Trocknen hängende Tomaten machen den Reiz des kleinen Ferienorts aus.

Der kleine Küstenort Mírtos liegt 15 km westlich von Ierápetra. Verstreut zwischen den Wohnhäusern der etwa 440 Einwohner liegen kleine Apartmentanlagen und Hotels. In den Gassen und auf der 300 m langen, autofreien Uferpromenade reihen sich Tavernen und Cafés aneinander. Zahlreiche Freizeitangebote wie geführte Wanderungen oder Radtouren bzw. Ausflüge zu minoischen Ausgrabungen und einsamen Buchten an.

Pyrgos Myrtos

Außerhalb des Dorfs zweigt an der Straße Richtung Ierápetra an der Brücke ein Feldweg ab. Der Wegweiser »Pyrgos Myrtos Minoan Settlement« leitet Besucher über einen kleinen Pfad in zehn Minuten zu den Resten einer minoischen Kleinsiedlung. Der englische Archäologe Gerald Cadogan legte hier die Grundmauern einer minoischen Villa und einiger Häuser frei, die bis etwa 1450 v. Chr. bewohnt waren. Der Grundriss der Villa lässt Rückschlüsse auf eine ihrer Funktionen zu – als Lagerstelle für eingeforderte Güter des Palasts. So führt der Eingang nicht nur in den Wohntrakt, sondern der Einfachheit halber auch direkt in die Vorratsräume. Über die Veranda eröffnet sich ein imposanter Blick zum Meer.

Mitte: Blumenreich sind die Gassen und Häuser des kleinen Küstenorts Mírtos.
Unten: Die griechischen Farben Blau und Weiß sind an vielen Hausfassaden in Mírtos zu sehen.

Foúrnou Koryfí

Etwa 2 km östlich der Brücke weist der Wegweiser »Myrtos-Fournou Koryfi Minoan Settlement« auf die Überreste einer weiteren Siedlung aus dem 3. Jahrtausend v. Chr. hin. Ein holpriger und dorniger Pfad führt zu den größtenteils überwucherten Ausgrabungen, die von Laien nicht leicht zu erschließen sind. Der ummauerte Komplex bestand aus fast 100 Räumen, die durch Gänge miteinander verbunden waren. Einzelhäuser wurden auf diesem Gelände nicht gefunden. Daher vermuten die Archäologen, dass hier eine Kommune ohne spezielle Hierarchien gelebt hat. Über 700 Fundstücke der Ausgrabung sind im Archäologischen Museum von Ágios Nikólaos zu sehen. Das Bedeutendste ist die »Göttin von Myrtos« (siehe S. 106).

Der lange Strand von Mírtos ist im Hochsommer gut besucht. Wer es einsamer mag, folgt der Schotterpiste ins 5 km westlich gelegene Dorf Tértsa. Schon auf dem Weg sind zwischen den bizarren Gesteinsformationen einsame Buchten zu entdecken. Tértsa besteht aus rund 15 Häusern. Die zu Fuß erreichbaren, einsamen Buchten westlich sind bei FKK-Touristen beliebt.

Hinter den Orten an der Südküste erheben sich die Berge.

Infos und Adressen

INFORMATION

Sunbudget. Im niederländischen Reisebüro bekommt man Infos jeglicher Art. Nahe der Kirche, Tel. 28 42 05 15 30, www.sunbudget.net

ESSEN UND TRINKEN

Katerína. Jánnis kretische Gerichte sind ein Genuss und vor allem bei Einheimischen sehr beliebt. Der Wirt spricht Englisch und bietet Kochkurse an. In der Gasse zum Museum, Tel. 28 42 030 952.

Ca'Nova. Modernes Restaurant mit italienischer Küche. Pastagerichte werden gegen Aufpreis auch mit frisch hergestellten Nudeln zubereitet. Zentrale Uferpromenade.

ÜBERNACHTEN

Kastro. Studio- und Apartmentanlage mit 38 modern eingerichteten Wohneinheiten. Schöner Pool- und Garten. Nördlicher Ortsrand, Tel. 28 42 051 444, www.kastromyrtos.gr

Mirtopolis. Sechs, von einem griechisch-schweizerischen Paar liebevoll geführte Apartments mit tollem Meerblick. Auf einem Hügel östlich des Ortszentrums, Tel. 28 42 051 183, www.mirtopolis.com

AUSGEHEN

To Petrino. Hübsches Café in einem Steinhaus. Westlicher Teil der Uferpromenade.

AKTIVITÄTEN

Scirocco Watersports. Surf- und Segelunterricht sind ebenso im Angebot wie der Verleih von Kanus und Kayaks. Westliches Strandende, Tel. 28 42 051 321.

Myrtos Bikes. Hier kann man sich Mountainbikes ausleihen. Im Ortszentrum, Tel. 69 47 889 485.

TAVERNA HELONA

RÉTHIMNO UND UMGEBUNG

Vorangehende Doppelseite: Restaurants und Tavernen säumen die Kaimauern des venezianischen Hafens von Réthimno.
Mitte: Die Fischerboote liefern ständig Fangfrisches an.
Unten: Die mächtige Fortezza thront nah am Meer über der Altstadt.

30 Réthimno

Kretas Stadt der Künstler

Réthimno liegt als ruhige und inspirierende Kraft zwischen den beiden Metropolen Iráklio und Chaniá. Minarette alter Moscheen überragen die alten Häuser an den gepflasterten, meist autofreien Altstadtgassen. Die Festung Fortezza thront über den im venezianischen Hafen vertäuten Fischerbooten, den osmanischen Häusern mit ihren typischen Holzerkern und den schönen Innenhöfen der venezianischen Villen.

Mit nur 54 900 Einwohnern (inkl. Vororte) ist Réthimno (bzw. Réthymnon) Kretas drittgrößte Stadt. Östlich der Hafenmole schließt sich ein 16 km langer Sandstrand an, ideal für den Badeurlaub. Aber Réthimno ist Sitz der Philosophischen Fakultät der Universität Kreta und pflegt sein Image als geistiges Zentrum der Insel. Bereits zu venezianischen Zeiten lebten hier viele Künstler und Gelehrte. Einige wanderten aus und trugen dazu bei, die griechische Kultur international bekannt zu machen,

MAL EHRLICH

LOCKVÖGEL AM HAFEN

Der venezianische Hafen ist beliebt, um in stimmungsvoller Atmosphäre vor den alten Hausfassaden oder romantisch auf einem der wenigen alten Balkone essen zu gehen. Auf dem schmalen Weg entlang der Kaimauer buhlen die Kellner der Restaurants recht penetrant um neue Gäste. Am besten ignoriert man die sogenannten *kráchtes* (Lockvögel), indem man sich nicht in lange Gespräche verwickeln lässt. Dann kann man sich in »Ruhe« selbst aussuchen, wo man sich setzen möchte.

z.B. Zacharías Kallérgis. Der Rethimniote eröffnete 1493 eine Druckerei in Venedig und verbreitete in ganz Europa klassische griechische Texte. Heute präsentiert Réthimno sich vor allem bei dem jährlichen Renaissancefestival zwischen Juli und Mitte September als »Künstlerstadt«.

Mit Chaniá (siehe S. 224 ff.) ringt Réthimno um den Titel der schönsten Stadt Kretas. Tatsächlich zählen beide Altstädte zu den attraktivsten der Insel. Chaniá ist eher venezianisch geprägt, während die kompakte Altstadt von Réthimno mit ihren vielen hölzernen Erkern osmanisches Flair verströmt.

Kurze Geschichte

Bis auf ein Felsgrab aus spätminoischer Zeit in einem südlichen Stadtteil von Réthimno fanden die Archäologen bisher keine weiteren Spuren der Minoer. Auch von der kleinen Siedlung Ríthymna aus der hellenistischen Antike ist nichts mehr zu erkennen. Das heutige Stadtgebiet erlangte erst im 13. Jahrhundert an Bedeutung, als am Hafenbecken ein kleines Kastell erbaut wurde. Der Hafen der Siedlung hatte als Handelsplatz eine bedeutende Funktion für die Region. Mit dem Fall Konstantinopels 1453 kamen zahlreiche Zuwanderer, darunter viele Aristokraten, Gelehrte und Künstler aus Kleinasien. Die kulturelle Blüte der Stadt begann. Als im 16. Jahrhundert die Bedrohung durch die Osmanen wuchs, bekam die Stadt einen Mauerring. Die Festung Fortezza wurde errichtet, konnte den Osmanen jedoch nicht lange standhalten. 1646 eroberten die Türken Réthimno und verwalteten es bis zu ihrem Abzug 1897.

Festung Fortezza

Von der Uferstraße Periferiakí Leofóros, die auch zu dem gebührenpflichtigen Parkplatz am Hafen

AUTORENTIPP!

STILVOLL ÜBERNACHTEN

Die Avli Lounge Apartments sind eine der Top-Adressen in der Altstadt von Réthimno. 1987 begann Katerína Xekálou gemeinsam mit ihrem Mann, dem Architekten Kóstas Iliákis, verschiedene Wohneinheiten in benachbart liegenden venezianischen Herrenhäusern aus dem 16. und 17. Jahrhundert zu restaurieren. Mit dem zugehörigen Restaurant wollte sich die in Athen aufgewachsene, damals erst 19 Jahre junge Frau ihren Traum erfüllen und einen stilvollen Treffpunkt für sie und ihre Freunde schaffen. Gäste aus den umliegenden Städten brachten sie auf die Idee, Übernachtungsmöglichkeiten in mehreren Gebäuden rund um das Restaurant zu gestalten. Heute wohnt man gemütlich, geschmackvoll und romantisch in sieben luxuriösen Suiten und genießt exzellenten Service. Die nach Farben benannten Suiten haben private Jacuzzis, der kleine Whirlpool auf der Dachterrasse bietet einen fantastischen Blick über die Dächer der Stadt.

Avli Lounge Apartments. Odós Xanthoudídou 22 & Radamánthios, Tel. 28 31 026 213, www.avli.gr

AUTORENTIPP!

SÜSSES BACKWERK

Der orientalische Fílo-Teig ist aus der griechischen Küche nicht wegzudenken. Bäcker und Hausfrauen verarbeiten ihn zu herzhaften mit Käse, Spinat und Würstchen gefüllten Blätterteigtaschen. Auch die süße, mit Pudding gefüllte Variante ist ein beliebter Snack. Der aus Kleinasien stammende Geórgios Chatziparáschos in der Altstadtgasse Odós Vernádou ist einer der letzten Bäcker Kretas, der den Fílo-Teig noch in traditioneller Handarbeit herstellt. Seit über 60 Jahren wirft er täglich immer wieder kleine, ordentlich gefaltete Teigpakete in die Luft, damit sie sich entfalten. Das Highlight – und das beliebteste Fotomotiv – ist die sich in der Luft bildende Blase, die sanft auf den großen Tischen landet. Der immer dünner werdende Teig wird kunstvoll über den Tisch gedehnt. Geórgios Frau Katerína kreiert daraus den *baklavá*, eine süße, in Zuckersirup getauchte und mit gehackten Mandeln, Walnüssen oder Pistazien gefüllte Leckerei, die man hier erstehen kann. Odós Vernádou 30, Tel. 28 31 029 488.

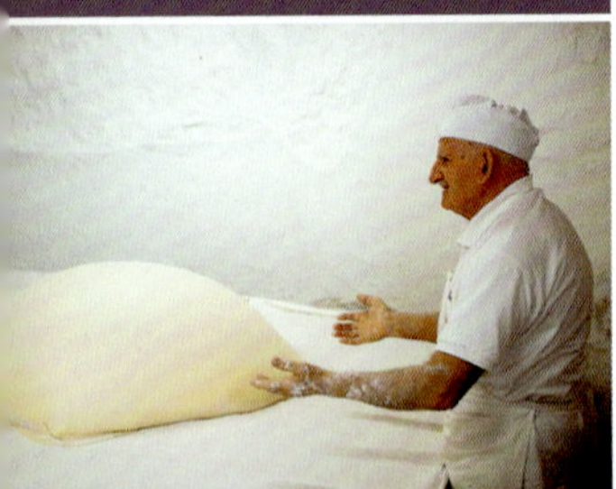

führt, gelangt man hinauf zur Festung Fortezza. Die große, gut erhaltene Festung, die auf dem Hügel einen großen Teil der Altstadt einnimmt, bietet eine tolle Aussicht über die Dächer der Stadt, den Hafen und das Meer.

Der Bau der Festung begann mit finanzieller Beteiligung der Einheimischen im Jahr 1573. Sie sollte venezianischen und kretischen Einwohnern als Zuflucht dienen. Komplett fertig wurde sie erst 1587. Die Osmanen belagerten die Festung 1646, und die Flüchtlinge mussten sich nach nur 23 Tagen ergeben. Noch im Jahr der Eroberung zerstörten die Osmanen die venezianische Kathedrale innerhalb der Festungsmauern und errichteten stattdessen die Moschee Sultan Ibrahim Han, die bis heute durch ihren bemerkenswerten Kuppelbau imponiert. Im Sommer finden auf einer Freilichtbühne in der Festung Musik- und Theaterveranstaltungen statt.

Archäologisches Museum

Im ehemaligen venezianischen Festungsbau gegenüber dem Eingang zur Festung lohnt ein Besuch des kleinen Archäologischen Museums. Es zeigt interessante Funde aus der Region. Sehenswert sind vor allem acht Sarkophage aus spätminoischer Zeit, die in einer minoischen Nekropole bei Arméni südlich der Stadt gefunden wurden. Ihre kunstvollen Bemalungen stellen viele Tiere dar, z.B. Vögel und Kraken. Außerdem thematisieren sie Jagdszenen und die Zucht von Kühen und Stieren. Die zahlreichen Keramikobjekte aus minoischer Zeit, z.B. das bemerkenswerte Tonmodell eines Heiligtums aus der Zeit zwischen 1900 und 1700 v. Chr. in Vitrine 3, stammen aus Nekropolen und Gipfelheiligtümern der Umgebung. Des Weiteren sind römische Marmorstatuen und eine umfassende Münzsammlung ausgestellt.

Rundgang in der Altstadt

A Fortezza. Innerhalb der Festungsmauern sind eine Kirche, eine Kapelle, einige Gebäudereste und Zisternen erhalten. Auf dem Hügel im nordwestlichsten Teil der Altstadt, Tel. 28 31 028 101, tgl. 9–16 Uhr, Juni–Okt. tgl. 8–20 Uhr, Eintritt 4 €.

B Archäologisches Museum. In dem einstigen venezianisch-osmanischen Gefängnis werden Funde aus dem Neolithikum bis zur römischen Zeit präsentiert. Gegenüber dem Festungseingang, Tel. 28 31 054 668, Di–So 8.30–15 Uhr, Eintritt 3 €.

C Kanakakis Art Gallery. Dauerausstellung von Aquarellen, Zeichnungen und Ölgemälden des Künstlers Leftéris Kanakákis und Wechselausstellungen zeitgenössischer griechischer Kunst. Odós Chimáras 5, Tel. 28 31 052 530, April–Okt. Di bis Fr 9–13 und 19–22, Sa, So 10–15 Uhr, Nov.–März Di–Fr 9–14, Mi, Fr auch 18–21, Sa, So 10–15 Uhr.

D Loggia. Der Bau mit einer neuen Glasfront dient heute dem Kulturministerium als Verkaufs- und

Das Wahrzeichen der Altstadt: der Rimondi-Brunnen.

Ausstellungsraum originalgetreuer Nachbildungen historischer Funde von einer autorisierten Werkstatt. Odós Arkadíou/Ecke Odós Paleológou, Mo–Fr 7.30–14.45 Uhr.

E Kirche Tessáron Martíron. Die 1975 erbaute Kirche ist vollständig mit prächtigen Wandmalereien im traditionellen byzantinischen Stil ausgemalt. Platía 4 Martíron, tagsüber geöffnet.

F Neratzes Moschee. Im Betsaal des nach 1657 als Moschee genutzten Baus ist die Musikschule (*odeíon*) von Réthimno untergebracht. Odós Vernádou 1.

G Historisches und Volkskundliches Museum. In mehreren Räumen werden Trachten, Kunsthandwerk, viele Webarbeiten und landwirtschaftliche Geräte zur kretischen Lebensweise im 18. und 19. Jahrhundert präsentiert. Odós Vernádou 28, Tel. 28 31 023 398, Mo–Sa 9.30–14.30 und 18–21.30 Uhr, Eintritt 4 €.

H Rimondi-Brunnen. Drei Wasser speiende Löwenköpfe zieren den 1626 vom venezianischen Statthalter Alvise A Rimondi erbauten Brunnen. Platía Plátanos.

Oben: Réthimnos archäologisches Museum zeigt auch römische Statuen.
Mitte: Besonders abends ist der venezianische Hafen ein beliebter Treffpunkt.
Unten: In der Einkaufsstraße Odós Arkadíou treffen sich Einheimische gern zum Shoppen.

Rund um den Hafen

Der Spaziergang führt durch die Odós Chimáras vorbei an der Kanakakis Art Gallery für zeitgenössische Kunst hinunter Richtung Hafen und Altstadt. Die schlichte Kirche San Francesco am Ende der Straße links wird von der römisch-katholischen Gemeinde genutzt. Nach wenigen Minuten gelangt man über die Odós Salamínas zum Zollamt am Hafen. Links entlang der Uferstraße reihen sich die Cafés aneinander. Rechts öffnet sich der kleine venezianische Hafen mit seinem alten Leuchtturm – das Schmuckstück der Stadt. Abends ist er besonders stimmungsvoll und lädt zwischen bunten Hausfassaden und kleinen Fischerbooten zum Schlemmen in den zahlreichen Fischtavernen ein. Die nächste Sehenswürdigkeit ist die venezianische Loggia Richtung Süden. Sie wurde um 1600 errichtet und diente dem venezianischen Adel als gesellschaftlicher Treffpunkt. Heute beherbergt sie einen Museumsshop des Kulturministeriums.

Von hier führen die Aktí El. Venizélou am Sandstrand entlang oder die Haupteinkaufsstraße Odós Arkadíou zur Platía Iroón, dem Platz der Helden. Die kleine Moschee Kara Mousha an seiner Südwestecke wurde im 17. Jahrhundert erbaut und dient heute als Büro der Antikenverwaltung.

Zwischen Alt- und Neustadt

Am Südrand der Altstadt trennt die Odós Gerakári Alt- und Neustadt. An der Platía 4 Martíron blickt das Denkmal von Kóstas Giamboudákis Richtung Osten zum Kloster Arkádi (siehe S. 187). Er soll 1866 im Kloster zahlreiche Griechen vor den Türken »gerettet« haben, indem er sie in die Luft sprengte. Ein weiteres Symbol für den Widerstand gegen die Türken ist die Kirche Tessáron Martíron

Oben: Souvenirgeschäfte säumen die Gassen der Altstadt.

östlich des Denkmals. Sie birgt die Reliquien dreier von vier Märtyrern, die während der osmanischen Herrschaft offiziell zum Islam konvertierten, aber heimlich dem christlichen Glauben folgten. Als die osmanischen Herrscher davon erfuhren, erhängten sie die vier Männer an den Platanen der Platía.

In den Gassen der Altstadt

Durch die Megáli Pórta, den einzigen Überrest der venezianischen Stadtmauer, kommt man zurück in die Altstadt. Von der Geschäftsstraße Odós Ethnikís Antistáseos zweigt nach einigen Gehminuten links die Odós Vernádou ab. Die Moschee Neratzes gleich an der Ecke wurde im 16. Jahrhundert als römisch-katholische Augustinerkirche erbaut. Erst 1890 errichteten die Moslems das Minarett. Am Abend füllen sich die *rakádika* (siehe Autorentipp rechts) an dieser Straße. Links beherbergt ein venezianischer Palast aus dem 17. Jahrhundert das Historische und Volkskundliche Museum. Zum Abschluss des Stadtspaziergangs kommt man zu dem Rimondi-Brunnen mitten in der Altstadt, eines der bekanntesten venezianischen Monumente von Réthimno.

AUTORENTIPP!

SZENETREFF ODÓS VERNÁDOU

Allabendlich zieht es zahlreiche Studenten und einheimische Familien zum *Mezédes*-essen in die stimmungsvolle Odós Vernádou im Herzen der Altstadt. Dicht an dicht reihen sich hier die typisch kretischen Lokale *rakádika*. Lange Listen mit *mezédes*, den köstlichen Vorspeisen, füllen ihre Speisekarten. Die Tische scheinen sich unter vielen kleinen Tellern mit griechischen und kretischen Spezialitäten zu biegen. Réthimnos Szene trifft sich hier zu Wein und *rakí*, dem typisch kretischen Tresterschnaps, der in kleinen Karaffen serviert wird, und Köstlichkeiten. Dazu zählen die beliebten *kolokithokeftédes* (Zucchinipuffer), geröstetes Brot mit Tomaten und Weichkäse *dákos* oder das inseltypische geräucherte Schweinefleisch *apáki*. Oft begleitet traditionelle kretische Live-Musik die Abende, aber ohne das sonst oft verbreitete Ambiente touristischer Folklore.

Empfehlenswert ist z.B.
Ousies. Odós Vernádou 20,
Tel. 28 31 056 643.

Infos und Adressen

INFORMATION:

Griechische Zentrale für Fremdenverkehr (EOT). Aktí Venizélou (östliche Uferstraße), Tel. 28 31 02 91 48, Mo–Fr 8–14 Uhr, www.rethymno.gr

ESSEN UND TRINKEN

Knossos. Die kleinste Fischtaverne am venezianischen Hafen ist schon seit 50 Jahren ein Familienbetrieb. María und ihr Bruder Stávros, der auch ab und zu die Lyra zückt, kümmern sich liebenswert um ihre Gäste. Venezianischer Hafen, Tel. 28 31 025 582.

Fisch und Meeresfrüchte am venezianischen Hafen.

Thalassografia. Am Hang zwischen Fortezza und Meer werden kretische Küche und gute Fischgerichte mit schönem Meerblick serviert. Periferiakí Leofóros 33, Tel. 28 31 052 569.

Avli. Eins der besten Restaurants der Insel mit bezauberndem Garten und gehobener, kreativer kretischer und griechischer Küche lässt Feinschmecker in die kulinarische Welt der Tradition und Moderne eintauchen. Große Weinauswahl. Odós Xanthoudídou 22, Tel. 28 31 026 213, www.avli.gr

Veneto. In einem über 700 Jahre alten venezianischen Gebäude mit großem Weinkeller und historischen Details werden in warmem Ambiente köstliche griechische und mediterrane Gerichte serviert. Odós Epimenídou 4, Tel. 28 31 056 634, www.veneto.gr

ÜBERNACHTEN

Fortezza. Modernes, im Jahr 2011 vollständig renoviertes Mittelklassehotel mit 53 Zimmern, Innenhof und Swimmingpool. Odós Melissinoú 16, Tel. 28 31 055 551, www.fortezza.gr

Castello. Ruhig, aber zentral gelegene Pension mit blumenreichem Innenhof. Die acht, günstigen, einfachen Zimmer haben auch Balkone. Platía Karaóli Dimitríou 10, Tel. 28 31 023 570, www.castello-rethymno.gr

Mythos. Das charmante Boutique-Hotel mit elegantem Innenhof und Pool ist in einem venezianischen Gebäude aus dem 16. Jahrhundert untergebracht. Geschmackvoll eingerichtete Studios und Suiten mit Balkon oder Terrasse. Platía Karaóli Dimitríou 12, Tel. 28 31 053 917, www.mythos-crete.gr

Palazzo Vecchio. Kleines, stilvolles Hotel in Kastellnähe in einem venezianischen Bau aus dem 15. Jahrhundert mit Pool und hübschem Innenhof. Odós Iroón Politechníou/ Ecke Odós Melissínou, Tel. 28 31 035 351, www.palazzovecchio.gr

AUSGEHEN

Figaro. In der Bar mit raffiniert-anspruchsvollem Ambiente lauscht man den ganzen Tag Klängen aus Jazz, Funk, Latin und Ethnic. Odós Vernádou 21, Tel. 28 31 029 431.

Livingroom. Geschmackvolle und moderne Lounge mit stylischen Details. Odós El Venizélou 5, tgl. ab 10 Uhr.

In der Taverne Knossos hilft die ganze Familie zusammen.

Fortezza. Die Diskothek mit drei Bars und großer Lasershow öffnet ihre Pforten gegen Mitternacht für ein internationales Publikum. Odós Neárchou 20.

EINKAUFEN

Avli Raw Materials. Ansprechender Laden mit griechischen Delikatessen zum Probieren und Kaufen, z.B. Weine, Liköre, Oliven und Olivenöle. Außerdem Naturkosmetikprodukte und hübsche Einrichtungsobjekte. Odós Arabatzóglou 38–40, Tel. 28 31 058 228, www.avli.gr

Silverhorse. Thomás und Stélla Bliátka sind auf die Herstellung von handgemachten Ledergürteln, Satteln und anderen Lederprodukten spezialisiert. Gürtel können auch nach eigenem Design angefertigt werden. Odós Radamánthios 6, Tel. 28 31 051 401.

Zominthos. Ausgewählter Schmuck griechischer Designer sowie Skulpturen und Tonobjekte. Odós Arkadíou 129, Tel. 28 31 052 673.

En Hordais. Eine handgemachte kretische Lyra oder andere griechische Musikinstrumente kann man bei Manólis Katsantónis erstehen. Odós Várda Kalérgi 38, Tel. 28 31 029 043.

Omodamos. Kunstvolle Keramikobjekte von Töpfern aus ganz Griechenland. Odós Soulíou 3.

VERANSTALTUNGEN

Renaissance-Festival. Zwischen Juli und Mitte September diverse Theateraufführungen und Konzerte in der Altstadt. Infos und Programm im Fremdenverkehrsamt.

Weinfestival. Ende Juli werden bei einem fünftägigen Weinfest im Stadtpark zahlreiche lokale Weine und traditionelle kretische Produkte präsentiert.

Karneval. Der größte Karnevalsumzug der Insel findet nachmittags am griechischen Karnevalssonntag statt, www.carnivalrethymno.gr

AKTIVITÄTEN

Nature & Adventure. Deutschsprachige geführte Wanderungen und Radtouren sowie diverse Extremsport-Aktivitäten bietet Manólis Karagiannákis. Aktí El Venizélou 4a, Tel. 28 31 029 508, www.nat-adv.gr

Der Sandstrand von Réthimno nahe der Altstadt.

Happy Walker. Geführte Wanderungen zu täglich wechselnden Zielen bieten die Niederländer Anton und Ineke mit langjähriger Erfahrung an. Odós Tombázi 56, Tel. 28 31 052 920, tgl. 17–20.30 Uhr, Juli–Aug. am Wochenende geschl, www.happywalker.com

Dolphin Cruises. Verschiedene Bootstouren mit Bademöglichkeiten oder zu Angelausflügen mit einem nachempfundenen Piratenschiff sind besonders für Kinder spannend. Venezianischer Hafen, Tel. 28 31 057 666, www.dolphin-cruises.com, 12–38 €.

Kalypso Rock's Palace. Täglich organisierte Ausflüge an die kretische Südküste mit umfangreichem Schnorchel- und Tauchangebot nach PADI. Aktí El Venizélou 42, Tel. 28 31 020 990. www.kalypsodivingcenter.com

Asteria. Aktuelle englischsprachige Filme im Originalton mit griechischen Untertiteln werden im Open-Air-Kino nahe der Fortezza gezeigt. Odós Melissinoú 23, Eintritt 7 €.

Mitte: Der Blick über den Kournás-See reicht bis zum Mittelmeer und zur Apokóronas-Halbinsel.
Unten: Am Sandstrand von Georgioúpoli stehen Liegestühle und Sonnenschirme dicht an dicht.

31 Rund um Georgioúpoli

Baden in Süß- und Salzwasser

Georgioúpoli kennen die meisten Besucher nur als lebhaften, kleinen Bade- und Urlaubsort mit kilometerlangem, breitem Sandstrand. Doch auch das Hinterland der »Stadt Georgs« zwischen Réthimno und Chaniá ist erkundenswert. In der hügeligen Flusslandschaft und am See von Kournás kommen Naturliebhaber auf ihre Kosten.

Anders als die meisten anderen touristischen Urlaubsorte der Nordküste hat Georgioúpoli kein ausschweifendes Nachtleben. Aber der blumenreiche Ortskern mit Café-Bars, Tavernen, modernen Hotels und Apartments, die teilweise direkt am Strand liegen, bietet viele Möglichkeiten für den Aktivurlaub. Der 10 km lange Sandstrand, der fast nur durch einige Flussmündungen unterbrochen wird, erstreckt sich vor der neuen Hotelsiedlung Kavrós nach Osten hin.

Vom Sumpf zum Urlaubsziel

Im Jahr 1880 gefiel einem Athener Kaufmann die Lage am Strand zwischen zwei etwa 500 m voneinander entfernten Flüssen. Er begann, das Sumpfgebiet trockenzulegen und baute dort ein erstes Haus. An der heutigen Platía von Georgioúpoli und in der näheren Umgebung ließ er bis heute erhaltene Eukalyptusbäume pflanzen, die durch ihren hohen Wasserverbrauch einst zur Trockenlegung beitrugen. Mithilfe der Bewohner aus den umliegenden Dörfern entstand aus dem damals mit Moskitos verseuchten Gebiet nach und nach der Ort Almiroúpoli. Im Jahr 1899 bekam der Ort dann zu Ehren des Kronprinzen Geórgios seinen heutigen Namen Georgioúpoli.

Zwei Flussmündungen

Östlich vom Ortskern mündet ein Fluss ins Meer, der die Strandabschnitte von Georgioúpoli und Kavrós trennt. Er entspringt nur 300 m landeinwärts und von der Fußgängerbrücke kann man gut erkennen, wie noch ganz nah an der Mündung Süßwasser aus dem Sand quillt. In der Taverne Perastikós gleich hinter der Brücke werden die Fische mit Brot angelockt, während sich die Aale auch über Käse und die Schildkröten über Tomaten und Gurken aus der Küche freuen. Die Enten fressen den Menschen hier sogar aus der Hand.

Die tiefe Mündung des Almirós nordwestlich des Zentrums dient als Hafen für Sport- und Fischerboote. Am westlichen Ufer kann man mit gemieteten Tretbooten und Kanus die längeren Flussarme erkunden. Trotz Bedenken der Naturschützer ist es erlaubt, in diesem Gebiet Schildkröten, Frösche sowie nistende Reiher und Eisvögel zu beobachten.

Kapelle Ágios Nikólaos

Ein beliebter Spaziergang führt vom Hafen über einen aus Felsbrocken erbauten, etwa 80 m langen Damm, auf dem zahlreiche kleine Krebse herumkrabbeln, zur modernen Kapelle Ágios Nikólaos auf einer kleinen Plattform mitten im Meer. Sie ist dem Schutzheiligen der Seefahrer geweiht, wird nachts wirkungsvoll angestrahlt und ist ein beliebtes Fotomotiv.

Der See von Kournás

Den zu Füßen der Weißen Berge liegenden See von Kournás trennen etwa 4 km von Georgioúpoli. Der größte der beiden natürlichen Süßwasserseen Kretas ist etwa 1080 m lang, 880 m breit und

AUTORENTIPP!

MIT DEM ZUG INS HINTERLAND

Trenáki, kleine Mini-Züge auf Rädern, verbinden die Küstenorte mit hübschen kleinen Dörfern im Hinterland. Der »Talos Express« in Georgioúpoli ist einer der geschäftigsten der Insel und bringt Besucher auch mit deutschsprachiger Führung zu den sehenswertesten Zielen der Umgebung. Die kürzeste, mehrmals täglich startende Tour führt in etwa 1 Stunde zum Kournás-See nach Kavrós und wieder zurück (5 €). Drei Stunden dauert die Tour durch die hügelige Landschaft nach Argiroúpoli mit der antiken Stadt Lappa und den Wasserfällen (siehe S. 188) sowie die Tour durch die typisch kretischen Dörfer auf der Apokóronas-Halbinsel (siehe S. 192), wo man weniger touristische Gegenden entdecken kann (je 15 €). Außerdem verbindet der Zug Georgioúpoli mit den Hotels in Kavrós. Es empfiehlt sich, einen Tag im Voraus zu buchen.

Talos Express. Straße zwischen Platía und Strand, Tel. 28 25 0830 013.

Die Kapelle Ágios Nikólaos am Fischereihafen von Georgioúpoli ist ein beliebtes Fotomotiv.

Oben: Für Naturliebhaber ist das Naturschutzgebiet am Kournás-See unbedingt einen Besuch wert.
Mitte: Geduld ist gefragt, wenn Schafherden die Straßen der kretischen Bergregionen blockieren.
Unten: Fischer versorgen die Tavernen mit ihrer frischen Beute.

22,5 m tief und lädt zum Baden im Süßwasser ein. Das tiefgrüne Wasser des Sees stammt aus Quellen, die im See entspringen, sowie aus Regenwasser, das aus den Bergen abfließt. Vom See aus fließt ein Fluss bis zum Meer und mündet am langen Strand bei Kavrós.

Naturschutzgebiet am Südufer

Tavernen, Liegestühle, Tretboot- und Kanuverleihe prägen das touristische Angebot am Südufer. Die interessante Flora und Fauna entdeckt man erst bei einer Bootsfahrt oder bei einem Uferspaziergang. Im Schutzgebiet für etwa 400 verschiedene Pflanzen blühen im Frühjahr u.a. kretische Alpenveilchen und Rutenglockenblumen. Außerdem trifft man an den Ufern auf Feigen- und Eukalyptusbäume, Oleander, Mönchspfeffer und Brombeersträucher. An den südöstlichen Hängen wächst ein kleiner Wald aus Kermes-Eichen. Vielfältig ist die Tierwelt mit über 200 Vogelarten wie Schwarzhalstaucher, Wasserhühner, Wasser- und Eisvögel. In den Bergen sind Greifvögel wie Bussarde und Wanderfalken beheimatet.

Infos und Adressen

ESSEN UND TRINKEN

Perastikos. Gute griechische Gerichte in schöner Fluss- und Meereslage. Ein- bis zweimal wöchentlich kretische Live-Musik. Georgioúpoli, östliches Ortsende, Flussmündung, Tel. 28 25 061 294.
Korissía. Taverne mit freundlichem Service und einer Terrasse direkt am Meer. Schmackhafte kretische und griechische Küche ohne viel Schnickschnack. Kournás-See, westlicher Teil Uferstraße, Tel. 28 25 061 653.

ÜBERNACHTEN

Kokolakis. Seit über 20 Jahren vermietet das deutschsprachige Wirtspaar 15 einfache, aber saubere Zimmer. Georgioúpoli, 50 m von der Platía, Tel. 28 25 061 308, www.steliosrooms.com
Orpheas Resort. Ruhig gelegenes, stilvolles Hotel mit künstlerischer Atmosphäre und 72 farblich auffällig gestalteten Zimmern und Suiten. Kleiner Pool. Kavrós, am Strand, Tel. 28 25 061 218, www.orpheas-resort.gr

AUSGEHEN

Tropicana. 24 Stunden geöffnete markante zweigeschossige Beach Bar mit Palmstrohdächern. Themenabende mit kretischer Live- oder griechischer Pop-Musik. Georgioúpoli, östliches Ortsende, Tel. 28 25 061 631.

AKTIVITÄTEN

Zoraidas. Reiten für Anfänger und Fortgeschrittene, u.a. zweistündige Land- (32 €) und Strandausritte (ab 37 €), vierstündige Ausritte zum Kournás-See (69 €) sowie handgeführte Ritte für Kinder (12 €). Georgioúpoli, Richtung Vrísses (ausgeschildert), Tel. 28 25 061 745, www.zoraidas-horseriding.com
Adventure Bikes. Geführte Mountainbiketouren mit Begleitbus, u.a. an die Südküste (57 €) oder zum Kloster Arkádi (37 €). Wanderungen durch die Ímbros- und die Samariá-Schlucht. Georgioúpoli, Straße zur Schnellstraße, Tel. 28 25 061 830, www.adventurebikes.org

Immer mehr Groß- und Luxushotelanlagen siedeln sich an den Stränden von Georgioúpoli und Kavrós an.

32 Argiroúpoli

Architektonische Entdeckungen und Wasserfälle

Argiroúpoli liegt 25 km südwestlich von Réthimno am Ausläufer der Weißen Berge. Im idyllischen Ortskern, wo auch das antike Láppa stand, sind Überreste aus römischer, venezianischer und osmanischer Zeit erhalten. Ein beliebtes Ausflugsziel ist das Dorf vor allem wegen seiner Wasserfälle: Die Oase im unteren Dorfteil verspricht mit Bergquellen und üppig-grüner Umgebung ein kühleres Klima als die Küstenorte.

Mitte: Das Dorf Argiroúpoli mit seinem traditionellen Zentrum liegt mitten im Grünen in den Hügeln. **Unten:** Die Entdeckungstour durch Argiroúpoli enthüllt außer alten Dorfhäusern jahrhundertealte Monumente.

Das auf den Ruinen der in vorklassischer Zeit gegründeten Stadt Láppa erbaute Argiroúpoli liegt oberhalb eines Tals an einem Hang. Neubauten gibt es im Zentrum kaum – aus Angst, auf Überreste der dorischen Stadt zu stoßen, was das Archäologische Amt zu einem sofortigen Baustopp veranlassen würde. So hat sich Argiroúpoli seine traditionelle Architektur bewahrt und lädt zu einem Spaziergang durch urige Gassen ein.

Eine Entdeckungstour beginnt man am besten im historischen Ortskern. Anschließend lohnt die außerhalb liegende römische Nekropole mit ihrer beeindruckend alten Platane (siehe Autorentipp rechts) einen Besuch. Dann fährt man in den unteren Dorfteil mit den Wasserfällen, wo man Forellen oder Grillgerichte essen kann.

Die Platía von Argiroúpoli liegt an der Hauptstraße, die den historischen Kern vom neueren Teil des Dorfs trennt. Die Kirche Ágios Ioánnis mit ihrem hübschen Glockenturm stammt aus dem Jahr 1895. Weitere 200 m südlich erreicht man das

Der Glockenturm der Dorfkirche Ágios Ioánnis.

1999 eröffnete private Folkloremuseum der Familie Zografákis, das anschaulich das kretische Dorfleben dokumentiert.

Der Dorfrundgang

Von der Platía führt ein überwölbter Torgang nördlich in den historischen Ortskern. Hier lohnt ein Besuch des kleinen Ladens »Lappa Avocado« von Stélios Manoussákas. Touristen händigt der freundliche Besitzer deutschsprachige Ortspläne aus, damit sie sich nicht verlaufen. Zusammen mit seiner Frau Ioánna hat Stélios auf der Grundlage ätherischer Avocado-Öle eine umfangreiche Kosmetikserie entwickelt. Sie reicht von reinem Avocadoöl über Seifen und Shampoos bis hin zu Cremes, die man auch testen darf. Aus den Schoten des Johannisbrotbaums stellt sein Bruder Ilías Manoussákas Produkte wie biologischen Johannisbrotsirup her, der als Süßungsmittel verwendet werden kann. Auch Johannisbrottee und -kaffee sowie Kakaoersatzpulver aus eigener Produktion werden hier verkauft.

AUTORENTIPP!

SPAZIERGANG IN SCHÖNER NATUR

Auf der Straße von Argiroúpoli Richtung Norden geht es hinter der Abzweigung zu den Quellen die nächste Straße Richtung Káto Póros rechts ab. An dem Schild »Church of holly 5 virgins«, etwa 400 m weiter, führt ein etwa 300 m langer, schöner Fußweg zu der kleinen Kapelle Pénde Parthénon und der römischen Nekropole hinunter. Schon auf dem Weg zur Kapelle sind links in der Felswand römische Kammergräber zu erkennen.

Eine Grabkammer liegt versteckt hinter einer Kirchenwand und ist nur über eine fensterähnliche Öffnung einsehbar. In der zwischen dem 4. Jahrhundert v. Chr. bis zum 7. Jahrhundert n. Chr. genutzten Kammer wurden fünf Sarkophage gefunden. Darin waren die Märtyrerinnen begraben, denen die schlichte Kapelle geweiht ist. Ein kurzes Stück weiter bergab beeindruckt eine riesige, vermutlich 2000 Jahre alte Platane, die zweigeteilt wurde, um einen Pfad durch sie hindurchzuführen. Am Bach mit den Brunnen laden Tische und Bänke zu einer stillen Rast in angenehm kühler Umgebung ein.

Oben: Durch ein winziges Tor erreicht man die Kirche Pénte Parthénon nahe der römischen Nekropole. **Mitte:** Fußbodenmosaik aus dem antiken Lappa aus dem 3. Jh. n. Chr. **Unten:** Außerhalb von Argiroúpoli wurden zahlreiche römische Kammergräber entdeckt.

Etwa 20 bis 40 Minuten dauert die Erkundungstour durch das Dorf. Folgt man der Straße vom Torgang geradeaus, passiert man linker Hand die Überreste einer venezianischen Villa. Gleich daneben erhebt sich ein römisches Tor mit der Inschrift »Omnia Mundi Fumus et Umbra« (»Alles in dieser Welt ist Rauch und Schatten«). Wenige Meter weiter zweigt rechts eine schmale Gasse ab. Sie führt zu einem römischen Wasserreservoir aus Marmor, dessen Inneres sieben Bögen schmücken.

Dann geht es wieder auf die Hauptstraße und an ihrem Ende nach links. Man kommt an der Kirche der Jungfrau Maria aus dem 13. Jahrhundert mit einem blumenreichen Innenhof vorbei und erreicht die schönste Sehenswürdigkeit des Dorfs: das teilweise erhaltene Fußbodenmosaik aus einem römischen Bad mit mehrfarbigen, geometrischen Mustern. Von hier sind es nur noch wenige Meter zurück zum Torgang.

Die Wasserfälle

Die berühmten Wasserfälle von Argiroúpoli entspringen unterhalb des Dorfs an der Straße Richtung Asigoniá. Die zahlreichen Quellen, die auf verschiedenen Wegen ins Tal strömen, versorgen die Stadt Réthimno mit Trinkwasser. Neben kleinen Wasserfällen, Quellaustritten und Kanälen trifft man auf etliche Tavernen – einige züchten Forellen. Prächtige Platanen und Kastanien spenden in dem wasserreichen Gebiet viel Schatten. Unterhalb der großen Taverne »Old Mill« liegt eine kleine, der Jungfrau Maria geweihte Kirche. Sie wurde auf den Fundamenten eines Tempels aus hellenistischer Zeit erbaut, der dem Meeresgott Neptun geweiht war. Einige Schritte weiter steht eine steinerne Mühle aus dem 17. Jahrhundert. Hier wurden während der venezianischen Epoche Webprodukte bearbeitet.

Infos und Adressen

SEHENSWÜRDIGKEITEN

Volkskundliches Museum. Oberer Dorfteil, Hauptstraße, Tel. 28 31 081 269, tagsüber geöffnet, falls geschlossen, in der Taverne-Pension Zografakis nach dem Schlüssel fragen, Eintritt frei.

ESSEN UND TRINKEN

Paleos Mylos. In der großen Taverne an der alten Wassermühle isst man begleitet von sprudelndem Wasser und zirpenden Zikaden. Die Taverne ist für ihre Forellen- und Grillgerichte beliebt. An den Wasserfällen, unterhalb der Hauptstraße, Tel. 28 31 081 209.

Athivoles. Auf der von Platanen umgebenen Terrasse des Steinhauses hört man Wasserfälle und kleine Wasserläufe plätschern. Hier werden außer Forellen und Grillgerichte auch Speisen aus dem Holzofen serviert. Angeschlossen ist ein modernes Café. An den Wasserfällen, oberhalb der Hauptstraße, Tel. 28 31 081 101.

ÜBERNACHTEN

Lappa Apartments. Sieben Studios für zwei bis vier Personen in einem restaurierten Steinhaus mit tollem Talblick von den Balkonen und schönem Garten. Auch für mehrtägige Aufenthalte ideal. Oberer Dorfteil, Gasse unterhalb der Hauptstraße, Tel. 28 31 081 204, www.lappa-apartment.com

Kretische Kosmetikprodukte von »Lappa Avocado«.

Zografakis. Acht einfach eingerichtete, günstige Zimmer oberhalb der gleichnamigen Taverne, einige mit Balkon und schönem Talblick. Oberer Dorfteil, Hauptstraße, Tel. 28 31 081 270. www.ezografakis.gr

EINKAUFEN

Lappa Avocado. Die Avocado- und Johannisbrotbaumprodukte der Gebrüder Manoussákas kann man auch online bestellen. Oberer Dorfteil, Stadttor, Tel. 28 310 810 70, www.lappa-avocado.gr und www.cretacarob.com

Inmitten der schroffen Berge eröffnet sich die wasserreiche Landschaft von Argiroúpoli.

Mitte: Vom Ferienort Kalíves aus reicht der Blick über die Bucht von Soúda bis zur Akrotíri-Halbinsel.
Unten: In der felsigen, selten besuchten Bucht von Ombrósgialos findet man sogar eine kleine Taverne.

33 Die Apokóronas-Halbinsel

Zeitreise in die Dörfer an der Nordküste

Die Apokóronas-Halbinsel zwischen Chaniá und Réthimno ist ein beliebtes Ziel für den ländlichen Tourismus. Als Ausgangs- und Wohnort, um die traditionellen und gastfreundlichen Dörfer auf der lieblichen, grünen Halbinsel zu entdecken, ist das Dorf Vámos ideal. Sehenswert ist auch das Felsplateau von Áptera mit den Ruinen einer antiken Stadt und einer venezianisch-osmanischen Burg.

Hügelig und grün erstreckt sich Apokóronas zwischen den Nordhängen der Weißen Berge und dem Kap Drápano (527 m) an der Nordküste. Der westliche Küstenabschnitt bietet tolle Ausblicke auf die Bucht von Soúda, von Osten wendet sich der Blick in die Bucht von Réthimno. Historische Bauten prägen die mit Olivenbäumen, Zypressen, Orangenhainen und Wein bewachsene Halbinsel.

MAL EHRLICH

NATUR PUR?

Apokóronas ist einer der wenigen, bis auf die wenigen Küstenorte noch recht unberührten Landstriche an der Nordküste. Jedoch wissen immer mehr Ausländer die tolle Landschaft zu schätzen. So tauchen oft mitten im Nirgendwo neue Ferienhäuser und Villen auf, die das schöne Bild verändern. Zu sehr sollte man sich daran nicht stören. Denn ohne diese Ansiedelung und den Tourismus stünden weder genügend Tavernen noch andere praktische Einrichtungen zur Verfügung.

Zentrum des Agrotourismus

Bis Januar 2011 war der 650-Seelen-Ort Vámos die Hauptstadt der Region Apokóronas. Seither hat das 4 km südlich liegende Dorf Vrísses diese Funktion übernommen. Vámos hat sich zu einem beliebten Ziel für Ökotourismus entwickelt, da die Gesellschaft Vamos Traditional Village (siehe Autorentipp rechts) hier viele traditionelle und klassizistische Dorfhäuser restauriert hat. Das 250 m hoch gelegene Dorf ist von ertragreichen Feldern, zahlreichen Pinien und naturbelassener Landschaft umgeben. An der Platía sitzen die älteren Herren in den *kafenía* und beobachten bei einem griechischen Mokka die vorbeifahrenden Autos. Die Preise in Tavernen und Restaurants sind angemessen, und die Umgebung lädt mit ihren weitläufigen Feldern zu vielen Entdeckungstouren ein.

Rund um Vámos wandern

Die mit Olivenbäumen und Zypressen bewachsene Ebene rund um Vámos ist ein beliebtes Jagdrevier kretischer Städter, denn hier leben zahlreiche Kaninchen, Dachse und Bussarde. Wanderkarten und Beschreibungen erhalten Besucher im Büro der Vamos Traditional Village.

Eine beliebte Route führt von Vámos in das touristisch unberührte, nördlich gelegene Nachbardorf Doulianá. Das heute hübsch mit EU-Geldern restaurierte Dorf wurde einst von Sklaven erbaut. Daher leitet sich sein Name von dem griechischen Wort *doúlos* (Sklave) ab. Von den alten Gassen abseits der Platía führt ein üppig-grüner Pfad abwärts. Nach einem 30-minütigem Spaziergang erreicht man die Felskapelle Ágios Ioánnis (ausgeschildert). Rechts der Kapelle wächst ein bizarr geformter Olivenbaum. Der Platz davor war einst der Friedhof für ungetaufte Kinder.

AUTORENTIPP!

URLAUB MAL ÖKOLOGISCH UND AKTIV

ÖKO

Im Herzen von Apokóronas schlossen sich 1995 junge Kreter zusammen, um interessierten Besuchern das authentische Kreta abseits des Touristenrummels zu präsentieren. Sie kauften baufällige Häuser in Vámos, restaurierten sie und vermieten sie heute meist an kretische Städter und Individualtouristen. In einer ehemaligen Mädchenschule von 1863 richteten sie ein Hotel ein. Hinzu kamen moderne Häuser mit Pool, die dem ökologischen Image der Gesellschaft jedoch nichts anhaben können. Zum Angebot gehören auch ein Art-Café, ein uriger Laden mit traditionellen Produkten und eine Taverne mit köstlicher kretischer Küche. Besonders umfangreich sind die ökotouristischen Aktivitäten wie Landwirtschaftsarbeiten, Besuche in einer *rakí*-Destillerie und einer Olivenpresse, Kochkurse für landestypische Gerichte, Sportangebote wie Wandern oder Bogenschießen etc.

Vamos Traditional Village. Vámos, Gasse südwestlich der Taverne Bloumousifis, Tel. 28 25 022 190, www.vamosvillage.gr

Blick auf die Weißen Berge vom Art-Café Liakoto aus.

AUTORENTIPP!

WEINVERKOSTUNG IN DER KELLEREI DOURAKIS

ÖKO

Weinliebhaber sollten von Apokóronas einen Abstecher südlich der Nationalstraße in das familiär geführte Weingut Dourakis nahe dem Dorf Alíkambos machen. Seit 1986 baut Winzer Andréas Dourákis einheimische (z.B. Kotsifáli) und ausländische Rebsorten an und führt seine Gäste durch die alte, liebevoll restaurierte Kellerei mitten im Grünen. Er hat seinen »Kellermeister« im Staatsweingut Weinsberg in Baden-Württemberg gemacht und spricht, wie auch sein Sohn Antónis, etwas Deutsch. In der gemütlichen Probierstufe im Obergeschoss hat man die Möglichkeit, die 17 Weine der Kellerei zu probieren, darunter auch die zwei Bioweine »Epiloges Douraki«. In einem Ausstellungsraum wird altes Winzer-Werkzeug gezeigt.

Dourakis Winery. Hauptstraße zwischen Vrísses und Alíkambos, Tel. 28 25 051 761, tgl. 10–14 Uhr und 16–18.30 Uhr. www.dourakiswinery.gr

Sowohl zu Fuß als auch mit dem Auto erreicht man das Kloster Ágios Geórgios, etwa 2 km südlich von Vámos Richtung Vrísses. Das Kloster aus dem 16. Jahrhundert wurde während der osmanischen Besatzung unterdrückt. Erst nach 1821 bekamen die Mönche mehr Freiheiten. Sie durften Land kaufen und begannen 1829 mit der Kultivierung von Olivenbäumen. 1860 wurde dann auch die angeschlossene Olivenpresse errichtet. In dem imposanten Gebäude der ehemaligen Olivenölfabrik sind noch zwölf Bögen erhalten, die die traditionelle Architektur jener Zeit widerspiegeln. Das 1923 größtenteils zerstörte Kloster wird seit 1996 wieder bewohnt. Der hochmotivierte Abt Dorothéos ließ es liebevoll restaurieren.

Baden, Wassersport und Surfen

Das südwestlichste Dorf der Apokóronas-Halbinsel ist der geschäftige Küstenort Kalíves. Dank des 300 m langen Sandstrands erbauten zahlreiche Zuwanderer Ferienhäuser. Heute ist der Ort fest in britischer Hand. Am Ortszentrum liegt in der Flussmündung des Mesopótamos ins Meer ein kleiner Hafen.

Folgt man der Küstenstraße nordöstlich, kommt man auf dem Weg nach Almirída an den Ruinen einer kleinen frühchristlichen Basilika aus dem 11. Jahrhundert mit einem Bodenmosaik vorbei. Das kleine Almirída ist ein touristischer Badeort mit zwei kurzen Sandstränden. Er zieht viele Individualtouristen an. Junge Leute schätzen das Wassersportangebot und den von Franzosen geführten Windsurf-Spot.

Filmreife alte Dörfer

Das noch recht unberührte Dorf Kókkino Chorió liegt kurz vor dem Kap Drápano. Die meisten Fremden kamen wahrscheinlich 1964 während der Dreharbeiten für den Film »Alexis Zorbas« hierher. Das »rote Dorf« mit seinen schmalen Gassen war damals die Kulisse für viele der Filmszenen. Heute besuchen Touristen hier hauptsächlich die Glasbläserei von Andréas Tsombanákis, in der meist polnische Glasbläser schöne Vasen, Lampen und weitere Objekte aus Altglas fertigen.

Die Straße durchquert Drápano und Palelóni. Von der Straße, die durch Drápano und Palelóni nach Kefalás führt, zweigt bei Palelóni eine Stichstraße in die winzige, felsige und zum Schnorcheln geeignete Badebucht Ombrósgialos ab. In Kefalás stammt die Architektur teilweise noch aus osmanischer und venezianischer Zeit. Das 350 m hoch gelegene Dorf ist über 800 Jahre alt und bietet einen schönen Blick über die Bucht von Réthimno. Gleich neben der Schule sind am Dorfplatz die Steinwände einer venezianischen Olivenpresse erhalten.

Schönes Gavalochóri

Viele alte Natursteinhäuser prägen das kleine Dorf Gavalochóri im Landesinneren. An der Platía kann man bei der Frauengenossenschaft selbst gemachte Marmelade, die landestypischen in Zuckersirup eingelegten Früchte sowie Schnitzereien, Stein-

Oben: Almirída liegt malerisch an der Ostküste der Apokóronas-Halbinsel.
Mitte: Der Mosaikboden der frühchristlichen Basilika bei Almirída ist noch gut erhalten.
Unten: Der schöne Sandstrand von Almirída wird von weißen Kalkfelswänden eingerahmt.

Oben: Der kleine Fluss, der bei Kalíves ins Meer mündet, bietet den Fischerbooten Schutz.
Unten: Vámos besticht durch traditionelles kretisches Leben. Kinder spielen hier auch abends noch in den Straßen.

metz-, Töpfer- und Webarbeiten kaufen. Wie man früher in dieser Region lebte, zeigt das von der Platía aus ausgeschilderte Folkloremuseum in einem venezianisch-osmanischen Gebäude. 500 m östlich der Platía befinden sich rechts der Straße zwölf steinerne Brunnen aus byzantinischer Zeit.

Antikes Áptera

Am südöstlichen Fuß von Apokóronas liegen die Reste der antiken Stadt Aptéra auf einem 200 m hohen Felsplateau. Am Steilabhang steht zudem eine osmanisch-venezianische Burg. Der Name der Stadt geht auf einen griechischen Mythos zurück: Mit einem Musik-Wettstreit kämpften Sirenen und Musen um den Besitz der Soúda-Bucht. Als die Musen siegten, fielen die Flügel der Sirenen in die Bucht und bildeten die kleinen Soúda-Inseln. So bekam die im 8. Jahrhundert v. Chr. gegründete Stadt den Namen »ohne Flügel«.

Áptera war in der Antike eine der wichtigsten Städte der Insel und spielte eine große Rolle in der kretischen Außenpolitik. Ihre Blütezeit erlebte sie ab dem 4. Jahrhundert v. Chr. Bis zu 3 m Höhe erreicht die einst 3480 m lange Mauer, die Áptera seit dem 3. Jahrhundert v. Chr. umgab. Außer einer venezianischen Klosteranlage sind zwei überwölbte römische Zisternen mit einem Gesamtfassungsvermögen von 6000 m^3 und die Reste einer römischen Therme erhalten. Im südlichen Teil erkennt man noch die Grundmauern einer römischen Villa und ein hellenistisch-römisches Theater.

Die osmanische Burg von 1872 am Nordostrand des Geländes bietet einen tollen Panoramablick über die Bucht von Soúda. Erbaut wurde sie gleichzeitig mit der tief unterhalb an der Nationalstraße liegenden Festung Izzedin, die bis Ende des 20. Jahrhunderts noch als Gefängnis diente.

Infos und Adressen

SEHENSWÜRDIGKEITEN

Folkloremuseum. Gavalochóri, Tel. 28 25 023 222, Mo–Sa 9–19 Uhr, So 11–18 Uhr, Eintritt 2 €.

Kloster Ágios Geórgios. Karídi, Tel. 28 25 051 996, tgl. 7.30–14 und 16.30–20 Uhr.

ESSEN UND TRINKEN

Sterna tou Bloumousifi. Im gemütlichen Garten werden inseltypische und kreativ veränderte Spezialitäten serviert. Vámos, Durchgangsstraße, Tel. 28 25 022 932.

Psaros. Seit 1954 gibt es in der Taverne am Strand gute Fischgerichte. Almirída, östliches Strandende, Tel. 28 25 031 401.

ÜBERNACHTEN

Vamos Palace. Kleines Hotel mit modernen, geräumigen Studios und Apartments mit Pool. Vámos, Tel. 28 21 043 296, www.vamos-palace.gr

Almyrida Beach. Resort aus drei unterschiedlichen Komplexen am Strand mit Zimmern, Apartments und Suiten verschiedener Kategorien. Almirída, Uferstraße, Tel. 28 25 032 284, www.almyridabeach.com

Tavernen am Flüsschen Mesopotamós in Kalíves.

Im Art of Living fällt die Entscheidung schwer.

AUSGEHEN

Liakoto. Von der Terrasse des Art-Cafés hat man einen schönen Blick auf die Weißen Berge und das Tal. Vámos, nahe dem Reisebüro, Tel. 28 25 22 932.

EINKAUFEN

Myrovolo. Im kleinen Laden bekommt man u.a. *rakí*, Olivenöl oder Produkte wie Kupferkännchen für griechischen Mokka. Vámos, nahe dem Reisebüro, Tel. 28 25 022 996.

Art of Living. Große Auswahl an diversen Glasobjekten, die gut verpackt auch ins Ausland verschickt werden. Kókkino Chorió, Tel. 28 25 031 194, www.artofliving.gr

AKTIVITÄTEN

UCPA Sports. Vermietung von Windsurf-Ausrüstungen, Kayaks und Katamaranen. Almirída, Uferstraße, Tel. 28 25 031 443.

Dream Adventure Trips. Schlauchboot-Ausflüge zu Höhlen der Apokóronas- und der Akrotíri-Halbinsel mit Schnorchelgelegenheit. Almirída, am Strand, Tel. 69 44 357 383, tgl. ab 10 Uhr alle zwei Stunden.

34 Arkádi und Archéa Eléftherna

Nationalheiligtum und unbekannte Ausgrabung

Das bergige Hinterland südöstlich von Réthimno birgt eins der bedeutendsten Klöster des kretischen Widerstandstandskampfs. Ganz in der Nähe liegen inmitten von Johannisbrot- und Olivenbäumen die Überreste der antiken Stadt Archéa Eléftherna und das für seine Töpfereien bekannte Dorf Margarítes. Ausflüge zu den Sehenswürdigkeiten und durch die stillen Dörfer kann man auch gut per Moped oder Mountainbike unternehmen.

Mitte: Das Kloster Arkádi ist das bedeutendste kretische Nationaldenkmal aus dem Kampf um die Befreiung von den Osmanen.
Unten: Die Klosterkirche von Arkádi birgt einige wertvolle Ikonen, auch aus Silber.

Für Kreter ist das Kloster Arkádi am Rand der Arkadiótiko-Schlucht das Sinnbild des Widerstandswillens gegen jegliche Fremdherrschaft. In diesem Kloster auf einem kleinen Hochplateau sprengten sich 1866 im Kampf gegen die Türken Hunderte Männer, Frauen und Kinder selbst in die Luft. Heute ist es eines der meistbesuchten Klöster von Kreta.

Nationales Denkmal: Freiheit oder Tod

Am 1. Mai 1866 versammelten sich kretische Rebellen, um einen Aufstand gegen die osmanischen Herrscher zu planen. Zum Anführer für die Provinz Réthimno wählten sie den amtierenden Abt des Klosters Arkádi, der trotz Bedenken eines Beraters der griechischen Armee versuchte, Hunderte Menschen hinter den Klostermauern zu schützen. Als sich im November desselben Jahres etwa 2000 türkische Soldaten auf den Weg zur Hochebene machten, verschanzten sich 964 Kreter, 300 Männer mit ihren Frauen und Kindern, im Pulvermagazin des Klosters. Sobald die Türken eindrangen und sich um das Magazin versammelten, sprengte der heute als Nationalheld geltende Kóstas Giamboudákis sie allesamt in die Luft. Den freiheitsliebenden Kretern schien dies die einzige Möglichkeit, sich der Unterdrückung durch die Türken zu entziehen.

Der Massenselbstmord bewegte damals die gesamte westliche Welt. Philhellenen forderten ihre Regierungen auf, die Kreter in ihrem Freiheitskampf zu unterstützen. Westeuropa hatte indessen andere Sorgen – zur gleichen Zeit fand der Deutsch-Österreichische Krieg statt – und wollte sich nicht einmischen.

Im Kloster Arkádi

Noch heute wirkt das Kloster in völliger Einsamkeit mit seinen hohen Mauern kampfbereit. Die ehemalige Windmühle gegenüber wurde zum Mausoleum umgebaut. In Vitrinen werden Schädel und Gebeine der Opfer von 1866 aufbewahrt. Die zweischiffige Klosterkirche mit ihrer verzierten Fassade innerhalb der mit wenigen Fenstern durchbrochenen Klostermauern ist ein schönes Beispiel kretischer Renaissance. Die 1587 erbaute Kirche krönt ein verschnörkelter Glockenturm mit drei Glocken. Das Nordschiff der Kirche ist der Verklärung Christi und das Südschiff den Heiligen Konstantin und Helena geweiht. Alle alten Ikonen wurden 1866 zerstört.

Links der Kirche weist ein Pfeil an einer alten Zypresse auf ein türkisches Geschoss hin, das seit 1866 in dem Baum steckt. Im Museum werden Ikonen und Exponate vom Widerstandskampf gezeigt. Das 1866 zerstörte Kloster wurde schon im

AUTORENTIPP!

TÖPFERDORF MARGARITES

Im Töpferdorf Margarites wurden schon vor Jahrhunderten die großen Vorratsgefäße *píthoi* hergestellt. Im Juli und August kann man den Handwerkern auch heute noch in zwei Werkstätten am Ortseingang bei der Herstellung der *píthoi* über die Schulter schauen. Kleinere Tonobjekte für jeden Geschmack und Geldbeutel findet man bei einem Bummel durch die kleineren Töpfereien im Ortskern.
Tradition und Moderne verbindet Giórgos Dalamvélas in seinem Atelier »Kerameion« an der Hauptstraße. Der Künstler arbeitet hauptsächlich mit dem hochwertigen Ton aus der Gegend, der am Fuß des Psiloritis abgebaut wird. Dieser muss nur einmal gebrannt werden und benötigt keine Glasur. Der langen Familientradition folgt hingegen Altmeister Manólis Syragópoulos (Jahrgang 1925). Außerhalb des Dorfes betreibt er die letzte Töpferei alter Schule: ganz ohne Elektrizität, mit manuellen Tonscheiben und holzbefeuertem Ofen.

Oben: Vom mittelalterlichen Turm in Archéa Eléftherna genießt man einen schönen Ausblick auf das Tal.
Mitte: Die Ausgrabungen bei Archéa Eléftherna sind meist nur über Zäune hinweg einsehbar.
Unten: Interessant für Naturfreunde: das Gebiet rund um Eléftherna.

Jahr 1870 wieder aufgebaut. Heute sieht es nach gründlicher Restaurierung anders aus; nur das Pulvermagazin hat man als Denkmal ohne Dach erhalten.

Antikes Eléftherna

Im Vergleich zum Kloster Arkádi wirken die Ausgrabungen von Archéa Eléftherna 10 km östlich für Laien recht unspektakulär. Allerdings liegen die Ausgrabungen in bezaubernder Landschaft. Sie verteilen sich in einem tiefen Taleinschnitt. Dank der im Dorf ausgehängten Pläne sind sie auch gut zu finden. Die im 8. Jahrhundert v. Chr. von den Dorern erbaute Siedlung wird seit 1985 von griechischen Archäologen freigelegt.

Die Akropolis des antiken Eléftherna liegt auf einem von zwei Schluchten umgebenen Felsplateau. Der Fußweg führt von einer Taverne zunächst zu den Überresten eines mittelalterlichen Turms. Folgt man dem Weg bergab, gelangt man nach wenigen Minuten zu sechs riesigen, in den Fels geschlagenen Zisternen, die ein Aquädukt mit Wasser versorgte. Weiter unten im Tal laden die Ruinen eines unbekannten Bauwerks im Schatten von Olivenbäumen zu einem Picknick ein.

Ganz in der Nähe bei »Orthí Pétra« befindet sich eingezäunt unter einem Schutzdach eine Nekropole aus geometrischer Zeit. Weiter nördlich gelangt man zu einer hellenistischen Brücke und römischen Häusern aus dem 2. Jahrhundert. Am östlichen Ortsausgang weist das Schild »Ancient Town« auf die ebenfalls umzäunten Überreste der bedeutendsten Ausgrabungen von Archéa Eléftherna hin. Zu erkennen sind die Reste hellenistischer und römischer Häuser mit Abwassersystem, eine römische Therme und die Fundamente einer dreischiffigen Basilika aus dem 6. Jahrhundert.

Infos und Adressen

SEHENSWÜRDIGKEITEN

Kloster Arkádi. Arkádi, Tel. 28 31 083 135, April–Mai & Okt. tgl. 9–19 Uhr, Juni–Sept. tgl. 9–20 Uhr, Nov.–März tgl. 9–16 Uhr, www.arkadimonastery.gr

Archéa Eléftherna. Turm und Zisternen sind frei zugänglich, die restlichen Ausgrabungen kann man aber nur über Zäune hinweg sehen.

Im Museum von Arkádi werden Ikonen ausgestellt.

ESSEN UND TRINKEN

Mantalos. Ideal für eine längere Rast ist die beliebte Taverne am Dorfplatz von Margarítes. Unter Maulbeerbäumen werden köstliche kretische Gerichte serviert. Margarítes, Tel. 28 34 092 294.

ÜBERNACHTEN

Kouriton House. In dem winzigen Dorf werden in einem restaurierten Natursteinhaus von 1750 sieben traditionell eingerichtete Zimmer und Maisonetten vermietet. Tzanakianá, 300 m nördlich von Margarítes, Tel. 28 31 055 828. www.kouritonhouse.gr

Byzantinische Kapelle bei Archéa Eléftherna.

Kapsaliana Village. Auf dem Gelände der alten Olivenpresse der Klosters Arkádi wurden in Steinhäusern 17 elegante Wohneinheiten mit traditionellem Flair geschaffen. Toller Blick vom Pool auf die Küste. Kapsalianá, 4 km nördlich von Arkádi, Tel. 28 31 083 400, www.kapsalianavillage.gr

AKTIVITÄTEN

Mountainbike. Wer die Gegend mit dem Mountainbike erkunden möchte, startet am besten an der Nordküste östlich von Réthimno. Zu empfehlen sind geführte Touren mit Begleitbussen, da Arkádi auf etwa 500 m Höhe liegt.

Olympic Bikes. Fahrradverleih und Spezialist für geführte Mountainbiketouren. Adelianós Kámpos, 7 km östlich von Réthimno, Uferstraße (hinter der EKO-Tankstelle), Tel. 28 31 072 383, www.olympicbike.com

Ein schattiges Plätzchen: im Klosterhof von Arkádi.

Mitte: In der Gebirgswelt des Psilorítis produzieren Hirten Schafskäse noch auf althergebrachte Weise. **Unten:** In den Souvenirgeschäften von Anógia bekommt man schöne und auch preiswerte Web- und Häkelarbeiten, daneben aber auch viel Industrieware.

35 Anógia und Zonianá

Zu Schaf- und Ziegenzüchtern, Musikern und Rebellen

Die Bewohner von Anógia, einem der bekanntesten Bergdörfer Griechenlands am Nordhang des Psilorítis-Gebirges, pflegen ihre Traditionen, den Zusammenhalt und die Gastfreundschaft. So laden sie auch schon mal Fremde spontan zu einer Hochzeit ein. Die Nachbardörfer Zonianá und Axós warten mit außergewöhnlichen Museen und einer Tropfsteinhöhle auf.

Im größten Bergdorf Kretas leben die Bewohner ganzjährig von der Schaf- und Ziegenzucht, auch wenn sie sich in den Sommermonaten nebenbei mit dem Tourismus beschäftigen. Auf der nahen Nída-Hochebene halten sie etwa 50 000 Schafe. Dort sieht man mit etwas Glück auch noch Hirten in ihren auffälligen überwölbten Steinhütten *mitáta* bei der Arbeit. Das »touristische« Zentrum Anógias mit den drei Dorfplätzen Meintáni, Armí und Perachóri konzentriert sich zwischen Ober-

MAL EHRLICH

HOCHZEITEN

Die traditionellen Hochzeiten in Anógia sind griechenlandweit bekannt. Mit meist mehr als 2000 Gästen finden sie im Sommer auf den Dorfplätzen statt. Begleitet von Lyraspielern und Freudenschüssen aus Maschinengewehren schreiten Braut und Bräutigam durch die Straßen. Besucht man Anógia an einem Hochzeitswochenende, wird man oft eingeladen, an der Hochzeit teilzunehmen. Beachten sollten Sie, dass Lieder oft von einzelnen Gruppen bestellt werden. Tanzen sollte man also nur, wenn man dazu aufgefordert wird.

und Unterdorf entlang der Hauptstraße. Traditionelle Bauten sucht man in Anógia vergeblich: In den vergangenen zwei Jahrhunderten, zuletzt am 15. August 1944, wurde das Dorf dreimal zerstört und wieder aufgebaut. Beim letzten dieser tragischen Ereignisse ermordeten deutsche Soldaten alle männlichen Bewohner, die sie im Umkreis von 1 km fanden. Vor dieser grausamen Tat war ein deutscher Offizier getötet worden, und die Dorfbewohner hatten die Entführung des deutschen Generals Kreipe unterstützt.

Dorfplatz Meintáni

Ein beliebter Treffpunkt in Anógia ist die obere Platía mit der bis in den Abend geöffneten kleinen Kirche Ágios Geórgios. Sie wurde vollständig mit neuen Wandmalereien im traditionellen Stil ausgemalt. Vor der Kirche sitzen viele junge Leute, Einheimische und Touristen an den zahlreichen Tischen der *kafenía*. In diesem Ortsteil sind auch die Minimärkte und die meisten Tavernen zu finden.

Rathausplatz Armí

An die Geschehnisse aus dem Zweiten Weltkrieg erinnert ein Denkmal vor dem Rathaus. Ein aufgeschlagenes Buch aus Stein zeigt die Anordnung des deutschen Generals Friedrich Wilhelm Müller, Anógia zu zerstören. Außerdem informiert es über den Tapferkeitsorden, das dem Dorf im Mai 1946 verliehen wurde. Das Denkmal schräg gegenüber ist den im Kampf gegen die Italiener Gefallenen, den von den Deutschen getöteten Dorfbewohnern und den Opfern des Bürgerkriegs gewidmet. Einige Schritte weiter steht an der Hauptstraße die Bronzestatue des »Unbekannten Anogianers«, die an den Widerstandswillen der einheimischen Bevölkerung erinnern soll: gegen die Osmanen in den Jahren 1822 und 1867 sowie gegen die Deutschen 1944.

AUTORENTIPP!

SKULPTUREN AUS DEM HOLZ DER INSEL

Im Nachbardorf Axós schafft der junge Holzschnitzer Giórgis Koutántos riesige Skulpturen. Er kann bereits eine Sammlung von über 100 Kunstwerken vorweisen. Schon als Neunjähriger hauchte der Autodidakt diversen Rohstoffen Leben ein. Er arbeitete zunächst mit Gips und Ton, beschloss dann jedoch, sich dem Holz zu widmen, da dieses nicht zerbricht.

Für seine Skulpturen sammelt Giórgis auf der gesamten Insel ganze, ausgetrocknete Baumstämme von Zypressen, Eichen, Eukalyptusbäumen und Kiefern. Seine Werke thematisieren die kretische Kultur und Natur, Szenen aus dem alltäglichen Leben, Märchen wie die »Kleine Meerjungfrau« von Hans Christian Andersen. Auch Menschen aus seiner Umgebung bildet er ab wie in dem Werk »Der Lyra-Spieler« oder »Der Mann«, der unschwer an seinem markanten, typisch kretischen Schnäuzer zu erkennen ist.

Wooden Sculptures Museum. Axós, Hauptstraße, Tel. 69 37 691 387, tgl. 9–20 Uhr, Eintritt 5 €, www.woodenmuseum.gr

Oben: Das *kafenío* Platía tou Syntágmatos in Perachóri ist alltäglicher Treffpunkt der Männer.
Mitte: Nirgendwo sonst auf Kreta trifft man so viele Bewohner in traditioneller Tracht.
Unten: Die Bronzestatuen in Anógia erinnern an die Widerstandskämpfe.

Künstlerviertel Perachóri

Im unteren Dorfteil Anógias fallen die traditionsbewussten Anogianer stärker auf als im Oberdorf. Viele ältere Herren sind recht dunkel gekleidet, tragen schwarze Hemden und die herkömmliche *kilóta*, eine beige-braune Hose mit breitem Schritt und einem zum Saum hin schmaler werdenden Bein. Auf dem Kopf tragen sie das schwarze *saríki*, das kretische Fransenkopftuch. Im *kafenío* »Platía tou Syntágmatos« spielen abends oft Einheimische auf der Lyra und dichten manchmal sogar noch die 15-silbigen kretischen Reimpaare *mantinádes* (siehe S. 142).

In dem kleinen privaten Museum von Alkiviádis Skoulás werden Gemälde und Holzplastiken präsentiert. Sein Sohn, der alte Herr Geórgios, der das Museum führt, spielt ebenfalls gern ein paar Takte auf der Lyra und freut sich über einen kleinen Obolus. Im Gebäude des zweiten Museums wurde der berühmteste kretische Musiker Níkos Xiloúris (1937–1980) geboren. Seine Klänge sind auf Kreta und in ganz Griechenland bis heute beliebt.

Rebellisches Zonianá

Im Nachbardorf Zonianá lohnt ein Besuch der 550 m langen Tropfsteinhöhle Sfendóni am Dorfrand. Im Wachsfigurenmuseum Potamiós stellen 104 lebensgroße Figuren Szenen aus der kretischen Geschichte dar. Zonianá machte vor einigen Jahren als Zentrum des illegalen Haschischanbaus der Insel Schlagzeilen. Die Polizei entdeckte hier im November 2007 mafiaähnliche Strukturen, tonnenweise Drogen und zahlreiche illegale Waffen. Erstmals seit Jahren wagte sich die Polizei in das Dorf, dessen Bewohner geschlossen Widerstand leisteten. Mittlerweile wurden viele der Drogenbarone verurteilt.

Infos und Adressen

SEHENSWÜRDIGKEITEN

Tropfsteinhöhle Sfendóni. Zonianá, Tel. 28 34 061 734, tgl. 10–17 Uhr, Eintritt 4 €.
Wachsfigurenmuseum. Zonianá, Tel. 28 34 061 087, tgl. 10–19.30 Uhr, Eintritt 3,50 €.

Alles selbstgemacht: Wachsfigurenmuseum in Zonianá.

ESSEN UND TRINKEN

Ta Skalomata. Die älteste Taverne des Dorfs bietet eine große Auswahl an Grillgerichten und schmackhafte kretische Küche zu einem guten Preis. Anógia, Meintáni, Tel. 28 34 031 316.
Arodamos. Von der ersten Etage hat man eine schöne Aussicht auf das Psiloritis-Gebirge. Spezialitäten sind gebratenes Lamm mit Kartoffeln oder gekocht mit Nudeln. Anógia, Hauptstraße Ortseingang, Tel. 28 34 031 100.

ÜBERNACHTEN

Marina. Eine schöne Aussicht über das Tal bieten alle zwölf modernen Zimmer mit Kamin, Küchenzeile und Balkon. Anógia, Oberes Dorf, nördliche Umgehungsstraße, Tel. 28 34 031 817. www.marinahotelanogia.gr
Delina Mountain Resort. Anlage mit Innenpool, Sauna und 13 traditionell, aber mit modernem Komfort eingerichteten Zimmer. Anógia, 2 km Richtung Nída, Tel. 28 34 031 701, www.delina.gr
Enagron. Das Feriendorf mit seinem Pool und den 32 Apartments, die in Natursteinhäusern mit viel Platz untergebracht sind, liegt inmitten von Weinbergen und Olivenhainen. Umfassend ist auch das Angebot an Aktivitäten: Landwirtschaftsarbeiten, Wanderungen, Mountainbiketouren etc. Axós, unterer Dorfrand, Tel. 28 34 06 16 11, www.enagron.gr

VERANSTALTUNGEN

Yakinthia. Jährlich organisiert der kretische Musiker »Ludovíkos von Anógia« mit seinem Team in der letzten Juli-Woche außerhalb Anógias das dreitägige Festival mit Open-Air-Konzerten. Hirten aus der Region und dem Ausland kochen landestypische Gerichte. Infos: Aushänge und über die Webseite www.yakinthia.com

Das Platía tou Syntágmatos schmücken Fotos aus alten Zeiten.

Mitte: Die kleinen Dörfer im Amári-Tal entzücken durch ihre Hanglage mitten im Grünen.
Unten: Im Amári-Tal können sich Besucher an verstreut liegenden byzantinischen Kirchen satt sehen.

36 Das Amári-Tal

Traditionelle Dörfer mitten in der Natur

Zwischen der rauen Welt des Psiloritis- und des Kédros-Gebirges liegt das grüne Amári-Tal. Die sich an die Hänge schmiegenden Dörfer lassen sich vom touristischen Trubel der Insel nicht beeinflussen. Das Tal beeindruckt durch Stille und unberührte Natur. Zu entdecken gibt es Zeugnisse aus minoischer und antiker Zeit und zahlreiche verstreut liegende byzantinische Kapellen.

Der Tourismus hat in den rund 40 Dörfern des Amári-Tals noch keine Wurzeln geschlagen. Menschen und Landschaft haben sich ihre Natürlichkeit bewahrt. Zwischen Mandel-, Oliven-, Birnen-, Apfel- und Kirschbäumen verstecken sich einige der ursprünglichsten Dörfer Kretas. Für die Bewässerung des Landes sorgen zwei Stauseen und die zahlreichen das Tal durchlaufenden Flüsse. Der schmale Ligiótis mündet z.B. im Libyschen Meer und der breiteste Fluss des Tals, Stavromána oder Platané, an der Nordküste.

MAL EHRLICH

VERSCHLOSSENE KIRCHEN

Eigentlich öffnen Priester oder andere zuständige Personen aus dem Dorf die meisten, touristisch interessanten Kirchen auf Kreta tagsüber und schließen sie bei Sonnenuntergang wieder ab. Im seltener besuchten Amári-Tal sind einige Kirchen jedoch nur auf Anfrage zugänglich. In diesem Fall wendet man sich am besten an das *kafenío* des Dorfs. Die Mittagszeit sollten Sie allerdings meiden – auch Priester halten Mittagsruhe!

Der Stausee Amaríou und das Bergdorf Spíli

Fährt man das Amári-Tal von der Nordküste aus an, erreicht man es entweder über das Kloster Arkádi (siehe S. 198) oder das kleine Dorf Prassiés mit einigen venezianischen Gebäuden und seiner auffälligen alten Olivenölmühle. Die Strecke von Prassiés führt über die Staumauer des 2008 in Betrieb genommenen Stausees Amaríou, der idyllisch zwischen Hügeln eingebettet ist. Dort soll genügend Wasser für die etwa 85 km² Ackerland des Tals gespeichert werden.

Sowohl von Norden als auch von Süden ist das Amári-Tal auch über die Hauptverbindungsstraße zwischen Réthimno und der Südküste vom Dorf Spíli aus erreichbar. Kommt man aus Réthimno, prägt der Bischofspalast am Ortseingang das Bild. Hauptattraktion des lebhaften Dorfs ist ein venezianischer Brunnen an der Platía. Aus 19 restaurierten Löwenköpfen plätschert das Wasser, das sich auch gut zum Auffüllen mitgebrachter Wasserflaschen eignet. Gleich gegenüber laden Cafés zu einer Rast ein. In den engen Gassen liegt ein kleines, tagsüber geöffnetes Folklore-Museum, das traditionelle landwirtschaftliche und handwerkliche Geräte ausstellt. Von Spíli führt die Straße über das bis zu 1777 m hohe Kédros-Gebirge ins Amári-Tal. Die von kretischen Tulpen- und Orchideenfeldern gesäumte Straße bietet beeindruckende Ausblicke auf das Psiloritis-Gebirge und die Weißen Berge.

Kirschprodukte in Gerakári

Über Spíli kommt man nach Gerakári, das wegen der süßen Leckereien des Amári-Tals einen Stopp lohnt. Dort dreht sich im Laden von Déspina Bolioudáki so gut wie alles um Kirschen, die es nach

AUTORENTIPP!

ESSEN GEHEN MIT DER FAMILIE

Für die Kreter ist es am Wochenende wichtig, viel Zeit mit Familie und Freunden zu verbringen. Großfamilien aus Réthimno treffen sich in der großen Land-Taverne »Drymos« am Eingang der üppig-grünen, 5 km langen Schlucht Ágios Antónios von Patsós. Denn dort ist nicht nur das kretische Essen gut, sondern auch die Stimmung. Für die Kleinen bietet das weitläufige Gelände mit Spielplatz, Zoo und einem volkskundlichen Freilichtmuseum Platz zum Toben.
Vor oder nach dem ausgiebigen Mittagessen lohnt ein Spaziergang in die wild-romantische Schlucht mit ihrer Felskapelle, die schon zu minoischen Zeiten als Heiligtum galt. Ein beschilderter und befestigter Pfad verläuft von hier parallel zum ganzjährig Wasser führenden Fluss. Später überquert man eine Holzbrücke und folgt dem Weg durch die mit Platanen bewachsene, schattige Schlucht. Inmitten der schroff aufragenden Felswände wachsen viele kretische Alpenveilchen.

Drymos. Patsós, nördlich des Dorfs (ausgeschildert), Tel. 28 33 061 300, www.taverna-drimos.gr

AUTORENTIPP!

AKTIVURLAUB AUF DEM DORF
Lámbros Papoutsákis hat sich in seinem Heimatdorf Thrónos auf seinem Hof Araváne s gemeinsam mit seiner Familie einen kleinen Traum erfüllt. Oberhalb der Taverne, in der oft kretische Lyramusik gespielt wird, vermietet er fünf Zimmer mit Balkonen und einer großartigen Aussicht auf das Tal sowie die umliegenden Gebirge Kédros und Psiloritis. Auf dem Hof gibt es einen Kinderspielplatz und eine Bühne für Theaterseminare oder Folkloreveranstaltungen. Im September können Gäste bei der Weinernte helfen, im Oktober kann man bei der *rakí*-Destillation zuschauen. Wer mag, kann auch beim Dreschen oder Kräutersammeln helfen. Lámbros und sein Sohn Giórgos geben gern Tipps zu Wanderrouten in der Umgebung. Mit Voranmeldung steigt Giórgos mit Besuchern in Vollmondnächten auf den Psiloritis, dessen Gipfel bei Sonnenaufgang einen spektakulären Blick über die Insel bietet.

Aravanes. Thrónos, etwa 100 m von der Hauptstraße entfernt (ausgeschildert), Tel. 28 33 022 760.

Die Fresken in der byzantinischen Marienkirche in Thrónos sind noch gut erhalten.

Das Kloster Asomáton aus dem 17. Jahrhundert.

der Ernte im Juni auch frisch zu kaufen gibt. In der restlichen Zeit des Jahres kann man sich mit ihrem selbst gebrannten Cherry-Brandy anfreunden. Alle, die es lieber alkoholfrei mögen, sollten die erfrischende Sauerkirschlimonade *wissináda* oder die Zimtlimonade *kanellâda* probieren.

Üppig grün: Méronas

Das 620 m hoch gelegene Dorf Méronas beeindruckt mit einem hervorragenden Talblick, großen Platanen und hier entspringenden Quellen. Sehenswert ist die byzantinisch-venezianische Panagía-Kirche an der Hauptstraße mit Fresken und Ikonen aus dem 14. Jahrhundert. Dass das Südschiff der dreischiffigen Kirche aus venezianischer Zeit stammt, ist gut an seinem verschnörkelten Eingang zu erkennen.

Hoch über dem Tal

In dem 540 m hoch gelegenen Dorf Thrónos führen die Wege der drei beschriebenen Anfahrtsstrecken zusammen. Der schönen Aussicht wegen lohnt der zehnminütige, ausgeschilderte Fußweg (»Greek Italian Excavation«) auf den Hügel »Kefála«, auf dem die antike Siedlung Sívritos stand, die während der römischen Zeit aufblühte. Die spärlichen Überreste einiger Haus- und Befestigungsmauern wurden von italienischen Archäologen ausgegraben.

Im Dorfkern sollte man entweder im *kafenío* von Méri Alexáki oder in der Taverne Araváanes den Schlüssel für die byzantinische Kirche Panagía aus dem 14. Jahrhundert abholen. Sehenswert ist das erhaltene Bodenmosaik einer Basilika aus dem 7. Jahrhundert, auf dessen Grundmauern die Panagía-Kirche erbaut wurde. Außerdem sind im Kircheninneren auch Fresken aus dem 14. Jahrhundert erhalten.

Das namensgebende Dorf Amári

Ein kurzer Abstecher lohnt von Thrónos aus in den 200-Seelen-Ort Amári, der einst Hauptstadt des Landkreises war und dem das gesamte Tal seinen Namen verdankt. Ein winziges, tagsüber geöffnetes Folklore-Museum an der Platía zeigt landwirtschaftliche Geräte und Haushaltsobjekte eines traditionellen kretischen Haushalts. Von hier aus kann man in etwa fünf Minuten zum Glockenturm von 1900 hinauflaufen, dessen Glocke aus venezianischer Zeit stammen soll. Viel älter ist die kurz hinter dem nördlichen Ortsausgang in einem Olivenhain gelegene Kirche Agía Anna aus dem Jahr 1196, die noch wenige Freskenreste aus dem Jahr 1225 birgt. Von hier führt der Weg durch Platanen und Olivenhaine zu dem verlassenen Kloster Asomáton.

Der Nabel des Tals: Moní Asomáton

Mit dem Duft von Thymian in der Luft erreicht man das verlassene Kloster Asomáton, eines der interessantesten Ziele im Amári-Tal. Umgeben von Palmen beherbergen die 1930 verlassenen Klosterräume heute eine Landwirtschaftsschule. In der

Oben: Die Kirchenschlüssel geben die Schlüsselwärter nur ungern her.
Mitte: Die Hauptattraktion des Bergdorfs Spíli ist der Brunnen mit seinen Wasser speienden Löwenköpfen.
Unten: Auf dem Land sind Schafe und Ziegen allgegenwärtig, hier bei Apostóli.

Oben: Eindrucksvoll erheben sich die Felswände des Psilorítis-Gebirges im Osten des Amári-Tals. **Mitte:** Im stillen Vizári zeugen die Häuser von traditioneller Architektur. **Unten:** Vom Tourismus ungerührt: Die Schafe auf ihrer Weide lassen sich nicht stören.

agrarwissenschaftlichen Versuchsstation versucht man u.a. die lokalen Schafrassen zu perfektionieren und den aussterbenden Birnenanbau aufrecht zu erhalten.

Umgeben von restaurationsbedürftigen Gebäuden, in denen die Mönchszellen untergebracht waren, liegt mitten auf dem ehemaligen Klosterhof die mit roten Ziegelsteinen bedeckte Klosterkirche, die dem Erzengel Michael geweiht ist. In ihrem Inneren erzählen fünf Ikonen an der Ikonostase die Geschichte von Adam und Eva.

Entlang der Psilorítis-Hänge

Der Weg führt vom Moní Asomáton durch eine Eukalyptus-Allee, Weinreben und Olivenbäume in das stille Dorf Vizári, in dem noch zwei Olivenholzschnitzer tätig sind. An der Platía macht ein Schild auf die »Bizari Basilica« aufmerksam, die man nach einigen Fahrminuten talwärts erreicht. Die Überreste der dreischiffigen Basilika stammen aus dem 5. Jahrhundert.

Über das große Dorf Fourfourás und über das vereinsamte Nithávri geht es nach Apodoúlou. Etwa 300 m vor dem Ortseingang weist das Schild »Late Minoan Tholos Tomb« auf ein erhaltenes spätminoisches Rundgrab hin.

Vom Dorfzentrum gelangt man zum »Minoan Settlement«, einer aus der Altpalastzeit stammenden Siedlung, die von einem modernen Dach vor Witterungseinflüssen geschützt wird. Auf derselben Strecke weist ein weiterer Wegweiser auf ein spannendes Ziel hin: Ein Feldweg endet an der Kapelle Ágios Geórgios, in der noch Fresken erkennbar sind. Noch viel eindrucksvoller ist die Aussicht auf das Libysche Meer mit den der kretischen Südküste vorgelagerten Paximádi-Inseln.

Infos und Adressen

ESSEN UND TRINKEN

Móscho ... boliés. In dem blumenreichen Garten mit Blick auf den Psiloritis fragt man am besten Wirtin Vasilikí, was sie gerade Leckeres gekocht hat. Méronas, Hauptstraße, Tel. 28 33 022 526.

Panakron. In der Taverne des Landguts Panakron werden köstliche kretische und regionale Gerichte aus lokalen Produkten serviert (s.u.).

Yannis. Auf der großen Terrasse der ältesten Taverne des Dorfs bekommt man eine große Auswahl kretischer Gerichte. Spíli, Hauptstraße Richtung Süden, Tel. 28 32 022 707.

Felswände im Licht der untergehenden Sonne.

ÜBERNACHTEN

Panakron. Das Landgut Panakron vermietet fünf traditionell, aber schlicht eingerichtete Gästehäuser für bis zu fünf Personen. Außerhalb des Klosters Asomáton (Richtung Thrónos), Tel. 28 33 022 120, www.panakron.gr

Elia. Die Apartmentanlage auf einem Hügel mit Blick auf das Tal und den Psiloritis bietet sechs Wohneinheiten mit je zwei Zimmern und Kamin für

Die byzantinische Kirche Agía Ánna bei Amári.

bis zu vier Personen und hat einen Pool. Méronas (ausgeschildert), Tel. 28 33 022 229. www.eliameronas.gr

EINKAUFEN

Déspina Bolioudáki. Kirschen in allen Variationen gibt es im Laden von Déspina Bolioudáki, u.a. selbst gemachte Marmelade und die landestypischen in Zuckersirup eingelegten Kirschen. Gegenüber der Taverne Gerakari, etwa 20 m von der Platía.

Erato. Bei der Frauenkooperative Erato bekommt man zahlreiche regionale Produkte ohne Konservierungsstoffe, z.B. hausgemachte Teigwaren, Gebäck, Öl, Gewürze, Wein etc. Agía Fotiní (ausgeschildert), Mo–Sa 10–14 Uhr.

Tavernen auf dem Land.

Mitte: Vom idyllischen Hof des Klosters Píso Préveli eröffnet sich eine faszinierende Sicht auf das Libysche Meer.
Unten: Besonders stolz sind die Mönche des Klosters Píso Préveli auf ihr neues Museum.

37 Préveli

Palmenschlucht und Kloster

Baden in Süß- und Salzwasser an einer Flussmündung inmitten schroffer Felswände hinter dem zweitgrößten Palmenhain der Insel. Préveli am Libyschen Meer bietet trotz des Brands von 2010 eines der schönsten Badeerlebnisse der Insel. Seinen Namen verdankt der Palmenstrand einem historischen Klosterkomplex. Eines der Klöster ist bis heute bewohnt.

Wer von der Nord- oder Südostküste nach Préveli fährt, kommt durch die 3 km lange Kourtaliótiko-Schlucht mit ihren bis zu 250 m hohen Felswänden. Links unterhalb der Straße verläuft der ständig Wasser führende Gebirgsfluss Megalopótamos, an dem die kleine Kapelle Ágios Nikólaos steht. Hier entspringen mehrere Quellen. Von den Parkbuchten kann man in etwa fünf Minuten zur Kapelle hinunterlaufen. Vereint mit dem zufließenden Fluss Kíssanos mündet der »Große Fluss« in der Bucht von Préveli ins Libysche Meer.

MAL EHRLICH

SCHNELLER ZUM STRAND

Der Blick auf die Bucht ist von dem beschriebenen Trampelpfad aus sehr beeindruckend. Doch spätestens auf dem Rückweg fällt auf, dass der Weg sehr anstrengend ist! Wenn man auf die Aussicht verzichten kann und mit dem Mietwagen keine Schotterpisten scheut, ist ein kürzerer Weg zum Préveli Beach zu empfehlen: Von der Steinbrücke geht es an der Taverne Géfira über eine mittelmäßige Schotterpiste zur östlichen Nachbarbucht Drimiskianó. Von hier sind es nur noch zehn Minuten Fußweg ohne große Steigungen bis zur Palmenoase.

Osmanische Brücke und Káto Préveli

Kurz bevor sich die Flüsse vereinen, liegt links der Straße eine der wenigen historischen Steinbrücken Kretas – eine osmanische Brücke von 1850, die immer noch begehbar ist. Folgt man dem Straßenverlauf ein wenig, sieht man linker Hand die beeindruckende Klosterruine von Káto Préveli, die einst das Gut des Klosters Píso Préveli war. Hier lebten zwischen dem 17. und 19. Jahrhundert die jüngeren Mönche des Konvents zusammen mit Arbeitern und Viehzüchtern, die die Ländereien des Klosters bestellten.

Zuflucht im Zweiten Weltkrieg

In Serpentinen führt die Straße zu einem modernen Denkmal hinauf, das einen Mönch und einen Commonwealth-Soldaten mit Gewehren zeigt. Es erinnert an die bedeutsame Rolle des Klosters während des Zweiten Weltkriegs, als die Mönche Hunderte australische und neuseeländische Soldaten und auch kretische Flüchtlinge in den Räumen der Klosteranlage versteckten. Von der Bucht von Préveli brachten britische U-Boote Soldaten und Flüchtlinge nach Ägypten. Die Mönche riskierten viel – und die Geretteten dankten es ihnen mit diesem Denkmal und großzügigen Geldspenden. Auch im Klosterhof von Píso Préveli erinnern Gedenktafeln an das uneigennützige Handeln der Mönche.

Ein wundertätiges Kreuz

Isoliert und mit weitem Blick über das Libysche Meer liegt am Ende der Straße in karger Felslandschaft das Kloster Píso Préveli. Seine zweischiffige Kirche wurde 1836 geweiht. Pilger kommen hauptsächlich wegen eines mit Edelsteinen be-

AUTORENTIPP!

DURCH DEN CANYON ZUM STRAND

Erfahrene Wanderer können im Sommer und Herbst von der Steinbrücke in etwa einer Stunde zum Préveli Beach wandern und waten. Wasserfeste Schuhe mit rutschfesten Sohlen und ein wasserdichter Beutel für Wertsachen sind für diese Wanderung unbedingt notwendig. Fliegende Händler verkaufen rund um die Brücke selbst geschnitzte Bambusflöten, selbst gemachten Schmuck u.a. Südlich der Taverne am linken Flussufer hat sich Sotíris sein eigenes, kleines Paradies geschaffen. Der Landwirt mit den Rastas hat zwischen Johannisbrotbäumen eine kleine Hütte gebaut und Hängematten aufgehängt. Zwischen Mai und August verkauft er dort Olivenöl, Wein, Honig, Gewürze, *rakí* (auch süßen mit Honig) und selbst hergestellte Minzen-, Bananen- und Rosenliköre. Flussabwärts geht es in dem urwaldartigen Gebiet von der Hütte aus durch Fluss und Canyon und Palmenhain zum Strand.

setzten goldenen Segenkreuzes hierher, das Wunder vollbracht haben soll. Als die Türken versuchten, das wertvolle Kreuz zu stehlen, luden sie es in ein Schiff, ließen es dann aber zurück. Auch die deutschen Truppen im Zweiten Weltkrieg fanden keine Erklärung, warum das funktionsfähige Militärflugzeug, in das sie das Kreuz geladen hatten, nicht in die Lüfte stieg. Sowohl Schiff als auch Flieger konnten erst starten, als man das Kreuz von Bord nahm. Heute schreibt man dem Segenkreuz Hilfe bei Augenkrankheiten zu. Gesegnet soll auch das aus einem Brunnen im Innenhof fließende Wasser sein. Die Inschrift mahnt die Gläubigen: »Reinige nicht nur deinen Körper, sondern auch deine Seele«. Ein kleines Museum zeigt liturgische Geräte, Gewänder und Ikonen.

Oben: Die Bogenbrücke nahe Káto Préveli ist noch begehbar.
Mitte: Unzählige Stufen führen vom Parkplatz über eine Aussichtsplattform zum Strand von Préveli.
Unten: An dem außergewöhnlichen Palmenstrand kann man sowohl in Salz- als auch in Süßwasser baden.

Préveli Beach

Der Palmenstrand schien nach einem großflächigen Brand im Jahr 2010 vernichtet, doch ca. 70 Prozent der Palmen überlebten. Allerdings wird es voraussichtlich 20–30 Jahre dauern, bis sich der Palmenhain vollständig erholt hat. Einige Hundert Meter vor dem Kloster Píso Préveli führt der schattenlose Hauptpfad von einem gebührenpflichtigen Parkplatz unterhalb der Asphaltstraße zu dem beliebten Palmenstrand hinunter. In etwa 30 Minuten steigt man entlang der Steilküste zum Préveli Beach hinab. Dabei bietet sich ein einzigartiger Blick auf den Palmenhain mit dem Fluss, der sich nach einer scharfen Rechtskurve ins Libysche Meer ergießt. Schatten bietet der Strand kaum, nur rund um die Kapelle Ágios Sávas an der Westseite stehen einige Tamarisken. Baden kann man im kalten Fluss oder im warmen Meer. Trampelpfade führen in ein naturgeschütztes Biotop für kretische Dattelpalmen. Durch den von Palmen und roten Felswänden umsäumten Fluss kann man auch waten oder schwimmen.

Infos und Adressen

SEHENSWÜRDIGKEITEN

Kloster Píso Préveli. Oberhalb des Palmenhains, Tel. 28 32 031 246, 25. März–Mai tgl. 9–19 Uhr, Juni–Okt. Mo–Sa 9–13.30 und 15.30–19, So 8–19 Uhr, www.preveli.org, Eintritt 2,50 €.

ESSEN UND TRINKEN

Gefira. Gute kretische Hausmannskost und eine große Auswahl vegetarischer Gerichte auf einer schönen Terrasse mit Maulbeerbäumen und Zypressen. Viele Tagesgerichte. An der Steinbrücke, Tel. 69 36 704 126.

Tavern-Snack Bar Préveli Beach. Eine kleine »Beach-Bar« sorgt im kühlen Palmenschatten für die nötigste Verpflegung. Préveli Beach, Tel. 69 36 784 257.

ÜBERNACHTEN

Dionyssos. Einfaches Hotel mit zweckmäßigen Zimmern, Balkonen und Meerblick. Östliche Bucht Drimiskianó, Tel. 69 77 664 932, amaliagennadiou@yahoo.com

Préveli Rooms. In dem winzigen, familiär geführten Restaurant mit Mini-Markt werden auch acht

Bei Radfahrern beliebt: die Gegend von Préveli.

einfache Doppel- und Dreibettzimmer mit Meerblick vermietet. Östliche Bucht Drimiskianó, Tel. 69 45 704 654.

EINKAUFEN

Museumsshop. In dem kleinen Shop des Klosters gibt es Ikonen, Bücher und Rosenkränze sowie selbst produziertes Olivenöl, Honig und eingelegte Artischocken. Kloster Píso Préveli.

Ydria. Die kleine Töpferwerkstatt verkauft selbst hergestellte Produkte. Asómatos, Hauptstraße.

VERANSTALTUNGEN

Píso Préveli. Das Kirchweihfest im Kloster Píso Préveli findet am 7. und 8. Mai statt.

Die Ruinen des ehemaligen Klosterguts Káto Préveli sind einsturzgefährdet und nicht begehbar.

38 Plakiás

Baden, shoppen und wandern

Für jeden, der einen überschaubaren, aber touristisch gut erschlossenen Urlaubsstandort an der Südküste der Provinz Réthimno sucht, ist der Badeort Plakiás mit Sandstrand und Dünen gut geeignet. Dörfliches kretisches Flair findet man in den winzigen Bergdörfern im Hinterland. Dort präsentieren ansässige Kunsthandwerker und Künstler in ihren Ateliers und Werkstätten ein originelles Angebot.

Von Réthimno aus fährt man entweder durch die beeindruckende Schlucht Kourtaliótiko (siehe Seite 212) oder die nur 500 m lange Kotsífou-Schlucht an die Südküste nach Plakiás. Der 180-Seelen-Ort, einer der lebhaftesten Küstenweiler Südkretas, besteht aus zwei Teilen: dem östlichen Teil mit dem etwa 1,5 km langen Sandstrand, der in hohe Dünen übergeht, und dem eigentlichen Ortskern im Westen mit einem kleinen Hafen und zahlreichen Tavernen, Pensionen und Geschäften.

Im Ostteil gibt es nur wenige Hotels und Tavernen. Hinter einem Tal voller Olivenbäume erheben sich steile Berggipfel. Der Strand, an dem der Bach ins Meer mündet, der durch die Kotsífou-Schlucht fließt, wird im Osten von einer auffälligen, bis zu 40 m hohen Felswand aus Kalkstein begrenzt, die Teil eines hohen Felsvorsprungs ist.

Eine überaus beliebte Jugendherberge mit Hippie-Flair zieht viele junge Traveller nach Plakiás. Viele kleine Hotels und Pensionen bieten Platz für Individual- und Rucksacktouristen. Aber auch Familien mit Kindern und ältere Paare haben Plakiás für sich entdeckt. Auf langen Spaziergängen und

Mitte: Der Badeort Plakiás liegt in einem Talkessel an der kretischen Südküste, umgeben von steilen Berggipfeln.
Unten: Der lange, feinsandige Strand von Plakiás wird von Tamarisken gesäumt.

Das hübsche Atelier Athanati Physi in Selliá.

Wanderungen kann man die benachbarten Badebuchten und die Bergdörfer der Umgebung erkunden. Besonders empfehlenswert ist ein Besuch der Bergdörfer Mírthios und Selliá am Hang des Tals oberhalb von Plakiás. Man erreicht sie sowohl mit dem Auto als auch zu Fuß und kann hier bezaubernde Ausblicke über die Küste und das Libysche Meer genießen und in die bei Einheimischen und Touristen gleichermaßen beliebten Tavernen einkehren.

Kunsthandwerk in Selliá

Das Dorf Selliá auf 260 m Höhe erklimmen Touristen hauptsächlich, um hier Kunsthandwerk einzukaufen. Vom Hafen in Plakiás führt eine steile, serpentinenreiche Straße in das kleine, untouristische Dorf. An der Hauptstraße haben sich drei Künstler und Kunsthandwerker angesiedelt. Im hübschen Laden »Athanati Physi« (»Unsterbliche Natur«) präsentieren Jánnis Méxis und seine Partnerin Pinelópi Kastogiánni ihre Werke – stilvolle Objekte und Skulpturen. Jánnis arbeitet mit Holz und Pinelópi mit Keramik- und Modelliermasse, die sie in Erdtönen bemalt. Schräg gegenüber lohnt ein Blick in das winzige und unscheinbare Atelier der Britin Marianne Morris, die ihre Lieb-

AUTORENTIPP!

AKTIV MIT ANSO TRAVEL

Wer aktiv sein möchte, kann in einem der engagiertesten und bestorganisierten Reisebüros Kretas aus einem riesigen Freizeit- und Exkursionsangebot wählen. Mit Plakiás als Ausgangsort startet das Team von »ANSO Travel« täglich wechselnde Aktivitäten und Ausflüge. So stehen z.B. für Archäologie-Interessierte auch deutschsprachige geführte Exkursionen zu Ausgrabungsstätten wie Knossós, Festós oder Górtis auf dem Programm. Sportliche und aktive Urlauber können sich zwischen geführten Wanderungen durch Schluchten und Bergregionen, Fluss-Safaris und Spaziergänge durch die kretische Landschaft entscheiden. Tagesausflüge werden nicht nur in die Provinzhauptstädte oder zu verschiedenen Stränden, sondern auch nach Santorin (siehe Seite 66) angeboten. Auch individuell organisierte Gruppenausflüge sind möglich. Für die individuelle Erkundung der Umgebung vermietet das Reisebüro Mountain-, Street- und Fitnessbikes.

ANSO Travel. Neben dem Postamt und am Hafen, Tel. 28 32 031 712, www.ansotravel.com

In den Ateliers von Selliá werden viele Naturmaterialien zu hübschen Kunstwerken verarbeitet.

Oben: Das kleine Bergdorf Mírthios erstreckt sich an den Hängen oberhalb von Plakiás.
Unten: Sífis Petrákis präsentiert in seinem Schmuckgeschäft in Mírthios Schmuck von Designern aus dem ganzen Land.

lingsorte aus der Umgebung malt. Ihre Acrylarbeiten zeigen nicht die stereotypen Motive, die man sonst überall auf der Insel findet, sondern das »echte« Kreta – die verlassenen Bergdörfer mit ihrer traditionellen Architektur und die endemische Flora.

Einige Meter weiter stellt der Juwelier Jánnis Kalaitzákis in seinem Laden »Ikaros« einzigartigen Silberschmuck her, den er mit verschiedenen Naturobjekten verbindet. Originelle Einzelstücke mit Steinen, Muscheln und anderen Fundstücken fertigt er auch gern nach individuellen Wünschen seiner Kunden entsprechend an. Erhältlich sind auch die bemalten Seiden- und Baumwollschals seiner von der Mosel stammenden Frau Angelika.

Shoppen mit Aussicht: Mírthios

Mírthios liegt wie Selliá ebenfalls am Hang, etwa 2,5 km oberhalb von Plakiás. Von der Jugendherberge in Plakiás erreicht man es bequem nach einer 45-minütigen Wanderung. In Mírthios lohnt ein Besuch bei Sífis Petrákis, der in seinem Geschäft »Lithos« exklusive Schmuckstücke griechischer Designer anbietet und auch Auskunft über jeden der Künstler geben kann. Gleich nebenan bekommt man in »Carolas Workshop« allerlei Souvenirs und den selbst kreierten, günstigeren Silberschmuck von Carola Poppinga. Die Schmuckstücke der Ostfriesin sind um einiges schlichter als die des Nachbarn.

Besonders beliebt ist Mírthios wegen seiner guten Tavernen mit tollen Aussichtsterrassen. Die beiden Tavernen des Orts zählen zu den besten der Gegend und versprechen außer tollen Ausblicken auf Küste und Meer köstliche kretische Gerichte, bei deren Zubereitung viele Kräuter verwendet werden. Ab und zu gibt es auch kretische Live-Musik.

Infos und Adressen

ESSEN UND TRINKEN

Tassomanolis. Frischer Fisch wird auf der blau und weiß gestalteten Terrasse der traditionellen Fisch-Taverne von Fischer Manólis serviert. Westliches Strandende, Tel. 28 23 031 229.

Veggera. Das traditionelle, urige *mezedopolío* ist ein Treffpunkt der Einheimischen. Empfehlenswert ist das köstliche *spetsofái,* eine Art pikante Paprika-Wurst-Pfanne. Landeinwärts vom westlichen Parkplatzende, Tel. 69 73 326 930.

Panorama. Die kretischen Gerichte kombiniert mit der wundervollen Aussicht auf Küste und Meer sind ein Traum. Mírthios, an der Hauptstraße, Tel. 28 32 032 077.

Blick auf den traumhaften Sonnenuntergang von der Taverne Panorama aus.

ÜBERNACHTEN

Skinos. Schön eingerichtete, preisgünstige Apartments mit toller Aussicht für zwei bis fünf Personen direkt am Meer. Westlicher Ortsrand, Tel. 28 32 031 737, www.skinos-plakias.com

Plakias Suites. Erst 2011 eröffnete die kleine Anlage mit fünf modern eingerichteten, geräumigen Wohneinheiten. Östlicher Ortsrand, Tel.28 32 031 680, www.plakiassuites.com

AUSGEHEN

Frame. Modern eingerichtete Lounge-Bar mit dezenter Chill-Out-Musik und Internetcafé. Parkplatz Uferstraße, 1. Stock der Einkaufsarkade.

Rarität an der Südküste: das moderne Café Frame.

AKTIVITÄTEN

Kalypso Rock's Palace Diving Center. Eine der ältesten Tauchbasen des Ortes bietet diverse Tauch- und Schnorchelausflüge und Tauchkurse nach PADI. Uferstraße, nahe dem Hafen, Tel. 28 32 031 895, www.kalypsodivingcenter.com

Alianthos Stables. Im 2004 eröffneten Reitstall im etwa 2,5 km entfernten Damnóni stehen Pferde, Ponys und Esel für Ausritte bereit. Reitunterricht für Kinder und Erwachsene. Damnóni, Tel. 28 32 031 196, tgl. 8–14 und 16–20 Uhr, www.cretehorseriding.com

Am liebsten trinkt man zu *mezédes* einen *rakí.*

Mitte: Bei vielen Reiseveranstaltern buchbar: ein Urlaub im Touristen- und Fischerort Agía Galíni.
Unten: Die Skulpturen von Dädalus und Ikarus wachen über den Hafen von Agía Galíni.

39 Agía Galíni

Baden und sich erholen an der Südküste

Agía Galíni – übersetzt die »Heilige Gelassenheit« – hält, was der Name verspricht: Hier kann man erholsame Badeurlaube verbringen. Der von Hängen umgebene ehemalige Fischerort hat viele Stammgäste und ist einer der populärsten Urlaubsorte an der kretischen Südküste.

Im seit den 1970er-Jahren stetig wachsenden Agía Galíni schafft Platzmangel Freundschaften. In den Gassen des autofreien Ortskerns zwischen Zufahrtsstraße und neuem Hafen trifft man in Tavernen, Cafés und Bars oft bekannte Gesichter. Auf den Dachterrassen der Tavernen und Cafés verbringen die Gäste romantische Stunden unter dem Sternenhimmel. Im Hafen mit Parkplatz veranstaltet der aktive Kulturverein im Sommer Feste, Konzerte und Vorführungen. Östlich führt eine gepflasterte Promenade zum Strand. Da hier der Fluss Platís ins Meer mündet, ist das Wasser selbst im Hochsommer angenehm kühl. Über eine Brücke geht es zu einem 1 km langen Kiesstrand.

Dädalus und Ikarus

Die modernen Skulpturen auf einem kleinen Felsplateau an der Westseite des Hafens beziehen sich auf einen bekannten Mythos: Hier stiegen der erfinderische Dädalus und sein Sohn Ikarus mit Flügeln aus Federn, die mit Wachs zusammengeklebt waren, in die Lüfte. Der junge Ikarus näherte sich aus lauter Begeisterung zu sehr der Sonne, das Wachs schmolz und er stürzte ins Meer. Dädalus schaffte es nach Sizilien und ging als erster fliegender Mensch in die Geschichte ein.

Bootsausflüge zu Badebuchten

Die kleinen Küstensiedlungen mit Badebuchten Richtung Westen erreicht man mit dem Auto oder mit kleinen Ausflugsbooten, die täglich im Hafen starten. Erste Anlaufstelle ist der Kieselstrand Lichnistís von Ágios Geórgios. Ein Felsvorsprung trennt ihn von dem ruhigeren und zum Schnorcheln idealen Kiesstrand Kolimbístri. Von hier blickt man zu den kleinen Paximádia-Inseln gegenüber. Sie warten mit einem unerschlossenen Kieselstrand und kristallklarem, türkisfarbenem Wasser auf Besucher.

Ágios Pávlos und Triopétra

Von Ágios Geórgios führt die Straße nach Ágios Pávlos mit einem etwa 200 m langen Grobsandstrand sowie einigen Pensionen und Tavernen. Stufen führen westlich des Strands zum Kap Mélissa mit Gesteinsformationen in Rot, Grau und Blau. Westlich kann man zum kilometerlangen Strand Akoumianó mit hohen Sanddünen hinunterlaufen. Ein Fluss trennt ihn von dem kleinen Strand von Triopétra, mit einigen Tavernen und Pensionen. Den Namen »drei Steine« hat die Siedlung drei Felsbrocken zu verdanken, die vor einer kurzen Landzunge liegen. Der Hauptstrand von Triopétra eignet sich gut zum Schwimmen.

Boote bringen die Urlauber zu nahen Badebuchten.

Infos und Adressen

ESSEN UND TRINKEN

Madame Hortense. Mediterrane Gerichte auf einer Dachterrasse. Stufengasse vom Hafen, Agía Galíni, Tel. 28 32 091 351.

Faros. In einer der ältesten Fischtavernen des Orts sind die kleinen frittierten Fische besonders beliebt. Agía Galíni, mittlere Hauptgasse, Tel. 28 32 091 346.

Kosmas. Kretische Gerichte wie Lamm und Zicklein aus dem Holzofen in der Taverne von Familie Linoxilákis. Agía Galíni, Stufengasse vom Hafen, Tel. 28 32 09 12 22.

ÜBERNACHTEN

Palazzo Greco. Farblich auffällig gestaltetes Hotel mit Flair, tollem Panoramablick und stilvoll eingerichteten Zimmern. Agía Galíni, Hauptstraße, Tel. 28 32 091 187, www.palazzogreco.gr

Rozmari. Familiengeführtes Hotel mit sieben einfachen Zimmern. Agía Galíni, oberhalb der Hauptstraße, Tel. 28 32 091 476, www.rozmari.gr

AKTIVITÄTEN

Wassersport. Jánnis Minadákis verleiht Paddelboote, Jetskis, Surf- und wie Wakeboards und bietet außerdem auch noch Paragliding und Wasserski an. Agía Galíni, Hauptstrand, Tel. 28 32 091 147.

Fishing Trip. Mit seinem Boot »Elizabeth« nimmt Kapitän Vasílis Besucher mit zum Ágios-Geórgios-Strand. Wer eine braucht: Angelausrüstung ist vorhanden. Hafen, Tel. 69 36 848 445, tgl. 10.30–17 Uhr, inkl. Barbecue 25 €.

Bootstouren. Ausflugsboote zu den Stränden und den Paximádia-Inseln. Hafen, tgl. meist um 10.30 Uhr.

CHANIÁ UND DER NORD-WESTEN

Vorangehende Doppelseite: Traumhaft: die Lagune von Bálos an Kretas nordwestlichster Halbinsel.
Mitte: Die Hafenpromenade ist bei Touristen und Einheimischen beliebt.
Unten: Im Café O Kypos im Stadtpark von Chaniá entgeht man dem Rummel der Altstadt.

40 Chaniá

Kretas Schöne

Mittelalter und Moderne gehen in Chaniá eine harmonische Verbindung ein. Die Metropole zu Füßen der Weißen Berge erwartet ihre Gäste mit stilvollen Unterkünften in alten Herrenhäusern, verwinkelten Altstadtgassen und einem stimmungsvollen venezianischen Hafen. Moscheen und eine Synagoge zeugen von den Einflüssen verschiedener Kulturen. Die jungen und modernen Kreter zieht es in trendige Lounge-Bars und schicke Restaurants.

Kretas zweitgrößte Stadt (108 300 Einwohner inkl. Vororte) bietet sowohl historisches Sightseeing als auch modernes Nightlife. Während das alltägliche Leben der Einheimischen sich hauptsächlich außerhalb der Stadtmauern abspielt, verzaubert die Altstadt Touristen mit ihrem leicht orientalischen Charme, denkmalgeschützten Bauten und autofreien Gassen. Ein langer Sandstrand erstreckt sich wenige Gehminuten östlich der Altstadt vor dem

MAL EHRLICH

PARKPLATZNOT

Chaniá ist für Autofahrer ein Graus. Parkplätze sind rar und besonders an den Wochenenden scheinen hier mehr Autos als Fußgänger unterwegs zu sein. Wer sich dennoch mit dem Auto in die Altstadt wagt, kann sein Glück mit den wenigen Parkplätzen hinter den Schiffshallen oder in der Odós Sifáka versuchen. Besser parkt man westlich oder östlich außerhalb der Stadtmauern oder im Parkhaus Apollon (Odós Grigoríou 19, Tel. 28 21 093 598), von dem man die Markthalle in etwa fünf Minuten zu Fuß erreichen kann.

Szeneviertel Koúm Kapí. Die schneebedeckten Gipfel der Weißen Berge im Hintergrund prägen Chaniá bis ins Frühjahr. Der NATO-Stützpunkt und die Technische Universität Kretas auf der nahen Akrotíri-Halbinsel (siehe Seite 232) tragen dazu bei, das Chaniá weltoffen und international ist.

Kurze Geschichte

Das Stadtgebiet von Chaniá mit dem Kastélli-Hügel über dem Hafen als Mittelpunkt war seit minoischen Zeiten durchgehend besiedelt. Dort lag in der Antike auch die Akropolis der Stadt Kydoniá, benannt nach Kydon, einem Enkel des Königs Minos. 1252 besetzten die Venezianer die Stadt, gaben ihr den Namen »La Canea«, erbauten den Statthalterpalast auf dem Hügel und begannen 1300 mit der Errichtung einer ersten Stadtmauer. Die heutige Form erhielt die Stadt jedoch erst 1538.

Im Jahr 1645 wurde La Canea als erste Stadt Kretas von den Osmanen erobert. Nach ihrem Abzug war Chaniá Hauptstadt des autonomen Kretas und somit auch Sitz des Hochkommissars Prinz Geórgios und der damaligen Großmächte Frankreich, Italien, Großbritannien und Russland. Das »Regierungsviertel« verlagerte sich in den Vorort Chalépa im Osten, in dem noch heute prachtvolle Villen an diese Zeit erinnern. Ihre Funktion als Hauptstadt trat Chaniá 1972 an Iráklio ab.

Das Herz der Stadt

Rund um den venezianischen Hafen mit dem markanten Leuchtturm am Ende der langen Mole, an der mit Cafés und Tavernen gesäumten Promenade und der Platía Santriváni pulsiert das Leben Chaniás. Vor der Janitscharenmoschee von 1645 warten Pferdedroschken auf Fahrgäste. Gleich dahinter schmiegen sich die alten, farbigen Häuser

AUTORENTIPP!

EINE REISE IN DIE VERGANGENHEIT – CASA DELFINO

Eine Reise in vergangene Jahrhunderte beginnt in Chaniá am schönsten mit einer Unterkunft in einem der stilvoll restaurierten venezianischen und osmanischen Häuser der Altstadt. Nirgendwo sonst auf Kreta finden Liebhaber kleiner, romantischer Hotels eine größere Auswahl als in den Gassen von Chaniá. Die alten Gemäuer verbinden viel Flair mit modernem Komfort, was den Aufenthalt unvergesslich macht.
1986 begann Mánthos Markantonákis, Nachkomme der venezianischen Familie Delfino, sein Erbe, einen alten venezianischen Palast aus dem 17. Jahrhundert, zu restaurieren und in eine kleine Luxusherberge zu verwandeln. Unter Leitung seiner Tochter Margaríta vermietet das Hotel heute 24 komfortable und geschmackvolle Zimmer und Suiten. Ein kleines hauseigenes Spa sorgt für zusätzliches Wohlfühlambiente.

Casa Delfino. Odós Theofánous 9, Tel. 28 21 087 400, casadel@cha.forthnet.gr, www.casadelfino.com

AUTORENTIPP!

TRAUMHAFTE AUSSICHT

Die parkähnliche Anlage, in der vor einer Kirche der kretische Staatsmann Elefthérios Venizélos und später sein Sohn Sofoklís (1894–1964) begraben wurden, liegt auf einer Anhöhe über Chaniá. Sie bietet einen weiten Blick auf die Stadt, das Meer und die Weißen Berge. Hier hisste Venizélos 1905 als Zeichen der angestrebten Vereinigung mit Griechenland erstmals die griechische Fahne. Die Aussicht lässt sich auch wunderbar von dem darunterliegenden, bei Kretern zu jeder Tages- und Abendzeit beliebten Café Koukouvágia genießen. Auf zwei dem Meer und Chaniá zugewandten Aussichtsterrassen des mit Eulen dekorierten Cafés werden zum erfrischenden Frappé oder Freddo köstlicher Schoko-, Walnuss- oder Apfelkuchen und andere Süßspeisen serviert.

Koukouvágia. Venizélos Gräber, Odós Aléxi Minóti, Tel. 28 21 027 449, tägl. ab 10 Uhr, www.koukouvaya.com

an den niedrigen Kastélli-Hügel, von dem sich eine schöne Aussicht bietet.

Das Große Arsenal an der Promenade unterhalb diente den Venezianern als Hauptrüstkammer. Der Bau von 1600 beherbergt heute das Mediterranean Architectural Center, das Architektur-Ausstellungen zeigt. Östlich schließen sich sieben venezianische Schiffshallen an. In einer dieser Hallen in der Südostecke des Hafenbeckens dokumentiert die Exhibition of Ancient & Traditional Naval Architecture den wissenschaftlich fundierten Nachbau eines minoischen Schiffs. Das rote Gebäude an der Westseite des Hafens beherbergt das 1973 eröffnete Nautische Museum. Es gibt einen anschaulichen Einblick in die umfangreiche kretische und griechische Schifffahrtsgeschichte. Das Museumsgebäude grenzt unmittelbar an die Firka-Bastion an, die Teil der venezianischen Stadtbefestigungen ist.

Venezianische Altstadt

Ein Bummel durch das Gassengewirr der Viertel Topanás und Evraikó lässt die venezianischen Einflüsse in der Stadtarchitektur erkennen. Doch auch die Osmanen hinterließen ihre Spuren im Stadtbild: Viele venezianische Hausfassaden weisen nachträglich ergänzte hölzerne Balkone oder vergitterte Fenster auf, die der Stadt orientalisches Flair verleihen. Auffälligste venezianische Bauwerke sind der Reniéri-Palast von 1608 in der engen Gasse Theofánous und die Loggia in der Odós Zambelíou mit der Inschrift »nulli parvus est census qui magnus est animus« (»Keiner ist gering geschätzt, der großherzig ist«).

Kleine Geschäfte prägen das ehemalige Judenviertel südlich der Odós Zambelíou. In einer winzigen Nebengasse der Odós Kondiláki kann man die Sy-

Stadtrundgang Chaniá

A Janitscharenmoschee – Das älteste osmanische Bauwerk der Stadt dient heute als Ausstellungssaal. Platía Santriváni, wechselnde Öffnungszeiten.

B Großes Arsenal – Der 2002 restaurierte Bau, der heute als Ausstellungs- und Vortragsraum dient, hatte zuvor diverse Funktionen, u.a. war er christliche Schule, 1923 sogar Krankenhaus und bis zur seiner Zerstörung 1941 Rathaus. Aktí Tombázi 31, Tel. 28 21 040 201, wechselnde Öffnungszeiten, www.kam-arsenali.gr

C Schiffshallen – In einer der einst 17 Schiffshallen befindet sich ein Teil des Nautischen Museums (s. u.), das umfangreich zum klassischen Schiffbau informiert. Aktí Enósseos, April–Okt. Mo–Sa 10–15 und 18–21 Uhr, So 10–18 Uhr, Eintritt 2 € (Kombi-Ticket 4 €).

D Nautisches Museum – Das einzige Schifffahrtsmuseum Kretas zeigt u. a. Schiffsmodelle aus vier Jahrtausenden und thematisiert diverse griechische Seeschlachten. Aktí Koundourióti, Tel. 28 21 091 875, April–Okt. Mo–Sa 9–20, Sa 9.30–16, So 10–18 Uhr, Nov.–März tgl. 9–14 Uhr, www.mar-mus-crete.gr, Eintritt 3 €.

Die orthodoxe Kirche Mitropolis Trimartiri.

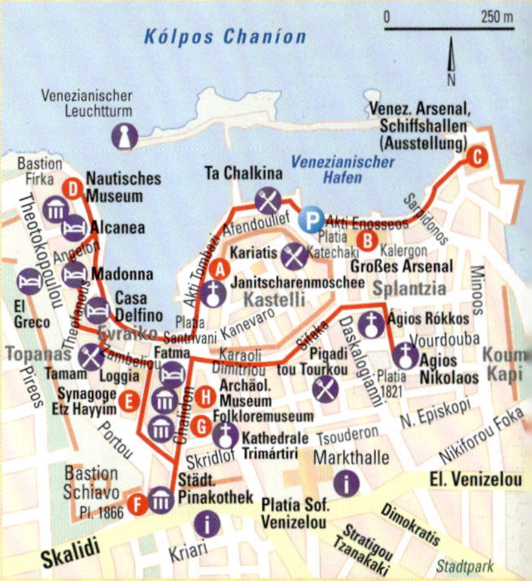

E Synagoge Etz Hayyim – 1669 wurde eine katholische Kirche in eine Synagoge verwandelt und ist heute Andachtsraum und Museum. Párodos Kondiláki, Tel. 28 21 086 286, Mo–Fr 10–17 Uhr, Mi nur bis 14 Uhr, www.etz-hayyim-hania.org, 2 € Spende erbeten.

F Städtische Pinakothek – Außer den wechselnden Ausstellungen präsentiert die Pinakothek Kunstwerke aus dem Stadtbesitz. Odós Chálidon 98–102, Tel. 28 21 092 294, Mo–Fr 10–14 und 19–22 Uhr, Sa 10–14 Uhr, www.pinakothiki-chania.gr, Eintritt 2 €.

G Folkloremuseum – Das private Folkloremuseum stellt Trachten und Objekte aus kretischen Haushalten und Werkstätten aus. Hier werden auch noch traditionelle Strickarbeiten hergestellt. Odós Chálidon 46B, Tel. 28 21 090 816, Mo–Sa 9–15 Uhr, Eintritt 3 €.

H Archäologisches Museum – Die Ausstellung umfasst Funde aus minoischer Zeit bis hin zur osmanischen Herrschaft. Odós Chálidon 30, Tel. 28 21 090 334, April–Okt. Di–So 8.30–19.30 Uhr, Nov.–März Di–So 8.30–15 Uhr, Eintritt 2 €.

Oben: Der Stadtpark mit dem auffälligen Uhrenturm an der Odós Tzanakáki in der Neustadt wurde im 19. Jahrhundert auf Wunsch des türkischen Paschas angelegt.
Unten: Hübsch anzusehen: die römischen Fußbodenmosaike im archäologischen Museum von Chaniá.

nagoge Etz Hayyim besichtigen, die heute von der kleinen jüdischen Gemeinde der Stadt gepflegt wird. Nur wenige Meter weiter endet das Viertel Evraikó an der Schiávo-Bastion, von der man ein Stück über die Stadtmauer Richtung Meer laufen kann.

Odós Chálidon

Die Odós Chálidon verläuft von der Neustadt bis zum Hafen und teilt die Altstadt in zwei Hälften. Am südlichen Ende der Einkaufsstraße liegt die Städtische Pinakothek in einem Kaufhaus von 1910. Richtung Meer kommt man an der großen griechisch-orthodoxen Kathedrale Trimárti von 1860 und den Überresten eines türkischen Hamams vorbei. Schräg gegenüber beherbergt ein winziger Innenhof die römisch-katholische Kirche und das private Folkloremuseum, in dem u. a. mit lebensgroßen Wachsfiguren Szenen aus dem alten kretischen Dorf- und Stadtleben dargestellt werden. Sehenswert ist das Archäologische Museum einige Meter weiter, in der gotischen, einst katholischen Franziskanerkirche. Auf dem Hof sind noch die Reste eines Minaretts und eines Reinigungsbrunnen der zur Moschee umfunktionierten Kirche erkennbar.

Archäologisches Museum

Das bekannteste Ausstellungsstück des Museums ist ein Siegel aus dem 15. Jahrhundert (am ersten Mittelpfeiler), der das minoische Kydonía auf dem Kastélli-Hügel abbildet. Zu sehen sind Gebäude, Mauern und ein Mann mit Lanze. Am Ende des Mittelsschiffs sind vier römische Bodenmosaike zu bewundern: Dionysos mit einem Satyr findet die schlafende Ariadne am Strand der Insel Naxos. Umrahmt wird dieses Bild von den personifizierten vier Jahreszeiten sowie von Szenen und Figuren aus Komödien. Das zweite Mosaik ist nicht vollständig erhalten. Es zeigt Dionysos bei einem Ritt auf einem Panther, gefolgt von einem Satyr. Das dritte Mosaik erzählt in zwei Bildern von einem Satyr, der eine Amymone, eine libysche Königstochter, angreift, die aber von ihrem Vater gerettet wird. Das letzte Mosaik stellt einen Hahnenkampf dar. Ein weiteres Highlight wird in der Mitsotákis Collection in einem Nebenraum präsentiert. Es handelt sich um ein Spielzeug aus dem 8. Jahrhundert v. Chr. Der in einem Kindesgrab gefundene kleine Ochse mit Scheibenrädern würde auch heutige Kinder begeistern.

Moslemisches Viertel – Splántzia

Durch die ehemalige Messer- und Sichelschmiedegasse Karaóli Dimitríou kommt man entlang der gut erhaltenen Innenmauer, die den Kastélli-Hügel schützte, zur Platía 1821 im Splántzia-Viertel. Mit seinen kleinen Häusern hat es teilweise ländlichen Charakter. An der Nordwestecke der Platía, an der während der türkischen Besatzung zahlreiche kretische Rebellen gehängt wurden, liegt die venezianische Kirche Ágios Rókkos, die während des Pestausbruchs im 17. Jahrhundert die Einheimischen beschützt haben soll. Die Kirche Ágios Nikólaos auf der Südwestseite der Platía, eine venezianische Dominikanerkirche, die später in eine Moschee verwandelt wurde, ist etwas ganz Besonderes: Während links ein Kirchturm erhalten geblieben ist, erhebt sich auf der rechten Seite ein Minarett.

Von hier lohnt ein Abstecher zu der kreuzförmigen, über 100 Jahre alten Markthalle am Altstadtrand, auch wenn sie heute mehr Touristenattraktion mit vielen Souvenirhändlern als traditioneller Markt ist. Der Bummel führt durch die Odós Skridlof mit vielen Lederwarenhandlungen zum Hafen zurück.

AUTORENTIPP!

BOOTSTOUREN

Vom venezianischen Hafen starten täglich zahlreiche Ausflugsschiffe zu Bade- und Aussichtstouren in der Bucht von Chaniá. Besonders beliebt ist die etwa dreistündige Badetour mit einer Rundfahrt um die Insel Agíi Theodóri (siehe Seite 240). Auf dem Felseiland leben die kretischen Wildziegen *kri-kri*. Ein Badestopp wird an einer von Felsen umgebenen kleinen Sandbucht der winzigen Insel Lazaretta eingelegt.
Romantikern sind die einstündigen Rundfahrten vor der Stadt am späten Nachmittag zu empfehlen: Der Blick ist traumhaft, und man kann besonders schöne Sonnenuntergänge erleben.

Infos: **M/S Irini**, Thia Maro, Tel. 28 21 052 001 und **Evagelos II**, Tel. 69 73 987 611. Badetour **Agíi Theodóri & Lazaretta**, tägl. 14 und 14.30 Uhr (15 €), Sunset-Tour tägl. 19 Uhr (10 €).

Die Janitscharenmoschee am venezianischen Hafen ist der prächtigste osmanische Bau von Chaniá.

Infos und Adressen

INFORMATION

Städtische Touristen Information. Während der Saison ist vor dem südlichen Eingang der Markthalle auch ein Informationskiosk geöffnet. Platía Sof. Venizélou. Hauptbüro: Odós Kydonías 29, Tel. 28 21 036 155, tägl. 8–14.30 Uhr, tourism@chania.gr, www.chaniacrete.gr/de

EOT. Griechische Zentrale für Fremdenverkehr. Kriári 40, Tel. 28 21 092 624.

ESSEN UND TRINKEN

Ta Chalkina. Beliebter Treffpunkt für jedes Alter ist das *rakádiko* Chalkina. Begleitet von Live-Musik schmecken die typisch kretischen und raffiniert abgewandelten *mezédes* wunderbar. Besteck und Servietten nimmt man aus den Schubladen der Tische. Aktí Tombázi 29–30, Tel. 28 21 041 570, www.chalkina.com

Tamam. In uriger Atmosphäre werden an Tischen in der schmalen Gasse vor dem einstigen türkischen Bad exzellente *mezédes* serviert. Odós Zambelíou 49, Tel. 28 21 053 366, www.tamam-restaurant. com

In der Markthalle trifft man auf immer weniger Gemüsehändler.

Ela. Beliebt ist die Taverne in den dachlosen alten Gemäuern aus dem 14. Jahrhundert wegen ihrer großen Auswahl an kretischen Spezialitäten. Odós Kondiláki 47, Tel. 28 21 074 128. www.ela-chania.gr

Pigadi tou Tourkou. In dem ehemaligen Hamam werden Gerichte mit Einflüssen aus der kretischen und marokkanischen Küche serviert. Odós K. Sarpáki 1–3, Tel. 28 21 054 547, www.welloftheturk.com, Di geschl.

To Karnagio. Die große Auswahl an frischem Fisch, Meeresfrüchten und traditionellen Gerichten locken auch Chanioten in die Taverne nahe dem Großen Arsenal. Platía Katecháki 8, Tel. 28 21 053 366.

Kariatis. Das elegante Restaurant serviert seit über zehn Jahren italienische Gerichte in romantischem Ambiente und bietet eine große Weinauswahl. Platía Katecháki 12, Tel. 28 21 055 600, www.kariatisrestaurant.gr, tägl. ab 18 Uhr.

ÜBERNACHTEN

El Greco. Das einfache, familiengeführte Hotel mit 23 Zimmern ist schon seit 1979 eine praktische Unterkunft in der Altstadt. Parkplatz in der Nähe. Odós Theotokopoúlou 47–49, Tel. 28 21 094 030, www.elgrecohotel.eu

Madonna. Gastfreundschaft wird in dem kleinen Hotel mit sechs traditionell eingerichteten Studios und Apartments rund um einen blumenreichen Garten ganz großgeschrieben. Odós Gambá 33, Tel. 28 21 094 747, madonnastudios@yahoo.co.uk

Alcanea. Das kleine Boutique-Hotel mit sieben elegant eingerichteten Zimmern und Suiten mit Hafenblick ist in einem 2011 restaurierten venezianischen Gebäude untergebracht. Odós Angélou 2, Tel. 28 21 075 370, www.alcanea.com

Fatma. Knallige Farben und Designermöbel prägen die mit modernem Komfort ausgestatteten

Zimmer des luxuriösen Boutique-Hotels mit orientalischem Flair. Odós Skoufón 9, Tel. 28 21 092 805, www.fatmahotel.com

AUSGEHEN

Ta dyo Lux. Mit den Jahreszeiten wechselnde Dekoelemente; tagsüber und abends junges Publikum. Odós Sarpidónos 8, Tel. 28 21 052 519.

Fortezza. Das Café-Bar-Restaurant an der langen Mole ist ein idealer Ort für einen Drink während romantischer Sonnenuntergänge. Hafenmole, Tel. 28 21 046 546.

Fagotto. Jazz- und Bluesfreunde kommen in der urigen alteingesessenen Bar in stimmungsvoller Atmosphäre ganz auf ihre Kosten. Odós Angélou 16, Tel. 28 21 071 818.

Kriti. Zwischen alten Fotos, Karten, Töpfen und Nähmaschinen wird allabendlich kretische Live-Musik gespielt. Man serviert auch einfache Gerichte. Odós Kallergón 22, Tel. 28 21 058 661.

EINKAUFEN

Ekaterini. Tollen Gold- und Silberschmuck griechischer Designer findet man in diesem hübsch gestalteten Geschäft. Odós Kondiláki 41, Tel. 69 77 745 982.

Anatolia. Babou und Sky Fabre verkaufen in ihrem orientalisch angehauchten Laden antiken Schmuck aus verschiedenen Ländern. Odós Chálidon 5, Tel. 69 34 500 128.

Local Artistic Handicrafts Association. Inseltypisches sowie modernes Kunsthandwerk lokaler Künstler. Odós Afentoúlief 14, Tel. 28 21 041 885.

Carmela. Von den Inhabern selbst hergestellter origineller Schmuck und nach traditioneller Art geschaffene Keramik. Odós Angélou 7, Tel. 28 21 090 487.

AKTIVITÄTEN

Chania Sightseeing Tours. Der rote Doppeldeckerbus erinnert an London und bietet seinen Fahrgästen eine Möglichkeit, Sehenswürdigkeiten außerhalb der Altstadtmauern kennenzulernen, u.a. die Venizélos-Gräber. Die 90-minütige Tour (Zeit ohne Stopps) startet an der Aktí Kanári westlich der Fírka-Bastion. Odós Kidonías 84, Tel. 28 21 099 970, tägl. ab 10 Uhr (etwa alle 40 Minuten) bis 19.30 Uhr, 24-Stunden-Ticket 15 €, Kinder 7 €, ab 14.30 Uhr Halbtagesticket 10 €, Kinder 5 €.

Das Hotel Casa Delfino: historisch und modern.

Garra Rufa Fish. Die Pediküre durch die kleinen Fische aus der Familie der Karpfenfische wird auch auf Kreta zum Trend: Dutzende kleine Fische knabbern dabei schmerzfrei abgestorbene Hautzellen ab. Aktí Koundourióti 18, Tel. 28 21 112 664.

Alpine Travel. Veranstalter zahlreicher Outdoor-Aktivitäten wie Wandern oder Bergsteigen. Odós Boniáli 11–19, Tel. 28 21 050 939, www.alpine.gr

Wasserpark Limnoupolis. Spaßbad mit Wasserspielen, -rutschen und Restaurants auf 100 000 m^2. Wird mehrmals tägl. mit einem Zubringer von der Platía 1866 angefahren. 7 km auswärts in Varípetro, Tel. 28 21 033 246, www.limnoupolis.gr

Bootsausflüge (siehe Autorentipp S 229).

Mitte: Die Strände zwischen Kalathás und Stavrós werden am Wochenende von Einheimischen bevölkert.
Unten: Der romantische Innenhof des Klosters Agía Triáda mit seiner Renaissancefassade ist eine Oase der Ruhe.

41 Die Akrotíri-Halbinsel

Zu Klöstern und Höhlen

Am östlichen Stadtrand von Chaniá beginnt die karge und hügelige Halbinsel Akrotíri mit dem Flughafen von Chaniá, einer Raketenabschussbasis der NATO und Stützpunkten der griechischen Luftwaffe und Marine. Die Stadtbewohner baden gern an den schönen nahen Sandstränden. Pilger und Touristen erkunden Klöster und »heilige« Höhlen.

Die Küstenorte Kalathás und Stavrós an der Westküste Akrotíris sowie Maráthi im Osten bieten ruhigere Badealternativen zu den dicht bebauten Küstenorten westlich der Stadt. Viele Städter, bevorzugen den piniengesäumten Strand von Kalathás. Touristen zieht es eher in die Streusiedlung Stavrós. Ihr schmaler Sandstrand mit dem großen Felsvorsprung im Norden war die Kulisse für die letzte Tanzszene im Film »Alexis Zorbas«. Mit zwei flachen Sandstränden und vorzüglichen Fischtavernen ist der Küstenort Maráthi im Osten bei chaniotischen Familien beliebt.

MAL EHRLICH

WO BITTE GEHT ES ZUM FLUGHAFEN?

Der Flughafen von Chaniá liegt mitten auf der Akrotíri-Halbinsel. Spätestens in Chaniá, dem nahen Soúda und auf Akrotíri sind die Wege dorthin auch ausgeschildert. Doch ist man auf der New National Road rund um Chaniá unterwegs, wartet man vergeblich auf ein Schild zum Flughafen. Wer von Osten über die Nationalstraße zum Flughafen will, nimmt die Abfahrt bei Soúda und folgt ab dort der Beschilderung. Von Westen aus muss man durch das Stadtgebiet von Chaniá fahren.

Klostertour

Klöster und Höhlen, die den gläubigen Kretern jahrhundertelang Zuflucht gewährten, laden auf der Akrotíri-Halbinsel zu einer Reise in die Vergangenheit ein. Die inklusive Wanderung (siehe Autorentipp rechts) etwa 6 km lange Klöster-Tour beginnt zunächst mit dem Auto am Kloster Agía Triáda Tsagarólon und führt zum Kloster Gouvernéto. Für alle, die dann noch Lust auf eine etwa zweistündige Wanderung haben, lohnt der Weg in die »Schlucht der Heiligen« zu einem der ältesten Klöster Kretas.

Kloster Agía Triáda

Die Straße vom Flughafen führt gut ausgeschildert durch eine imponierende Zypressenallee zum Kloster Agía Triáda, das der Heiligen Dreifaltigkeit geweiht ist. Schon von der Allee aus erstrahlt das Kloster mit seiner dreistöckigen Renaissancefassade, dem reich verzierten Eingangsportal und dem 1864 errichteten Glockenturm in vollem Glanz. Die Brüder Jeremia und Laurentio Giancarolo, Nachfahren einer venezianischen Adelsfamilie, die sich dem griechisch-orthodoxen Glauben angeschlossen hatten, gründeten es 1611. Seither bestellten die Mönche die vielen Ländereien des Klosters. Noch heute produzieren die sechs dort lebenden Mönche Olivenöl, Wein und *rakí*.

Zahlreiche Katzen bevölkern den überaus gepflegten romantischen Klosterhof, der eine Seltenheit birgt. Der Obstbaum rechts der Kirche wurde dreimal gepfropft und trägt gleichzeitig Zitronen, Limonen, Orangen und Mandarinen. Im kleinen Klostermuseum werden Ikonen, Manuskripte sowie liturgische Geräte und Gewänder aus dem 17. bis 19. Jahrhundert präsentiert. Zu den Museumsschätzen zählt auch eine Buchrolle aus dem

AUTORENTIPP!

WANDERUNG DURCH DIE »SCHLUCHT DER HEILIGEN«

Die etwa eineinhalbstündige Wanderung führt von der Bärenhöhle über einen stufenreichen gepflasterten Pfad zum Kloster Katholikó hinunter zur Küste und wieder zurück. Sie zählt zu den schönsten Erlebnissen, die die Gegend zu bieten hat. Kurz vor der im 16. Jahrhundert, vermutlich aufgrund von Piratenangriffen, verlassenen Klosteranlage sieht man links den Eingang zu einer etwa 150 m in den Berg hineinführenden Tropfsteinhöhle. In einem der heute leeren Felsgräber wurde einst der heilige Eremit Ioánnis beigesetzt, der das Kloster im 10. Jahrhundert gründete. Das im Stil der Renaissance gestaltete Klosterportal weist auf seine Erbauung in venezianischer Zeit hin. Imposanter als die schlichte, in den Fels gebaute Kirche ist die steinerne Brücke über den Schluchtbach. Von hier führt der Weg in etwa 20 Minuten zur Felsküste. Das Baden haben die Mönche zwar verboten, doch lohnt der Abstieg für alle, die in völliger Idylle den Blick auf die Ägäis genießen wollen.

Oben: Einsam liegt das verlassene Kloster Katholikó in der »Schlucht der Heiligen«.
Unten: Die Mönche des Klosters Gouvernéto haben strikte Öffnungszeiten festgelegt und möchten außerhalb dieser Zeiten nicht gestört werden.

11. Jahrhundert mit der Liturgie von Basilius dem Großen.

Kloster Gouvernéto

Etwa 4 km nördlich von Agía Triáda trifft man auf das 1537 gegründete Kloster Gouvernéto. Auch hier leben sechs Mönche in großer Ruhe und Stille. Durch einen kleinen Garten inmitten der sonst eher felsigen Umgebung gelangt man zum Haupttor des Klosters, dessen festungsähnliche Mauern vor Piratenangriffen schützen sollten. Gleich dahinter blickt man zur Kirche mit den menschenähnlichen Köpfen an der Fassade. Man sagt, sie zeigen entweder den Gott Pan, den Hirtengott oder Piraten. Die sechs Mönche glauben an eine religiösere Interpretation, nach der die Köpfe Dämonen darstellen, auf deren Tempel die Kirche erbaut wurde.

Die »Allheilige vom Bären«

Eine kurze Wanderung führt vom Kloster Gouvernéto über einen gut begehbaren, gepflasterten, aber schattenlosen Pfad zwischen Dornginster und Strauchbrandkraut in nur zehn Minuten zur sogenannten »Bärenhöhle«. Ihren Namen verdankt die Arkoudiótissa-Höhle einem etwa 2,5 m hohen Stalagmiten, der mit viel Fantasie an einen aus einer Zisterne trinkenden Bären erinnert.

Der Legende nach wurde der Bär versteinert, weil er den Menschen der wasserarmen Gegend das kostbare Wasser wegtrank. Im 1. Jahrtausend v. Chr. wurde hier die Jagdgöttin Ártemis verehrt, deren heiliges Tier der Bär ist. In christlicher Zeit verehrte man hier die Jungfrau María, der die Felskapelle am Eingang geweiht ist. An nicht allzu heißen Tagen lohnt von der Höhle aus eine weitere Wanderung zu dem verlassenen Kloster Katholikó (siehe Autorentipp S. 233) Richtung Küste.

Infos und Adressen

SEHENSWÜRDIGKEITEN

Kloster Agía Triáda. 2,5 km nördlich vom Flughafen Chaniá, Tel. 28 21 063 310, tägl. 8–19 Uhr, Eintritt 2 €.

Kloster Gouvernéto. 4 km nördlich vom Kloster Agía Triáda, Tel. 28 21 063 319, Mo, Di, Do 9–12 und 16–18 Uhr, Sa 9–12 und 16-19 Uhr, So 5–12 und 16-19 Uhr.

Kloster Katholikó. 1 km nördlich von Gouvernéto, frei zugänglich.

ESSEN UND TRINKEN

Loukoulos. Fisch- oder Fleischgerichte aus dem Holzofen, köstliche Gerichte mit Meeresfrüchten und selbst gebackenes Brot bekommt man im Restaurant von Michális Xanthoudákis. Maráthi, am Strand, Tel. 28 21 066 320.

Patrelantónis. Eine der beliebtesten Fischtavernen der Halbinsel besticht durch ihren guten Service und ihren frischen Fisch, den man sich im Schatten von Tamarisken schmecken lassen kann. Maráthi, am Strand, Tel. 28 21 063 337.

AUSGEHEN

Sunset Beach Bar. Gemütliche Beach Bar in einer Holzhütte am Strand. Große Auswahl international inspirierter Snacks. Stavrós, westlicher Strandabschnitt, Tel. 28 21 039 780.

Nur auf Kreta: *dákos* mit Tomaten und Schafskäse.

ÜBERNACHTEN

Georgi's Blue Apartments. Apartmentanlage mit 19 Wohneinheiten und Pool oberhalb einer winzigen Felsbucht. Kalathás, östlicher Ortsrand, Tel. 28 21 064 080, www.blueapts.gr

Cathrin Suites. 16 geräumige Doppelzimmer in familiärer Atmosphäre. Für Familien bietet sich die Verbindungstür zwischen einigen Zimmern an. Stavrós, westlicher Ortsrand, Tel. 28 21 039 396, www.cathrin-suites.com

VERANSTALTUNGEN

Am 7. Oktober, dem Festtag des Eremiten Ioánnis, machen sich Tausende Gläubige auf den Weg zum Kloster Katholikó und zu der Höhle. Nur wer ohne Sünde ist, verlässt die Höhle wieder mit sauberer Kleidung.

Blick auf die Akrotíri-Halbinsel und eine der beiden Soúda-Inseln mit ihrer Festung von Südosten aus.

Mitte: Esskastanien, Platanen und Maulbeerbäume prägen das Bild der Therisianó-Schlucht.
Unten: Botanischer Park: Die *Passiflora edulis*, ein Passionsblumengewächs, stammt ursprünglich aus Südamerika, kann aber auf Höhen bis zu 2300 m kultiviert werden.

42 Thériso, Mesklá und Agiá

Durch die Schlucht ins ländliche Hinterland

Die wild-romantische Therisianó-Schlucht, die von einer Asphaltstraße aus, auch per Auto, Motorrad oder Mountainbike Einblicke gewährt, liegt nur 8 km südlich von Chaniá. Mit den dahinter schlummernden Orten in grünen Tälern am Hang der Weißen Berge ist sie einen Tagesausflug wert.

In der sich durch hohe Felswände windenden und befahrbaren 6 km langen Schlucht voller Platanen und Olivenbäume trugen türkische Soldaten und kretische Rebellen während der osmanischen Herrschaft zahlreiche Kämpfe aus. Der Weg führt zunächst ins Hirtendorf Thériso, das einen besonderen Stellenwert in der kretischen Geschichte hat. Weiter geht es an den Hängen der Weißen Berge mit Ausblicken auf Küste und Meer hinauf nach Mesklá, das in einem fruchtbaren Tal liegt. Durch Orangen- und Zitronenhaine geht es an einem der beiden Süßwasserseen Kretas vorbei durch das Dorf Agiá an die Küste zurück.

Das Hirtendorf Thériso

Schon kurz nach dem Ausgang der Schlucht liegt das Dorf Thériso auf einem kleinen Plateau. Zumindest in der Woche durchbricht hier einzig das Gebimmel der Ziegen und Schafe die Stille. Am Wochenende blüht das Dorf auf. Die Städter kommen vor allem wegen der exzellenten Grilllgerichte in den zahlreichen Tavernen hierher.
Doch gilt das Dorf mit nur 110 Einwohnern, die größtenteils von der Viehzucht leben, unter Kretern schon fast als Nationalheiligtum. Der große

Die Kuppel der Marienkirche ragt über Mesklá auf.

Staatsmann Elefthérios Venizélos hatte in Thériso sein Hauptquartier und verfasste dort zusammen mit seinen Mitarbeitern 1905 die Revolutionserklärung gegen die Fremdbestimmung des autonomen Kretas. Der »Aufstand von Thériso« führte zur Rebellion gegen die Herrschaft des Kronprinzen Geórgios und der Großmächte. Obwohl der Prinz abdankte, blieb Kreta noch weitere acht Jahre an Griechenland angeschlossen.

Das Gebäude, in dem Venizélos Hauptquartier untergebracht war, erinnert heute mit Fotos, Dokumenten, Zeitungsartikeln und Waffen an den Staatsmann und den Aufstand. Vom kretischen Freiheitswillen zeugt auch der Widerstand gegen die Deutschen im Zweiten Weltkrieg. Diesem Thema widmet sich ein zweites Museum, das an der Hauptstraße liegt. Vor dem Museum erinnert ein Mahlstein aus einer alten Olivenmühle an den tragischen Tod einer Widerstandskämpferin während der türkischen Herrschaft. Chrysí Tripití wurde 1821 von den türkischen Besatzern mit diesem Mahlstein zerquetscht.

AUTORENTIPP!

BOTANICAL PARK

Im Jahr 2009 eröffnete Pétros Marinákis gemeinsam mit seinen beiden Brüdern einen Botanischen Park, der zu Füßen der Weißen Berge bei Fournés zu ausgiebigen Spaziergängen in der Natur einlädt. Nachdem ihre Olivenbaum- und Orangenhaine im Jahr 2003 abgebrannt waren, bepflanzten sie das 200 ha große Areal mit Obstbäumen, Weinreben, Kräutern und Heilpflanzen. Die besonderen klimatischen Verhältnisse und der fruchtbare Boden lassen hier Pflanzen aus kalten und warmen Regionen gleichermaßen gedeihen.
In der Taverne des Parks weiß man die kretischen Rezepte auch traditionell umzusetzen. Ganz nach dem Prinzip der Kreta-Diät werden Gäste auf der Terrasse mit toller Aussicht auf den Park und die umliegenden Berggipfel kulinarisch verwöhnt.
Botanical Park. Fournés, 2 km südlich, Tel. 69 76 860 573, April–Okt. tägl. ab 8 Uhr bis Sonnenuntergang, www.botanical-park.com, Eintritt 4 €.

Oben: Von dem bunten Hibiskus gibt es weltweit mehr als 200 Arten.
Mitte: Idyllisch sitzt man im Café am See von Agiá mit Blick auf die Weißen Berge.
Unten: Bei »Buddhas Hand«, eine Sorte der Zitronatzitrone, umgibt die Schale die einzelnen Fruchtsegmente.

Von Thériso nach Méskla

Vom oberen Dorfende von Thériso geht es durch Oleanderbüsche, Platanen und Eukalyptusbäume über eine gute Asphaltstraße die Hänge der Weißen Berge hinauf ins 7 km entfernte Zoúrva. Das recht einsame Dorf liegt auf 570 m Höhe. Zwei Tavernen mit traditioneller kretischer Küche und fantastischen Bergpanoramen laden zu einer Rast ein. Dann windet sich die Straße wieder bergab ins mitten im Grünen gelegene, von Hügeln umgebene Dorf Méskla. Bei der Taverne »Chalarís« entspringt eine Quelle. Im Dorfzentrum erhebt sich direkt neben einer alten Marienkirche aus dem 14. Jahrhundert eine große, neue Marienkirche. Ihre in Pastelltönen gestrichene Fassade und ihre rote Kuppel prägt mit ihrer märchenhaften Erscheinung das gesamte Dorfbild.

Fournés und Agiá

Durch Orangen- und Zitronenplantagen geht es von Mesklá bis zum blumenreichen Fournés. Hier teilt sich die Straße: Südlich kommt man zur Omalós-Hochebene (siehe Seite. 264 f.) und zum Botanischen Park (siehe Autorentipp S. 237), nördlich an die Küste zurück.

In Richtung Küste erreicht man das Dorf Agiá, das auf Kreta vor allem wegen seines Landwirtschaftsgefängnisses bekannt ist. Dort arbeiten Gefangene, die nur kurze Gefängnisstrafen oder eine Reststrafe absitzen müssen, ihre Zeit ab. Im Zweiten Weltkrieg wurden hier zahlreiche Griechen und auch viele deutsche Soldaten gefangen gehalten, gefoltert und hingerichtet, die nur kleine Delikte begangen hatten. Völlig idyllisch liegt hingegen der See von Agiá mit einem großen und modernen Café. Zwischen Herbst und Frühling ist er ein Ziel für Hobby-Ornithologen.

Infos und Adressen

Rund um Mesklá erstrecken sich weitläufige Olivenhaine.

SEHENSWÜRDIGKEITEN

Hauptquartier Venizélos. Thériso, Tel. 28 21 093 543, Di–So 8.30–14 und 17–20 Uhr, Eintritt frei.

Museum of National Resistance. Thériso, Tel. 28 21 078 833, Di–So unregelmäßig geöffnet. Eintritt frei.

ESSEN UND TRINKEN

Limeri. Wirt Jánnis Kantounákis serviert auf der mit Palmstroh bedeckten Terrasse des großen Steinhauses schmackhafte Fleischgerichte aus der Metzgerei seines Vaters. Thériso, Platía, Tel. 28 21 077 884.

Meterizi. Die urige Taverne bietet traditionelle Gerichte wie Zicklein mit stacheligem Chicorée oder wilde Hyazinthen mit Fleisch aus der eigenen Zucht. Thériso, unterer Ortsausgang, Tel. 28 21 078 930.

Aimilia. In ländlicher Atmosphäre mit Blick auf die Berge serviert Wirtin Emilía lokale Köstlichkeiten. Die Milchprodukte stammen aus eigener Herstellung. Zoúrva, Dorfstraße, Tel. 28 21 067 470.

ÜBERNACHTEN

Apirathes. Die drei perfekt ins Landschaftsbild eingebetteten Natursteinhäuser (70 und 105 m^2) sind komfortabel eingerichtet. Zoúrva, Dorfstraße, Tel. 28 21 067 147, www.apirathes-zourva.gr

Therisso Homes. Die beiden modern eingerichteten, zweistöckigen Natursteinhäuser mit je drei Schlafzimmern bieten genügend Platz für große Familien und Balkone mit schönem Blick in die imposante Bergwelt. Thériso, Tel. 28 21 057 873. www.therissohomes.gr

NACHTLEBEN

Lake – Limni. Das recht moderne, große Café mit großer Rasen- und Kinderspielfläche liegt direkt am See und eignet sich gut zum Vögelbeobachten. Am Wochenende feiern die Kreter hier oft Hochzeiten und Taufen. Agiá, am See, Tel. 28 21 077 976.

Die große, farbenfrohe Marienkirche in Mesklá.

Mitte: Das vom gesamten Küstenabschnitt aus sichtbare Eiland Agíi Theodóri darf nur zum Fest des Heiligen Theódoros am 8. Juni jeden Jahres betreten werden.
Unten: Die Beachbars in Plataniás und Agía Marína servieren am Strand Getränke und Snacks.

43 Agía Marína und Plataniás

Touristen-Hotspot des Westens

Das Touristenzentrum Westkretas liegt so nah bei Chaniá, dass Urlauber hier Stadt- und Strandurlaub ideal miteinander verbinden können. Zwischen Káto Stálos und Geráni lädt ein fast durchgehend verlaufender Sandstrand mit großem Wassersportangebot zum Baden und Aktivsein ein. Angesagte Open-Air-Locations und beliebte Restaurants locken auch viele kretische Städter in die Urlaubergegend.

Den Küstenabschnitt mit den beiden geschäftigen Orten Agía Marína und Plataniás prägen Tavernen, Hotels, Pensionen, Souvenirgeschäfte, Cafés und Open-Air-Diskotheken. Über 13 km zieht sich der mit Liegestühlen und Sonnenschirmen bestückte Sandstrand von Ort zu Ort. Das Sportangebot reicht von den üblichen Fun-Sportarten über Tauchen bis zu Fallschirmsegeln. Sehenswürdigkeiten gibt es jedoch kaum.

Etwa 100 m landeinwärts verläuft die Hauptstraße, die alle Küstenorte der Bucht miteinander verbindet. Anders als im touristischen Zentrum Ostkretas zieht es nicht nur junge Touristen in die besonders bei Skandinaviern beliebte Gegend, sondern auch ältere Urlauber und Einheimische, die hier einige gute Restaurants und eine der besten Ausgehmeilen Kretas zu schätzen wissen.

Der Golf von Chaniá und Agíi Theodóri

Die westlich von der Halbinsel Rodopoú und östlich hinter Chaniá von der Akrotíri-Halbinsel eingefasste Bucht war schon immer Angriffsziel verschiedener Eroberer. 1574 errichteten die Venezianer zwei Festungen auf der kleinen vorgelagerten Felsinsel Agíi Theodóri. Dennoch konnten die Türken sie 1645 besetzen und von hier aus später ganz Kreta erobern. Heute sind nur noch spärliche Reste erhalten. Besichtigen kann man sie nicht, da die Insel unter Naturschutz steht und nicht besucht werden darf. Dafür kann man mit einem Fernglas vom Strand aus manchmal die kretischen Wildziegen *kri-krí* sehen, die einzigen Bewohner des kleinen Eilands.

Von Káto Stálos nach Geráni

Von Chaniá führt die Verbindungsstraße zunächst in das winzige Dorf Káto Stálos. Hier sind in den vergangenen Jahren einige Apartmenthäuser und kleinere Hotels mit bezaubernder Aussicht entstanden.

Als Nächstes folgen die ineinander übergehenden Hauptorte Agía Marína und Plataniás. Sie bilden zusammen den lebhaftesten Teil des Küstenabschnitts. Ihre schicken Beach-Bars wie Ammos & Ilios oder Costa Costa in Agía Marína oder die Neromylos-Beach-Bar in Plataniás ziehen auch viele Städter an. Große Open-Air-Discos wie das Villa Mercedes und der seit Jahren bekannte und beliebte Mylos-Club auf der Meerseite, in denen auch ab und zu griechische Popsänger auftreten, haben das hiesige Nightlife auf ganz Kreta bekannt gemacht.

Südlich der Hauptstraße liegen die alten Ortskerne. Besonders das »alte« Plataniás liegt recht hübsch auf einem Felsen und bietet aus Gassen mit einigen alten Wohnhäusern und Tavernen Blick auf Küste und Meer. Hinter Plataniás wird es ruhiger. Geráni mit seinen guten Großhotels ist weniger dicht bebaut.

AUTORENTIPP!

ROMANTISCH SPEISEN

Seit 1960 liegt in einer Wassermühle und dem dazugehörigen Gasthaus aus dem 14. Jahrhundert das Restaurant »O Mylos tou Kerata« (»Die Mühle der Gehörnten«). Einst war es ein Liebesnest für Paare mit heimlichen Liebschaften. Giórgos Koukoutsákis, Sohn eines der Gründer, hat inzwischen eines der besten Restaurants Kretas geschaffen. Es besticht durch köstliche kretisch und mediterrane Küche und vor allem durch seine einzigartige Atmosphäre. Täglich bastelt der Kreative an seiner bunten Erntedank-Welt und legt in erfinderischen Formen Tomaten, Artischocken, Kürbisse, Getreide und andere Naturprodukte im Restaurant aus. Besonders stolz ist er auf die Wassermelonen, in die seine Mutter Gesichter, Tiere oder Pflanzen schnitzt. In dem blumenreichen Garten plätschert das romantisch beleuchtete Wasser der alten Mühle. Weibliche Gäste erwartet eine besondere Aufmerksamkeit: Die Blumen für das Haar überreicht der Wirt ihnen meist persönlich. Reservierung empfehlenswert.

O Mylos tou Kerata. Plataniás, Hauptstraße, Tel. 28 21 068 578, tägl. ab 18 Uhr. www.mylos-tou-kerata.gr

Oben: Wer im Golf von Chaniá ruhigere Kiesbuchten sucht, fährt zur Halbinsel Rodopoú im Westen.
Unten: Der friedlich gelegene deutsche Soldatenfriedhof in Máleme ist in vier Teile der Kampfzonen Máleme, Chaniá, Réthimno und Iráklio geteilt.

Deutscher Soldatenfriedhof

Der nächste Ort Máleme ist mit seinem Kiesstrand ebenfalls recht überschaubar. Auf einer Anhöhe mit Blick bis zur Halbinsel Rodopoú liegt in einem Meer aus bambusähnlichem Spanischen Rohr und Olivenhainen eine traurig stimmende Sehenswürdigkeit: der deutsche Soldatenfriedhof. 4465 deutsche Soldaten, die während des Zweiten Weltkriegs Opfer des faschistischen Überfalls auf Kreta waren, liegen seit 1974 auf einer Anhöhe oberhalb des Dorfs begraben. Der nahe Flughafen wurde im Mai 1941 zum Hauptziel deutscher Fallschirmjäger. Große Bild- und Texttafeln informieren auf Deutsch über die Geschehnisse.

Infos und Adressen

ESSEN UND TRINKEN

Limanaki. Wirtin Roúla serviert leckere Fischgerichte abseits vom großen Trubel. Plataniás, am kleinen Hafen, Tel. 28 21 068 859.

Platanias Palace. Leicht kitschige minoische Säulen und Fresken, kretische und internationale Küche und bester Meerblick. Plataniás, altes Dorf, Tel. 28 21 068 201, tägl. ab 18 Uhr.

ÜBERNACHTEN

Thalassa Beach Resort. Elegantes Luxushotel am Strand mit 81 stilvoll eingerichteten Zimmern und hauseigenem Spa. Agía Marína, Hauptstraße, Tel. 28 21 060 660, www.thalassaresort.gr

Panos Beach. Familiengeführtes Hotel am Strand mit kleinem Pool und 19 einfachen Apartments für zwei bis drei Personen. Plataniás, westliches Ortsende, Tel. 28 21 060 699, www.hotelpanos.gr

NACHTLEBEN

Halaro. Zwischen historischen Hausmauern ohne Dach trifft sich unter Weinreben ein eher alternatives Publikum bei Ethno- und leichter Rockmusik Plataniás, Hauptstraße, Tel. 28 21 060 345.

Neromylos. In der Beach Bar mit Designermöbeln, Swimmingpool und Poolbar spielt der DJ auch an partyfreien Tagen Mainstream. Plataniás, am Mylos-Club, tgl. ab 11 Uhr.

Mylos Club. Schon seit den 1990er-Jahren Mainstream & griechische Musik. Mit Open-Air-Bereich. Plataniás, westlich der Platía, tgl. ab 24 Uhr, Eintritt 10 € (inkl. Getränk).

Villa Mercedes. Der größte Club der Gegend bietet 2000 Personen Platz. Der gestylte Open-Air-Bereich mit Palmen zieht sich bis an den Strand. Agía Marína, Hauptstraße, Tel. 28 21 061 196, tgl. ab 23 Uhr, Eintritt 10 € (inkl. Getränk).

AKTIVITÄTEN

Little Luxury Day Spa. Kurze und lange Wellness-Anwendungen, einfach nur zum Wohlfühlen. Plataniás, Hauptstraße, Tel. 28 21 060 068. www.littleluxurydayspa.gr

Fun Dive. Kurse nach PADI für Anfänger und Fortgeschrittene an verschiedenen Stellen der Bucht. Plataniás, Hauptstraße, Tel. 28 21 097 437 und 28 21 081 726, www.fundive.gr

Little Fun Train. Die Mini-Züge fahren täglich von Küstenort zu Küstenort und bieten Urlaubern ohne Mietwagen auch eine gute Möglichkeit, die Dörfer im Hinterland zu entdecken. Plataniás, Platía, Tel. 28 21 060 817, www.funtrain.gr

Hellas Bike. Mountainbiketouren für die ganze Familie, die auch mit Wanderungen kombiniert werden können. Agía Marína, Hauptstraße, Tel. 28 21 060 858, www.hellasbike.net

Der westlichste Strand der Bucht liegt auf der Halbinsel Rodopoú nördlich von Kolimbári bei Afráta.

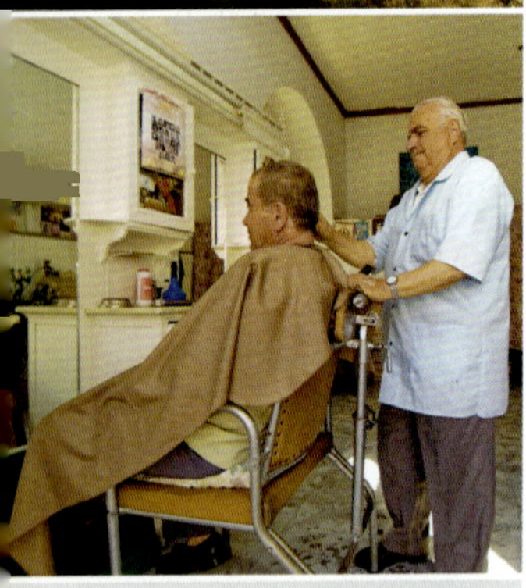

Mitte: Die außergewöhnliche Landschaft bei Potamída wird von bizarren, pyramidenförmigen Erosionshügeln geprägt.
Unten: Beim Barbier an der Platía von Kíssamos fühlen sich die kretischen Herren richtig wohl.

44 Kastélli Kissámou und das Hinterland

Eine Provinzstadt und unentdeckte Dörfer

Kretas westlichste Kleinstadt Kastélli Kissámou ist vom Tourismus nur wenig beeinflusst. Hier macht Urlaub, wer kretische Ursprünglichkeit erleben will, mobil ist und das noch unberührte Hinterland erkunden möchte. In verschlafenen Dörfern und bezaubernden Landschaften mit Meerblick kann man kurze Wanderungen unternehmen und die Natur genießen.

Die kleine Provinzstadt Kastélli Kissámou (oder kurz Kíssamos) liegt zwischen den Halbinseln Gramvoúsa mit ihren Traumstränden im Westen und Rodopoú mit dem für seine Fischtavernen beliebten Ort Ravdoúcha im Osten. Parallel zur Nationalstraße verläuft durch Kíssamos eine Geschäftsstraße mit einigen Gemischtwarenhandlungen. Erst mit dem Tourismus entstand die Uferpromenade. Östlich schließt sich der kilometerlange Sand- und Kiesstrand Telonío an. Westlich des Zentrums erstreckt sich der etwa 400 m lange, von einigen Hotels und Tamarisken gesäumte Sandstrand Mávros Mólos.

In einem Verwaltungsbau aus venezianisch-osmanischer Zeit wurde 2006 das Archäologische Museum eingerichtet, das in acht Sälen Funde aus der Umgebung präsentiert. Besonders sehenswert sind zwei farbige Bodenmosaike im Obergeschoss: Eins stammt aus der Zeit um 200 n. Chr. Seine Motive: Dionysos, der Gott des Weins, das Theater und die Fruchtbarkeit. Das zweite Mosaik aus der zweiten Hälfte des 2. Jahrhunderts zeigt in der

Mitte die drei mythologischen Horen, die Göttinnen der einst drei Jahreszeiten Frühling, Sommer und Winter. In den Ecken sind die vier uns bekannten Jahreszeiten in personifizierter Form zu erkennen.

Pyramiden in Potamída

Auf eine außergewöhnliche Mondgebirgslandschaft trifft man außerhalb des Dorfs Potamída, etwa 6 km südöstlich von Kíssamos. Die *komólithi* (Halbsteine) sind geologische Monumente, die sonst nirgendwo auf Kreta zu finden sind. In ihren heutigen Formationen sind diese »Pyramiden« durch menschlichen Einfluss entstanden: Man nutzte das Material vor der Entdeckung des Zements für die Dachabdeckung der Häuser in der Region. Holländische Wissenschaftler stellten fest, dass die Formationen schon vor 7,2 Millionen Jahren existierten. Wissenschaftler der Universität Kreta erforschten, dass das Sediment u. a. aus Pyrit besteht und Spuren von Gold enthält.

Wandern um Rókka und Delianá

Etwa 12 km südöstlich von Kíssamos lohnt ein Ausflug in die Hügel- und Schluchtenlandschaft rund um die Dörfer Rókka und Delianá. Schon vom Dorfrand Rókkas, das sich an einen markanten Felshügel schmiegt, eröffnen sich faszinierende Ausblicke in die wilde Schlucht, an deren Felswänden oft Gänsegeier nisten. Erst vor wenigen Jahren wurde die Rókkas-Schlucht mit ihren etwa 200 m hohen Felswänden touristisch erschlossen und durchgehend mit blauen Punkten markiert. Die vierstündige, anspruchsvolle Wanderung durch die teils nur 5 m breite, mit Kapernsträuchern bewachsene Schlucht beginnt im Dorf Koléni und führt durch spektakuläre Felsformationen bis zu einer venezianischen Bogenbrücke. Von hier aus beginnt der Aufstieg zum Dorf Delianá.

AUTORENTIPP!

TOLLE AUSSICHT VON POLIRRÍNIA

Nur wenige Autominuten von Kíssamos entfernt scheint das winzige Bergdorf Polirrínia nahe des Hügels, auf dem die Akropolis der antiken Stadt Polyrheneia stand, langsam aus dem Dornröschenschlaf zu erwachen. Hier gibt es neben den Ruinen der von archaischer bis frühbyzantinischer Zeit bewohnten Stadt eine einzigartige Landschaft zu entdecken. Im Dorf sind die Reste einer Wasserleitung und einer Zisterne erhalten. Der ausgeschilderte befahrbare Weg (»Ancient Polirinia Acropolis«) auf den Hügel endet vor der Kirche Agíi Patéres, die an der Stelle eines hellenistischen Baus errichtet wurde. Der Feldweg dahinter geht in einen schmalen Pfad über, der sich zwischen wild gewachsenen Stängeln des Riesenfenchels den Hügel hinaufwindet. Vorbei an einer Kapelle unter Olivenbäumen erreicht man nach etwa 30 Minuten den Gipfel des Akropolis-Hügels mit zahlreichen überwucherten Resten der Stadtmauer und der Zisternen. Überwältigend ist hier die Aussicht auf Tal und Meer.

Oben: Fischer kehren in den Hafen von Kíssamos oft noch mit reichem Fang zurück.
Mitte: Auf dem Hügel Troulí oberhalb von Rókka stand einst eine Akropolis.
Unten: Die Kirche Michaíl Archángelos bei Episkopí stammt vermutlich aus dem 10. Jahrhundert.

Von Rókka führt eine schmale, serpentinenreiche Straße nach Delianá, das in einem grünen Tal liegt. Von dort ist eine weitere vierstündige Wanderung möglich. Sie führt durch die mit Steinmännchen markierte und mit Platanen bewachsene Delianá-Schlucht.

Episkopí und Voúves

Über das Dorf Astrikás erreicht man das Dorf Episkopí mit der dem Erzengel Michael geweihten, tagsüber meist geöffneten Rotónda aus spätbyzantinischer Zeit. Die fast quadratische Kirche hat eine auf Kreta einzigartige, stufenförmige Kuppel, die innen von zahlreichen Bögen gestützt wird und ein geometrisches Bodenmosaik birgt.

2 km östlich liegt Voúves mit einem der ältesten Olivenbäume Kretas. Auf dem Rasen davor formen kleine, neu gepflanzte Olivenbäume die fünf Olympischen Ringe. Aus den Ästen des Baums wurden Siegerkränze für die Olympischen Spiele 2004 in Athen geflochten. Damals stritt man sich mit der Gemeinde Kavoúsi (Seite 135) um den Titel des ältesten Olivenbaums der Insel. Beide Bäume sollen über 3000 Jahre alt sein. Ein kleines, tagsüber geöffnetes Museum informiert über die Bedeutung der Olivenbäume auf Kreta sowie über die Olivenölproduktion.

Infos und Adressen

SEHENSWÜRDIGKEITEN

Archäologisches Museum. Kíssamos, Platía Tzanakáki, Tel. 28 22 083 308, Di–So 8.30–15 Uhr.

ESSEN UND TRINKEN

Kelari. In der Taverne mit regionaler Küche, guten Grillgerichten und frischem Fisch wird auch zweimal wöchentlich griechische Live-Musik gespielt. Kíssamos, Paraliakí, Tel. 28 22 023 883.

Papadakis. In einer der ältesten Tavernen der Stadt darf man das Essen noch in der Küche auswählen. Leckere Fischgerichte. Kíssamos, Paraliakí, Tel. 28 22 022 340.

Vrachos sto kima (Waves on the rock). Am westlichen Küstenabschnitt der Rodopoú-Halbinsel liegt die bei Kretern sehr beliebte Taverne von Thodorís Falelákis, der exzellenten frischen Fisch serviert. Ravdoúcha, am Strand, Tel. 28 24 023 133.

Statuen im archäologischen Museum von Kíssamos.

ÜBERNACHTEN

Peli. Einfaches familiengeführtes Hotel mit 29 Zimmern, nur 50 m vom Mávros Mólos Beach entfernt. Kíssamos, Odós Agamémnonos 22, Tel. 28 22 023 223, www.hotelpeli.com

Spiliá Village. Romantisch gelegenes, freundlich geführtes Hotel in einem Steinbau mit 30 traditionell eingerichteten Zimmern, hübschem Garten und Pool. Spiliá, Tel. 28 24 083 300. www.spiliavillage.gr

Gut erhaltenes Mosaik im Museum von Kíssamos.

AKTIVITÄTEN

Strata Walking Tours. Stélios Milonákis und seine britische Frau Angela organisieren zahlreiche Tageswanderungen in der Umgebung, Wanderferien und Jeep-Safaris. Kíssamos, Platía Tzanakáki, Tel. 28 22 024 336.

Art & Graphic Willy Dorn. Der deutsche Künstler bietet kombinierte Wander- und Malferien und Tageswanderungen durch die umliegenden Schluchten an. Delianá, Tel. 28 24 091 819. www.willy-dorn.eu

Tagesausflug nach Bálos & nach Gramvoússa. (siehe Seite 249).

Pollirínia – idyllisches Dorf im Hinterland.

Unten: In der kretischen Sonne ist der Aufstieg auf die Festung der Felsinsel Ímeri Gramvoúsa sehr mühsam.

45 Halbinsel Gramvoússa

Badespaß für Groß und Klein

Feinste Sandstrände und in Blau-, Grün- und Türkistönen schimmernde Lagunen erinnern an die Südsee. Die ehemalige Piratenbucht am Bálos Beach, kristallklares Wasser am Strand von Falássarna und eine Festung auf dem Felseiland Ímeri Gramvoússa locken in den Nordwesten.

Die Halbinsel Gramvoússa wird nur an ihrem Fuß bei Kalivianí im Osten und bei Falássarna an der westlichen Küste bewohnt. Ihre Spitze mit dem beliebten Bálos Beach erreicht man auf dem Landweg über eine mühsam befahrbare, raue Piste. Besser erreicht man den Traumstrand und die Festungsinsel Ímeri Gramvoússa auf einem Tagesausflug mit einem Passagierdampfer, der täglich in Kastélli Kissámou (siehe Seite 249) startet.

Festungsinsel Ímeri Gramvoússa

Auf der etwa einstündigen Bootsfahrt zur Festungsinsel lassen die Felsformationen erkennen, wie sich der Westen Kretas seit dem 5. Jahrhundert um etwa 6–9 m angehoben hat, während der östliche Inselteil entsprechend absank. Auf der »zahmen« Gramvoússa erbauten die Venezianer zwischen 1579 und 1584 eine Festung. Hier konnten sie den osmanischen Besatzern noch 23 Jahre nach dem Fall Kretas bis 1692 standhalten. Nachdem die Kreter das Eiland im 19. Jahrhundert durch eine List zurückerobert hatten, suchten etwa 3000 Flüchtlinge innerhalb der Festungsmauern Schutz vor den Türken. Aufgrund der schweren Lebensbedingungen auf der abgelegenen Felsinsel verschrieben sich viele von ihnen der Piraterie. Nach der Befreiung Kretas vereinsamte die Insel. Heute erklimmen täglich zahlreiche Touristen die 137 m hoch liegende Festung mit ihrem dreiecksförmig angelegten, einst etwa 1 km langen Mauerring, der einige Zisternen und kaum Gebäudereste umschließt. Der mühsame 20-minütige Aufstieg lohnt wegen der Aussicht über die Südküste bis zur Lagune von Bálos. Nach dem Besuch der Festungsinsel geht es mit dem Passagierschiff weiter zur Lagune. Hier bildet der mit Mastixsträuchern und wenigen Felsen gesäumte Küstenabschnitt mit dem Kap Tigáni eine südseehafte Bucht mit flachem Wasser.

Strand und antike Hafenstadt

Mit dem Auto erreicht man am Fuß der Gramvoússa-Halbinsel einen der schönsten Strände der Insel: den teilweise 100 m breiten flachen Sandstrand Falássarna. Nördlich führt ein Feldweg zu den Ruinen der antiken Hafenstadt Falássarna. Auch sie vergegenwärtigt die Erhebung Westkretas: Der Grund des 100 x 75 m großen Hafenbeckens (heute unter neuen Schutzdächern) liegt heute über dem Meeresspiegel. Erhalten sind Fundamentreste von zwei Türmen der Stadtmauer, fünf Tonbadewannen und eine einst mit Stuck ausgekleidete Zisterne.

Das venezianische Kastell hoch über dem Meer.

Infos und Adressen

SEHENSWÜRDIGKEITEN

Festung Gramvoúsa. Ímeri Gramvoúsa, frei zugänglich.

Antikes Falássarna. Falássarna, frei zugänglich.

ESSEN UND TRINKEN

Die Passagierschiffe sind mit Restaurants ausgestattet. Am Strand von Bálos gibt es eine einfache Taverne für den Hunger an Land.

Gramboussa. Eine der besten Adressen der Gegend für kretische Gerichte, die noch dazu in urigem, liebevoll gestaltetem Ambiente am Meer serviert werden. Reservierung empfehlenswert. Kalyvianí, Tel. 28 22 022 707, www.gramboussa-restaurant.gr

ÜBERNACHTEN

Kaliviani Traditional. Kleines, familiengeführtes Hotel mit fünf Zimmern und Meerblick in einsamer und romantischer Lage. Kalivianí, Tel. 28 22 023 204, www.kaliviani.com

Petalida. Pension mit 14 einfachen Zimmern mit Meerblick und gastfreundlichen Wirten. Falássarna, Tel. 28 22 041 449. www.petalida-crete.com

BOOTSTOUREN

Petalida. Anbieter von vierstündigev Ausflügev mit dem Glasbodenboot von Falássarna nach Gramvoúsa und Bálos. Falássarna, Tel. 69 72 011 508, tägl. 14 und 19 Uhr.

Gramvousa. Balos Cruises. Hafen von Kastélli, 3 km westlich der Stadt, Tel. 28 22 024 344, Tagestour April–Okt. tägl. ca. 10 bis 18 Uhr, Ticket: Erwachsene 22 €, Kinder bis 13 Jahre 11 €, www.gramvousa.com

SOUTHERN
POINT
EUROPE

DER SÜDWESTEN

46 Elafonísi

Exotisches Badeparadies und Legenden um ein Kloster

In Blau- und Grüntönen schimmerndes Wasser, feinsandige Strände und ein Kloster voller Legenden erwarten die Besucher am südwestlichsten Zipfel Kretas. In der Gegend von Elafonísi bleibt man am besten über Nacht; so lässt sich am Morgen und am Nachmittag die exotische Schönheit des winzigen Eilands entdecken.

Wer Elafonísi über die westliche Küstenstraße von Norden her anfährt, passiert kleine Dörfer und karge Landschaften mit einigen Olivenbäumen und Gewächshäusern. Kurz bevor man die Südküste erreicht, erhebt sich über einer kleinen Bucht das legendenumwobene Kloster Chrisoskalítissa. Etwa 4 km weiter bietet einer der bekanntesten kretischen Strände pures Südseefeeling.

Zu Fuß auf die Insel

Nur 100 m trennen Elafonísi von Kretas Südwestküste. Durch meist nur 50 cm tiefes Wasser kann man hinüberwaten. Ein Sandstreifen trennt eine kleine Lagune mit warmem Wasser zwischen dem touristisch erschlossenen Sandstrand an der Küste und Elafonísi vom offenen Meer; so kommt man auch trockenen Fußes hinüber zur Insel mit ihren tollen Dünen und den seltenen, unter Naturschutz stehenden Strandhyazinthen. Kleine Felsen bilden an der Südostseite winzige Buchten mit Sandstränden und endemischen weißen Sandlilien (*Androcymbium rechingeri*).

Wer bis an die felsige Südwestspitze von Elafonísi wandert, genießt einen fabelhaften Blick über die

Vorangehende Doppelseite: Auf Gávdos steht der wohl größte griechische Stuhl.
Mitte: Elafonísi ist einer der bekanntesten Strände Kretas.
Unten: Die Buchten hat man nur für sich allein, wenn man früh genug aus den Federn kommt.

Bezaubernde Farbkontraste: Dünen, Felsen, Meer.

Insel. Außer einem Leuchtturm und einer Kirche erinnert hier ein kleines Denkmal in Form einer Miniaturkirche an ein tragisches Ereignis. 1824 flohen 600 Frauen und Kinder mit 40 bewaffneten kretischen Männern vor den Türken hierher und wurden anschließend ermordet. Ein weiteres Denkmal erinnert an die toten Besatzungsmitglieder eines österreichischen U-Boots, das hier unterging.

Im Hochsommer platzt Elafonísi aus allen Nähten. Hunderte Touristen werden von ganz Kreta mit dem Bus herchauffiert, andere kommen mit dem Boot aus dem nahen Paleóchora – und der Parkplatz ist mit Mietwagen überfüllt. Inzwischen gibt es auch hier längst Beach Bars, Souvenirshops, Sonnenschirme und Liegen.

Legenden um ein Kloster

Um viele kretische Klöster und Ikonen ranken sich wundersame Geschichten. Im Fall von Chrisoskalítissa soll während der Zeit des Bilderstreits (726–843), als im Byzantinischen Reich geradezu ein Bürgerkrieg um die Frage herrschte, ob Heilige

AUTORENTIPP!

AGROTOURISMUS IN MILIÁ

ÖKO

Etwa 30 km nördlich von Elafonísi liegt abseits der Binnenlandstraße zur Nordküste das für Kreta einzigartige Öko-Dorf Miliá. Hier restaurierten junge Kreter ein verlassenes Bergdorf nach ökologischen Prinzipien und bewirtschaften seine Ländereien. 13 Natursteinhäuser, mit Kamin oder Holzofen, die teilweise direkt an den anliegenden Felsen gebaut sind, bieten jeweils Platz für zwei bis vier Personen. Strom erzeugt eine Solaranlage. Aktive können u. a. an Malunterricht und Kochkursen oder geführten Wanderungen teilnehmen. Im Restaurant (tgl. 12–21.30 Uhr) werden auch Nicht-Hotelgästen traditionelle kretische Gerichte serviert, u.a. aus selbst erzeugten Bio-Produkten.

Miliá Mountain Retreat. Vlátos, abseits der Straße, die von Élos nach Topólia führt, Tel. 28 21 046 774, www.milia.gr

Oben: Östlich von Elafonísi liegt der ruhigere, mit Wacholderbäumen bewachsene Strand Kedródasos.
Mitte: Die Ikonen in der Klosterkirche von Chrisoskalítissa sind mit Votivtafeln behängt.
Unten: Imposant thront das Kloster Chrisoskalítissa über dem Meer.

und biblische Szenen in Bildern dargestellt werden dürften, eine Ikone der Mariä Himmelfahrt in einer Felsspalte versteckt worden sein. Ein Bauer fand sie und platzierte sie am Fuß des Felsens, um dort eine Kirche zu bauen. Die Ikone bewegte sich von selbst an ihren Fundort zurück, was der Bauer als himmlisches Zeichen verstand: Die Kirche sollte auf und nicht neben dem Felsen entstehen.

Rätselhaft wird auch bleiben, woher das Kloster der »Goldenen Treppe« seinen Namen hat. Der Legende zufolge besteht die letzte der 98 Stufen aus Gold. Sehen kann sie aber nur, wer ohne Sünde ist. Wahrscheinlicher ist, dass man unter einer der Stufen den Goldbesitz des Klosters versteckte, um ihn vor den Türken zu schützen. An eine weitere sonderbare Geschichte erinnert heute in einem Hohlraum an der Treppe eine Ikone der Jungfrau Maria: 1824 versuchten türkische Soldaten, das zu jener Zeit leer stehende Kloster zu zerstören. Ein Bienenschwarm, der in dem Hohlraum nistete, hielt sie im letzten Moment auf.

Chrisoskalítissa heute

Das Kloster wurde liebevoll restauriert und beherbergt zwei kleine Museen. Wie bei allen kretischen Klöstern ist es auch hier erwünscht, sittsame Kleidung zu tragen, also wenig Haut zu zeigen. Ein Folkloremuseum präsentiert Webarbeiten und Objekte des täglichen Lebens. In winzigen Räumen sind eine Klosterzelle und eine geheime Schule aus der Zeit der Türkenherrschaft nachempfunden. Angeblich haben die Türken den Griechisch-Unterricht verboten, sodass die griechische Sprache nur dank des geheimen Unterrichts in Klöstern überlebte. Heute zweifeln Historiker jedoch an der Existenz solcher Schulen, da es keine Belege gibt. Das zweite Museum zeigt Ikonen aus dem 18. und 19. Jahrhundert.

Infos und Adressen

Elafonísi: außerhalb der Saison ein Badeparadies.

ESSEN UND TRINKEN

Innahorion. Die beste kretische Küche der Gegend wird auf einer schönen Terrasse serviert. Etwa 2,5 km nördlich von Elafonísi, Hauptstraße, Tel. 28 25 061 111.

Panorama. Tollen Meerblick haben Gäste von der Terrasse der Taverne Panorama, die hoch auf einer Klippe liegt. Elafonísi, Hauptstraße, Tel. 28 22 061 548.

ÜBERNACHTEN

Glykeria. Das kleine, familiengeführte Hotel hat neun einfache Zimmer mit Balkonen und Meerblick. Einladend sind auch der gegenüberliegende Pool und die seit 1979 bestehende Taverne. Chrisoskalítissa, Hauptstraße, Tel. 28 22 061 292, www.glykeria.com

Nireides. Moderne Anlage mit vier zweistöckigen Villen für zwei bis fünf Personen und Gemeinschaftspool. Chrisoskalítissa, Hauptstraße, Tel. 28 22 061 565, www.nireides.com

Elafonísi. Die 21 einfachen, geräumigen Zimmer bieten eine schöne Aussicht in die umliegenden Olivenhaine. Gäste werden gern mit dem Geländewagen durch die Gegend gefahren. Elafonísi, Hauptstraße, Tel. 28 22 061 274. www.elafonisi-resort.com

Impressionen im karibisch anmutenden Elafonísi.

Beachbars versorgen die Gäste mit Schatten und Erfrischungen.

BOOTSTOUREN

Mini Cruises. Kleine Bootstouren rund um Elafonísi und zum 2 km entfernten, ruhigeren Kedródasos Beach. Am Strand auf der kretischen Seite, Tel. 69 44 627 609.

Mitte: Der westliche Sandstrand Pachiá Ámmos von Paleóchora lädt zu ausgiebigem Sonnenbaden ein. **Unten:** In der Fußgängerzone von Paleóchora sitzt man gerne zum stundenlangen Reden.

47 Paleóchora bis Chóra Sfakíon

Bootstour zu Füßen der Weißen Berge

Die Südwestküste Kretas ist größtenteils unberührt. Schroffe Felsformationen umschließen Schluchtausgänge, immer wieder trifft man auf größere und kleinere Strände. Mit dem eigenen Boot, den Passagierschiffen der Fährlinie oder auch zu Fuß kommt man von Paleóchora aus über drei, teilweise mit dem Auto unzugängliche, winzige Orte in die Region Sfakiá, die als Kretas Seele gilt.

Eine Bootstour zwischen den fünf Orten der kretischen Südküste beansprucht mehrere Tage. Nur wer sich etwas mehr Zeit nimmt, kann die Orte, Strände und Berge richtig kennenlernen und auch ausgiebig baden und wandern. Von dieser Route aus sind drei der schönsten Schluchten Kretas erreichbar. Auch der Europäische Fernwanderweg E4 führt küstennah von Ort zu Ort. Bootstaxis fahren Besucher auch an die Strände in der näheren Umgebung.

MAL EHRLICH

WOHIN MIT DEM AUTO?

Ein Auto braucht man in diesem Teil der Südküste nicht. In Loutró dürfen Autos ohnehin nicht von Bord. Wer Loutró besuchen möchte, sollte das Auto entweder zu Beginn der Tour oder in einem der anderen Küstenorte stehen lassen oder spart sich direkt das Geld für Mietwagen und Fähre. Auch wenn die Mitnahme auf der Fähre kein Problem darstellt, ist man ohne Auto in diesem Fall flexibler.

Das Kastell am südlichen Ende von Paleóchora.

Vor der Kulisse eines Kastells: Paleóchora

Gesäumt von zwei Stränden liegt Paleóchora auf einer schmalen Halbinsel. Der zweitgrößte Ort der kretischen Südküste (2200 Einwohner) ist bei deutschsprachigen Individualtouristen schon seit den 1960er-Jahren sehr beliebt. Paleóchoras besonderes Flair entsteht durch die gute Mischung von Rucksacktouristen, Familien und Einheimischen. Es bietet viele Möglichkeiten für Ausflüge mit dem Auto, Fahrrad oder Mountainbike.

Schon 1282 bauten die Venezianer am Ende der heutigen Hauptstraße, die von Norden her durch die Stadt führt, das kleine Kastell Sélino auf einem Hügel oberhalb des alten Dorfkerns. Die Fundamente der Außenmauern umfassen Reste der Innenmauern, die mit Thymian und Disteln bewachsen sind. Mit seiner herrlichen Sicht auf das Libysche Meer ist das Kastell besonders bei Sonnenuntergang ein Treffpunkt für Romantiker. Auf dem Weg geht es an dem Museum »The Acritans of Europe« gegenüber der Marienkirche vorbei. Es präsentiert Helden und Epen aus dem europäischen Mittelalter und aus byzantinischer Zeit,

AUTORENTIPP!

ADRENALINKICK FÜR MUTIGE

Wollten Sie schon immer mal an Ihre Grenzen gehen, etwas Verrücktes ausprobieren oder einfach nur anderen dabei zusehen? Dann auf zur Vardinogiánnis-Brücke über der Arádena-Schlucht, 14 km nördlich von Chóra Sfakíon. Hier heißt es, tief durchatmen, Arme ausbreiten und schreien so laut man kann. Den Rest erledigen das Team von Ángelos Evlampíou und die Erdanziehungskraft. Seit über zehn Jahren bieten der Extremsportler und sein Team jedes Wochenende von Juni bis August waghalsige Sprünge am Bungee-Seil an. Der Sprung aus 138 m Höhe mit der zweitgrößten Falltiefe Europas – tiefer springt man nur in der Schweiz – steht in puncto Szenerie ganz vorn, auch wenn man nur Zuschauer ist. Springen muss man in Arádena allein! Tandemsprünge sind in der engen Schlucht zu gefährlich.

Liquid Bungy. Juni–Aug., Sa & So ab 12 Uhr bis zum Sonnenuntergang. Sprung 70 €, Paket (Sprung, Zertifikat, Video, Fotos und T-Shirt) 100 €, Tel. 69 37 615 191, www.bungy.gr

AUTORENTIPP!

IDEENREICHE VEGETARISCHE KÜCHE

Das vegetarische Restaurant »The Third Eye« stellt eine kleine Attraktion in der kretischen Gastronomie dar. Gemüse essen die Kreter zu Hause, in Restaurants bestellt man »Fleisch oder Fisch«. Die »Beilagen«, das Gemüse, rücken in den Hintergrund. An die ursprüngliche Kreta-Diät, den weitgehenden Verzicht auf tierische Fette und den Verzehr von Obst und Gemüse, hält sich niemand mehr.

Eftíchios Botanákis ließ sich vor der Eröffnung seines Restaurants in Asien inspirieren. Der Obst- und Gemüsereichtum Kretas und die Kochkünste seines Bruders Isídoros kamen unterstützend hinzu. Auf der Karte stehen neben vegetarischen Gerichten der kretischen Küche asiatische und arabische Speisen. So finden auch Kreter den Weg ins »The Third Eye« und vielleicht auch wieder zurück zur kretischen Diät.

The Third Eye. Paleóchora, etwa 20 m vom Pachiá Ámmos Beach stadteinwärts, gut ausgeschildert, Tel. 28 23 041 234, tägl. 8.30–15 und 17.30–23 Uhr.

In den Tavernen von Paleóchora mischen sich die Touristen unter die Einheimischen.

dargestellt auf großen Tafeln. Zu sehen sind Ikonen, Malereien, Instrumente, Waffen und Figuren des heute noch aufgeführten Schattenspieltheaters Karagiózis.

Die von Läden, Reisebüros, Tavernen und Cafés gesäumten Straßen unterhalb des Kastells führen zu den beiden Stränden. Der lange, breite Sandstrand Pachiá Ámmos erstreckt sich westlich; der zweite Strand mit Kies und Kieselsteinen sowie der Campingplatz liegen windstill auf der Ostseite nördlich der Uferpromenade, die ab 18 Uhr für Autos gesperrt und zur Flaniermeile wird.

Relaxen in Soúgia

Spürbar kleiner als Paleóchora ist Soúgia mit einem 1 km langen, von Bäumen umsäumten Strand. Tavernen, Cafés und kleine Hotels reihen sich an der Uferpromenade aneinander, die vom kleinen Hafen im Westen bis zu einem Trockenbachbett im Osten führt. Der Campingplatz am östlichen Teil des Strands zieht besonders viele junge Leute an; wohl auch der Grund für die zwei Open-Air-Diskotheken im Ort. Auch bei Nudisten ist der östliche Teil des Strands sehr beliebt.

Über den E4 nach Líssos

Von Soúgia führt eine etwa 90-minütige Wanderung durch einen Pinienwald zu den westlich liegenden Ruinen des antiken Líssos. Die dorische Stadt florierte in der byzantinischen Periode und wurde im 9. Jahrhundert von den Sarazenen zerstört. Erhalten sind einige römische Grabgewölbe und die Reste eines Tempels mit einem Fußbodenmosaik aus dem 1. Jahrhundert. Besonders in den zwei Jahrhunderten v. und n. Chr. war der Tempel für den Heilgott Asklípios ein beliebtes Pilgerziel. Unterhalb der Ausgrabungen lädt eine schöne Bucht mit Kieselstrand zum Baden ein.

Zur Agiá-Iríni-Schlucht

Die neue, serpentinenreiche Asphaltstraße führt 18 km hinauf zum Dorf Agía Iríni. Nicht weit vom südlichen Ortsausgang beginnt die 7,5 km lange Agía-Iríni-Schlucht mit ihren über 100 m hohen Felssteinwänden. Die schöne, weniger bekannte Wanderung führt durch eine schattenreiche Schlucht mit vielen Platanen, Pinien und Oleander. Der Duft von Salbei, Rosmarin und Thymian liegt in der Luft. Um die anschließenden 7 km vom Ausgang der Schlucht bis nach Soúgia nicht laufen zu müssen, ist es empfehlenswert, die Rückfahrt im Voraus zu organisieren.

Agía Rouméli

Nach Agía Rouméli verschlägt es nur selten Besucher, es sei denn nach einer Wanderung durch die Samariá-Schlucht (siehe Seite 264). Erschöpft, aber glücklich erreichen die Wanderer den Küstenort. Bis die Fähren am späten Nachmittag ablegen, reicht die Zeit meist noch, um etwas zu essen, oder zum Baden an dem 1 km langen Strand.

Über Land ist Agía Rouméli nur über Wanderwege erreichbar. Wer über Nacht bleibt, kann einen ca. 45-minütigen Spaziergang von dem 1954 nach einer Überflutung verlassenen Dorf bis zur osmanischen Burgruine unternehmen. Friedliche Ruhe herrscht in den Morgenstunden auch in der Samariá-Schlucht, bevor die Besuchermassen die »Eiserne Pforte« erreichen.

Absolut sehenswert ist die einsam am Meer liegende Kapelle Ágios Pávlos. Der über eine einstündige Wanderung erreichbare Strand liegt östlich von Agía Rouméli unterhalb eines großen Kiefernwalds. Schon seit dem 11. Jahrhundert steht hier die Kapelle mit einigen gut erhaltenen

Oben: Am Kiesstrand von Agía Rouméli bieten Schirme Schatten und das Meer die ideale Erfrischung.
Mitte: Nach der Wanderung durch die Schlucht sind die meisten erschöpft.
Unten: Restaurants und Pensionen warten in Agía Rouméli nicht nur auf Wanderer.

Oben: Fischerboote prägen den Hafen von Chóra Sfakíon.
Mitte: Wie aus dem Bilderbuch: Loutró ist der kleinste Weiler dieses Küstenabschnitts.
Unten: Die Cafés in Loutró laden mit leiser Musik im Hintergrund zum Relaxen ein.

Fresken. Gleich unterhalb der Kirche strömt klares Quellwasser aus dem Kies. Man kann hier auch übernachten: in einem der Fremdenzimmer der Taverne.

Malerisch adrett – Loutró

In völliger Abgeschiedenheit kann man hier süßes Nichtstun genießen. Wie Ágia Rouméli ist auch Loutró über keinerlei Straßen mit der Außenwelt verbunden. Griechische Künstler kommen alljährlich hierher, um sich inspirieren zu lassen. Als einziger Ort dieses Küstenabschnitts ist Loutró nur im Sommer bewohnt. An Wochenenden und im August füllt sich die kleine Bucht mit den Fischer- und Motorbooten der Kreter, Anlegeplätze werden rar, und in den Tavernen wird es lauter. Die weiß gestrichenen Häuser mit blauen Fensterläden und Türen liegen rund um die kleine Bucht, dem einzigen natürlichen Hafen Südkretas. Die englische Hotelbesitzerin Alison Androulákis sorgt hier für Einheitlichkeit. Mit Schildern weist sie an ihrem Hotel an dem schmalen Kieselstrand darauf hin, dass das Baden »oben ohne« nicht erwünscht ist.

Rund um Loutró bieten sich Spaziergänge und Wanderungen an. Der Kieselsteinstrand Sweetwater »Glyká Nerá«, einer der ersten FKK-Strände Kretas, liegt etwa eine Stunde östlich. Richtung Westen gelangt man an den Überresten einer Burg vorbei nach einer 30-minütigen Wanderung an den Kiesstrand Phoenix »Fínikas«. Bei der Taverne werden auch Zimmer vermietet.

Sfakiá – die Seele Kretas

Der 280-Seelen-Ort Chóra Sfakíon war einst die Hauptstadt des Landkreises Sfakiá und während der Fremdbesatzungen das Zentrum der kretischen Unabhängigkeitskämpfe. Nicht grundlos sind die Sfakioten in ganz Griechenland als freiheitsliebende, tapfere und stolze Menschen bekannt. Fast 700 Jahre kämpften sie gegen jeden Besatzer, bauten trotz großer Verluste ihre Dörfer wieder auf und ließen sich nicht unterkriegen. Auch heute lebt man in der Sfakiá mit diesen Werten, die eine gefährliche Kehrseite haben: Die Verletzung der Familienehre kann schwere Folgen haben. Die letzte Vendetta soll es zwar in der Nachkriegszeit gegeben haben, doch noch immer legt sich keiner gern mit den Sfakioten an.

Dreh- und Angelpunkt ist in Chóra Sfakíon die Platía zwischen Hafen und Ortszentrum. Hier starten oder beenden täglich Hunderte Wanderer ihre Tagesausflüge in die Samariá-Schlucht. Die meisten verweilen nur kurz, aber der beschauliche Ort ist ein guter Ausgangspunkt zu der wilden Bergregion mit den größtenteils verlassenen Dörfern Anópoli, Arádena und Ágios Ioánnis. Auch eine Wanderung durch die Ímbros-Schlucht (siehe Seite 270) bietet sich an. Fast alle Tavernen an der Uferpromenade vermieten Zimmer. Im ehemaligen Dorfzentrum sind noch Reste eines Festungsturms erkennbar. Dahinter lädt der kleine Kieselstrand Vrísi zum Baden ein oder man wandert zum 1 km entfernten, westlich liegenden Kiesstrand Ilíngas.

AUTORENTIPP!

GÁVDOS: ROBINSONADEN MIT VERLÄNGERUNGSRISIKO

Wer viel Zeit hat und mit überschaubaren Verhältnissen zufrieden ist, kann ein paar schöne Tage auf Gávdos verbringen, der südlichsten Insel Europas. Die 37 km² große Insel ist besonders bei Naturliebhabern, Campern und FKK-Urlaubern beliebt. Hier treffen sich junge Kreter und Aussteiger, drehen – nicht nur – Zigaretten und chillen. Einen Haken hat die Inselidylle: Ist man erst mal hier, hängt es vom Wetter ab, wann man wieder zurück kann. Auch im Sommer können starke Nordwinde oft zu tagelangen Ausfällen der Fähren führen.

Trotz südlichster Lage und felsigen Küstenabschnitten ist Gávdos im Inselinneren recht üppig mit Pinien und Zedern bewachsen. Im Norden locken traumhafte Sandstrände, wie der feinsandige Ágios Ioánnis. Manche sind nur zu Fuß oder per Boot zu erreichen. Am Kap Tripití, dem südlichsten Inselzipfel, kann man einen 1880 erbauten Leuchtturm besichtigen. Die Inselbewohner sind größtenteils in der Nachkriegszeit abgewandert. Dafür kommen heute im Sommer Hunderte von Urlaubern in den Ferienort Sarakíniko an der Nordküste.

Infos: www.gavdosisland.gr

Infos und Adressen

INFORMATION

Städtische Touristeninformation. Paleóchora, Uferstraße, nördlich vom alten Hafen, Tel. 28 23 041 507, www.paleochora-info.com, Mai–Okt. Mi–Mo 10–13 und 18–21 Uhr.

Anendyk. Aktuelle Fahrpläne der Passagierschiffe und Fahrtickets bekommt man in Chaniá und in jedem Küstenort. Chaniá, Milonogiánni 80–82, Tel. 28 21 095 511; Paleóchora (Selino Travel), Tel. 28 23 042 272; Soúgia, Tel. 28 23 051 230; Agía Rouméli, Tel. 28 25 091 251; Loutró, Tel. 28 25 091 141; Chóra Sfakíon, Tel. 28 25 091 221, www.anendyk.gr

ESSEN UND TRINKEN

Akropolis. Im *rakádiko* von Wirtin Iolánda sind die *mezédes* hervorragend. Paleóchora, Gasse zum Kastell, Tel. 28 23 041 070, tägl. ab 17 Uhr.

Methexis. Gute kretische Gerichte und leckere Salate auf einer großen Terrasse mit Meerblick. Paleóchora, Uferpromenade, südlicher Teil, Tel. 28 23 041 431.

Polyfimos. Köstliche kretische Gerichte unter Weinreben und Bergahorn. Soúgia, hinter der Polizeistation, Tel. 28 23 051 343.

Das gepflegte Hotel Libyan Princess in Paleóchora.

Oasis. Im Schatten von Johannisbrot- und Olivenbäumen bieten Jánnis und Sergio gute und leckere griechische und italienische Küche. Ausgang der Agía-Iríni-Schlucht, Tel. 28 23 051 377, tägl. 9–17 Uhr.

Faragi. In der Taverne von Nektários und Manólis Tzatzimákis wird noch viel selbst gemacht. Milchprodukte, Fleisch und Fisch stammen aus eigener Herstellung und aus eigenem Fang. Es werden auch Zimmer vermietet. Agía Rouméli, Tel. 28 25 091 225, www.faragi.com.gr

Ilios. Fangfrischen Fisch, lokales Fleisch und Gemüse gibt es im Ilios schon seit über 30 Jahren. Loutró, Promenade, Tel. 28 25 091 160.

Delfini. Hier brechen sich die Wellen gleich unterhalb der Terrasse und die Fisch- und Fleischgerichte schmecken besonders gut. Chóra Sfakíon, Platía, Tel. 28 25 091 002.

ÜBERNACHTEN

Villa Marise & Europa Studios. Zwei Apartmentanlagen mit 16 Wohneinheiten, die sich einen großen Pool teilen. Auch Yogakurse werden angeboten. Paleóchora, Sandstrand, Tel. 28 23 083 018, www.villamarise.com

Libyan Princess. Modernes, familiengeführtes Hotel gehobener Kategorie mit 33 komfortabel eingerichteten Zimmern, Pool und kleinem Wellnessbereich. Paleóchora, zwischen Hauptstraße und Uferstraße (nördliches Ende), Tel. 28 23 042 030, www.libyanprincess.gr

Santa Irene. Die kleine Anlage des Traditionshotels bietet 14 Apartments und Studios in Strandnähe. Im Café große Frühstücksauswahl auch für Nicht-Hotelgäste. Soúgia, Uferstraße, westlicher Teil, Tel. 28 23 051 342, www.santa-irene.gr

Gigilos. Die familiengeführte Pension hat einfach möblierte Zimmer mit neuen Bädern. Die besten liegen an der Uferstraße. Agía Rouméli, westlicher Ortsrand, Tel. 28 25 091 383.

Porto Loutro. Das 1989 von der Engländerin Alison Androulákis eröffnete Hotel war eins der ersten im Ort. Bis heute achtet sie auf jedes kleine

Wanderer warten in Agía Rouméli auf die Fähre.

Detail in den zwei Anlagen. Loutró, am Strand, Tel. 28 25 091 433, www.hotelportoloutro.com

Stavris. Das 1969 eröffnete, kleine Hotel mit 32 Zimmern wird schon in der dritten Generation geführt. Chóra Sfakíon, oberhalb des alten Hafens, Tel. 28 25 091 220. www.hotel-stavris-chora-sfakion.com

Livikon. Das einfache Hotel mit geräumigen Zimmern oberhalb der Taverne bietet schönen Meerblick. Chóra Sfakíon, Promenade, Tel. 28 25 091 211, www.sfakia-livikon.com

NACHTLEBEN

Attikon Cinema. Das kleine Open-Air-Kino zeigt täglich aktuelle, englischsprachige Filme. Paleóchora, hinter der Schule.

Paleochora Club. Viele junge Leute zieht es in die Diskothek des Campingplatzes. Paleóchora, Uferpromenade, Juni–Sept. tägl. ab 23 Uhr.

Fortuna. Open-Air-Diskothek mit langer Theke und von Bougainvilleen umgebener Tanzfläche am Ortsrand. Soúgia, Straße Richtung Norden, tägl. ab 23 Uhr.

EINKAUFEN

Symbolo. Interessanten, handgemachten Silberschmuck findet man bei Tásos Theodorákis. Paleóchora, Gasse zum Kastell, Tel. 28 23 042 018, www.symbol-art.gr

AKTIVITÄTEN

Aqua Creta Diving & Adventures. Große Auswahl an Tauchkursen für Anfänger und Fortgeschrittene. Veranstaltet werden darüber hinaus auch Tagesausflüge nach Gávdos und zu mehreren Stränden der Umgebung. Paleóchora, Odós Kondekáki, Tel. 28 23 041 393.

Bootstour. Täglich startet um 10 Uhr ein Boot nach Elafonísi (siehe Seite 252). Mehrmals wöchentlich werden um 17 Uhr Touren zum »Dolphin Watching« angeboten, wobei das Antreffen der Delfine nicht garantiert wird. Buchbar z.B. bei Selino Travel, Paleóchora, Odós Kondekáki, Tel. 28 23 042 272.

Mountainbikes. Viele Mietwagenunternehmen vermieten auch Mountainbikes, z.B. Sabine Travel, Paleóchora, Venizélou, Tel. 28 23 042 105.

Kanus. Im Hotel Porto Loutro werden stunden- oder tageweise Einer- und Zweier-Kanus vermietet. Loutró, am Strand.

Notos Mare. Damúlis und Leftéris Tririntánis bieten Schnorcheln, Schnuppertauchen für Anfänger sowie Nacht-, Grotten- und Tieftauchgänge nach PADI für Taucher mit Tauchschein an. Chóra Sfakíon, Hafen, Tel. 28 25 091 333, www.notosmare.com

Bootstaxis. Mit einem Bootstaxi kommt man von den Orten zu den umliegenden Stränden. Soúgia, Tel. 69 47 605 802; Agía Rouméli, Tel. 69 73 813 842; Loutró, Tel. 69 88 981 255; Chóra Sfakíon, Tel. 69 45 287 977.

Die kretische Küche serviert auch Überbackenes.

Unten: Bis zu 600 m ragen die eindrucksvollen Felswände der Samariá-Schlucht empor.

48 Samariá-Schlucht

Kretas bekannteste Schlucht

Zu Recht zählt die Samariá-Schlucht zu den beliebtesten Wanderrouten Griechenlands. Sprudelnde Quellen und eine wild romantische, atemberaubende Landschaft lohnen die Anstrengung. Die etwa 16 km lange Wanderung durch die Schlucht ist ein Highlight jedes Kreta-Urlaubs, aber man sollte sie nicht unterschätzen. Beinah alpin muten die steilen Felswände der Weißen Berge an. Die »Eiserne Pforte« ist die spektakulärste Stelle der Schlucht.

Trotz des großen Besucherstroms ist die Samariá-Schlucht für Wanderfreunde ein unvergessliches Erlebnis. Die berühmte Wanderung, bei der etwa 1250 m Höhenunterschied überwunden werden, verläuft größtenteils über Geröll und unebenen Waldboden. Die je nach eigenem Rhythmus fünf bis sieben Wanderstunden sollte man nur auf sich nehmen, wenn man den eigenen Kräften vertraut.

Die Wanderung von Xilóskalo südlich des Dorfs Omalós bis in den kleinen Küstenort Agía Rouméli (siehe S. 259) am Libyschen Meer. Fast der gesamte Weg führt an einem Bach vorbei, dessen hoher Wasserstand die Schlucht im Winter unpassierbar macht. Im Sommer überquert man den nur kärglich rinnenden Bach immer wieder auf Trittsteinen, hölzernen Stegen und Brücken. Je früher man sich auf den Weg macht, desto besser. Die Ausflugsbusse trudeln ab 8 Uhr ein, die letzte Fähre fährt um 17.30 Uhr.

Am angenehmsten ist die Wanderung im Mai, im September und im Oktober, wenn die Temperaturen nicht zu hoch sind und die Schlucht nicht völ-

Informationen zur Wanderung

Häufig wird der Fluss auf Trittsteinen überquert.

INFORMATIONEN

Empfehlenswert sind die organisierten Tagesausflüge mit geführter Wanderung der Reisebüros auf Kreta.

Samariá National Park. Odós Nikoláou Plastíra 10, Chaniá, Tel. 28 21 045 570, www.samaria.gr

Parkwache. Agía Rouméli, Tel. 28 25 091 254.

Zeiten: 1. Mai–15. Okt. tägl. von 6–16 Uhr. Bei schlechtem Wetter wegen Steinschlaggefahr geschlossen.

Eintritt: 5 €, (beide Kassenhäuschen). Die Eintrittskarte bis zum Ausgang der Schlucht aufbewahren, damit die Parkwächter überprüfen können, dass niemand verloren gegangen ist.

An- und Abfahrt: Linienbusse tägl. um 6.15, 7.30 und 8.30 Uhr von Chaniá (1 Std.) nach Omalós. Von Réthimno 1 Std. bis Chaniá und dann umsteigen. Vom Schluchtausgang bei Agía Rouméli fährt die Fähre um 17.30 Uhr nach Chóra Sfakíon und Soúgia. Anschließend fahren Linienbusse an die Nordküste. Busfahrpläne: www.bus-service-crete-ktel.com

Anendyk. Aktuelle Fährpläne. Chaniá, Milonogiánni 80–82, Tel. 28 21 095 511, www.anendyk.gr oder Agía Rouméli, Tel. 28 25 091 251.

Die Anreise mit dem Auto ist nur für die kurze Wanderung von Agía Rouméli bis zur »Eisernen Pforte« zu empfehlen. Das Auto morgens an den Häfen von Chorá Sfakíon, Soúgia oder Paleóchora abstellen.

Ausrüstung: Festes, rutschfestes Schuhwerk, Sonnencreme und ein Hut.

Verpflegung: Eine Wasserflasche, die während der Wanderung an Quellen aufgefüllt werden kann, ist absolutes Muss. Auch Proviant schadet nicht.

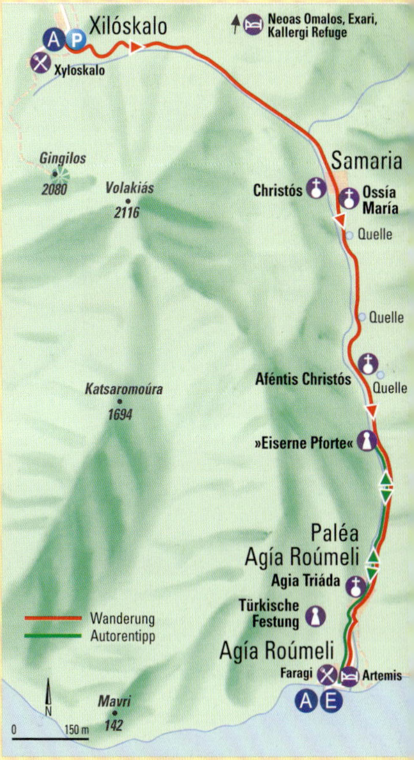

AUTORENTIPP!

SAMARIÁ AUF DIE FAULE ART

Wer die Samariá-Schlucht sehen möchte, sich die 16 km lange Wanderung aber nicht zutraut oder einfach zu faul ist, die beschwerliche Strecke zu laufen, entscheidet sich am besten für den kürzeren und leichteren Weg zu der atemberaubenden »Eisernen Pforte«. Dazu fährt man mit der morgendlichen Fähre (siehe Seite 262) von Chóra Sfakíon (1 Std.), Paleóchora (1.30 Std.) oder Soúgia (0.45 Std.) nach Agía Rouméli und beginnt die Wanderung von Süden her. Vom südlichen Kassenhäuschen sind es etwa 2 km bis zur engsten und imposantesten Stelle der Schlucht.

Durch den leichten Anstieg ist diese Variante zwar auch kein gemütlicher Spaziergang, hat aber neben ihrer Kürze noch andere Vorzüge. Wer morgens losgeht, ist in der imposanten Landschaft noch relativ allein und kann den romantischen Lichteinfall genießen. So ist man den Wanderern, die von Norden kommen, zeitlich um einiges voraus, denn sie müssen erst mal die vielen Kilometer hinter sich bringen.

Zwischen den Ruinen der Bruchsteinhäuser im alten Dorf Samariá spenden Platanen und Olivenbäume Schatten.

lig überfüllt ist. Vom Kassenhäuschen geht es den mit hölzernen Balken befestigten Weg Xilóskalo, die »hölzernen Treppe«, steil bergab. An der von jahrhundertealten Zypressen gesäumten Kapelle Ágios Nikólaos vorbei kommt man in den Talgrund. Imposant erheben sich rundherum die über 2000 m hohen Gipfel der Lefká Óri (Weiße Berge). Wichtig ist, sich während der gesamten Strecke auf dem Hauptpfad aufzuhalten. Experimentierfreude hat hier schon einige Male zu tödlichen Unfällen geführt.

Ein verlassenes Dorf

Das mit Kiefern bewachsene Gebiet ist noch relativ breit, bis man nach etwa 6 km das verlassene Dorf Samariá erreicht, das mit einer Quelle, sanitären Einrichtungen und der Erste-Hilfe-Station der wichtigste Rastplatz in der Schlucht ist. Als die Gegend 1962 zum Nationalpark erklärt wurde, um die kretische Wildziege *kri-krí* zu schützen, mussten die Einwohner, die hier von der Holzfällerei lebten, ihr Dorf verlassen. Heute sind die meisten Häuser verfallen, nur wenige wurden für die Wächter der Schlucht restauriert. Mit ein wenig Glück kann man hier Steinböcke und Wildziegen beobachten, die auf Futter von den Wächtern hoffen. Kurz hinter dem Dorf kommt man an der Kirche Ossía María aus dem 14. Jahrhundert vorbei. Sie ist der Heiligen Maria von Ägypten geweiht und hat der Schlucht ihren Namen verliehen. Gleich danach wird die Schlucht allmählich enger.

Die »Eiserne Pforte«

An imposanten Felsformationen, überhängendem Gestein und weiteren Wasserquellen (die letzte ist bei der Kapelle Aféntis Christós) vorbei, gelangt man zur spektakulärsten Stelle der Schlucht. Auf einer Länge von 12 m geht es durch die nur 3 m breite Sidiróporta, die »Eiserne Pforte«. Die Schluchtwände ragen hier atemberaubende 350 m empor. Eine kleine Holzbrücke führt über das Flussbett. Dann wird die Schlucht wieder breiter und der Weg zum südlichen Kassenhäuschen führt weiter durch hohe Felswände.

Endlich geschafft!

Noch einmal geht es an einem ehemaligen Dorf vorbei: Das alte Dorf Agía Rouméli wurde 1954 überflutet und anschließend von seinen Bewohnern verlassen. Nur einige Hirten halten hier im Sommer noch ihre Schafe. Feigenbäume und Kiefern säumen den Weg. Von den kleinen Snack-Bars am Ende des alten Dorfes, die müden Wanderern moderne Massagesessel zur Verfügung stellen, ist es noch gut einen Kilometer bis zum Küstenort Agía Rouméli. Nach der gesamten Anstrengung kommt er vielen nervenaufreibend lang vor. Wer genug hat und sich den sonnenreichen, gepflasterten Weg ins Dorf ersparen möchte, kann von hier auch mit einem Minibus bis an die Küste fahren.

Die Felswände der Schlucht schillern in verschiedenen Farbnuancen.

Infos und Adressen

AKTIVITÄTEN

Fromagerie traditionelle. Von Februar bis September kann man in der traditionellen Käserei, die seit 1960 besteht, bei der Produktion von Milchprodukten zusehen. Omalós, Infos im Hotel Exari.

ESSEN UND TRINKEN

In Omalós servieren die gleich guten Tavernen der Hotels Neos Omalos und Exari traditionelle Gerichte.

Xyloskalo. Von der Terrasse bietet sich ein toller Einblick in die Schlucht. Oberhalb des Schluchteingangs, Tel. 28 21 052 122, tägl. ab 7 Uhr.

Faragi. Die familiengeführte Taverne bietet gute kretische Küche aus lokalen Produkten. Agía Rouméli, Tel. 28 25 091 225.

ÜBERNACHTEN

Neos Omalos. Schon seit 1954 bietet das Hotel 26 geräumige Zimmer mit Balkon. Omalós, Tel. 28 21 067 269, www.neos-omalos.gr

Exari. Hübsches Hotel in einem Steinhaus mit 24 komfortablen Zimmern. Omalós, Tel. 28 21 067 180, www.exari.gr

Artemis Studios. Zwölf Studios mit Balkonen für zwei bis fünf Personen. Die Inhaber geben gern Tipps zur Erkundung der Umgebung. Agía Rouméli, am Ortsrand, Tel. 28 25 091 377, www.agiaroumeli.com

Kallergi Refuge. Der Tiroler Josef Schwemberger führt seit 1976 die Berghütte des Griechischen Bergsteigervereins. Sie hat mehrere Zimmer mit Stockbetten und ist ein guter Ausgangspunkt, um die Weißen Berge zu erkunden. Östlich der Straße zwischen Omalós und Xylóskalo, Tel. 28 21 033 199.

49 Frangokástello

Dünen und Geister

Feinsandige Strände, hohe Sanddünen, eine naturbelassene Umgebung und ein venezianisches Kastell prägen die Streusiedlung Frangokástello, den östlichsten Südküstenweiler der Provinz Chaniá. Alljährlich sind Einheimische und Touristen den Geistern von rund 400 kretischen Freiheitskämpfern auf der Spur, die 1828 vergeblich gegen eine Überzahl türkischer Soldaten kämpften.

Frangokástello ist ein beliebter Erholungsort mit viel Raum für Ruhesuchende. Seinen Namen verdankt er einem überdimensionierten Kastell, das im Sommer Schauplatz für Theater, Konzerte und Veranstaltungen ist. 50 m links der Hauptstraße, etwa 400 m östlich des Kastells, kann man die Überreste eines Mosaiks einer frühchristlichen Basilika frei einsehen. Daneben stehen die kleine Kapelle des Heiligen Nikítas und ein greisenhafter Johannisbrotbaum.

Auf dieser Festung spukt es

Das von den Venezianern 1370 erbaute, aber nie genutzte Kastell gewann erst 450 Jahre später, während der Türkenherrschaft, an Bedeutung. Von dem weit entfernten griechischen Festland kamen 1828 etwa 700 Soldaten nach Frangokástello, um die Kreter im Kampf gegen die türkischen Besatzer zu unterstützen. Gegen 8000 türkische Soldaten hatten sie jedoch keine Chance; 400 griechische Soldaten fielen schon in den ersten Tagen. Die übrigen verschanzten sich im Kastell. Unterdessen schafften es die Kreter, sich mit den Türken zu einigen. Den Soldaten aus dem Kastell wurde freier Abzug gewährt.

Mitte: Eindrucksvoll liegt die Festung Frangokástello mit den Bergen im Hintergrund am Meer.
Unten: Auf dem Friedhof von Frangokástello schmücken Blumen, Fotos und Öllampen die Marmorgräber.

Glaubt man den Einheimischen, erscheinen von Mitte Mai bis Anfang Juni die Geister der gefallenen Soldaten. Die *drosoulítes* (»Tau-Schatten«) zeigen sich in den Morgenstunden, schleichen bei Sonnenaufgang mit Gewehren und Pferden rund um das Kastell und verschwinden im Meer. Während des Zweiten Weltkriegs eröffneten die deutschen Besatzer ein zielloses Feuer gegen sie. Wissenschaftlich konnte das Phänomen bisher nicht belegt werden. Vermutlich entsteht es durch die Brechung der Sonnenstrahlen im Morgennebel.

Strände

Frangokástellos breiter, feinsandiger Hauptstrand fällt etwa 150 m weit flach ins Meer ab und ist ideal für Kinder. Schwimmer bevorzugen den Strand Orthí Ámmos (»stehender Sand«), ca. 600 m weiter östlich. Schon nach kurzem Graben im Sand kann man hier Süßwasserquellen entdecken. Die bis zu 20 m hohen Sanddünen bilden sich durch starke Herbstwinde. Orthí Ámmos ist nicht so stark frequentiert wie der Hauptstrand, aber längst nicht mehr allein den Einheimischen vorbehalten.

Bei den Dünen schwankt oft die Wassertemperatur.

Infos und Adressen

ESSEN UND TRINKEN

Oasis. In einer der besten Tavernen Südkretas werden köstliche regionale Gerichte und, wenn vorhanden, frischer Fisch serviert. Besonders schön bei Sonnenuntergang. Hauptstraße Richtung Westen, Tel. 28 25 083 562.

Kalí Kardiá. Kleine, urige Taverne, etwa 100 m vom Strand entfernt, mit schattiger Terrasse. Hier werden unter anderem leckeres Zicklein und köstliche Pizzen serviert. Hauptstraße/Ecke Hafenzufahrt, Tel. 28 25 092 123.

ÜBERNACHTEN

Fata Morgana & Paradisos. Studios, Apartments und zwei Türme, die inmitten eines Olivenhains liegen. Für Ausflüge oder Einkäufe stehen Fahrräder zur freien Verfügung. Hauptstraße Richtung Osten, oberhalb des Orthí Ámmos Beach, Tel. 28 25 092 077, www.fatamorgana-kreta.com, www.paradisos-kreta.com

Mylos. Eine restaurierte, über 100 Jahre alte Windmühle und vier rustikale Zimmer in einem Steinhaus unter Tamarisken bieten Platz für je zwei Personen. Gleich daneben werden zwölf weitere, moderne Studios und Apartments vermietet. Westlich des Kastells, am Strand, Tel. 28 25 092 161, www.milos-sfakia.com

Kallicrates Village. Dieses freundlich geführte Hotel mit seinen zehn einfachen Studios mit Balkon liegt inmitten einer schönen Grünanlage mit Pool und Poolbar, etwa 100 m vom Strand entfernt. Westlicher Ortsrand, Tel. 28 25 083 570, www.kallicratesvillage.gr

Unten: Eindrucksvoll erheben sich die Felswände der Ímbros-Schlucht in bis zu 300 m Höhe.

50 Ímbros-Schlucht

Eine Wanderung für die ganze Familie

Die kürzere und leichter begehbare Ímbros-Schlucht ist eine schöne Alternative zur Samariá-Schlucht, nicht nur für ungeübte Wanderer und Kinder. Besonders beliebt ist die Wanderung durch die Ímbros-Schlucht, wenn die große Schwesternschlucht Anfang Frühjahr noch Wasser führt oder geschlossen ist. Vom üppig bewachsenen Nordteil gelangt man durch den kargen Süden mit bezaubernder Aussicht über das Libysche Meer.

Umgeben von verschiedenfarbigen Felsformationen überwindet man bei dieser Wanderung zwischen den Dörfern Ímbros und Komitádes einen Höhenunterschied von etwa 650 m. Den oberen Teil prägen Zypressen, Eichen, Feldahorn sowie Mandel- und Feigenbäume, während der südliche Teil nur spärlich mit Zypressen und Salbei bewachsen ist. An den Hängen der Schlucht sieht man oft weidende Ziegen und Schafe. Das zu-

MAL EHRLICH

TAXIPREISE SIND NICHT IMMER FAIR

Leider passiert es viel zu oft, dass Taxifahrer überteuerte Preise für kurze Strecken verlangen. Wer das Auto in Ímbros abgestellt hat, sollte sich daher die Busfahrpläne anschauen und überlegen, doch noch die 1,5 km bis zur Bushaltestelle westlich von Komitádes zu laufen. Wer es lieber bequem hat, findet in Komitádes schnell ein Taxi, das auf erschöpfte Wanderer wartet. Besser und preiswerter fährt, wer den Preis im Voraus verhandelt und sich mit anderen Wanderern zusammenschließt.

Informationen zur Wanderung

INFORMATIONEN

Kassenhäuschen und Rastplatz. Eintritt 2 € (im Kassenhäuschen oder am Rastplatz). Die Parkwächter der Schlucht sind in Notfällen die ersten Ansprechpartner. Sehr gut organisierte, geführte Wanderungen durch die Ímbros-Schlucht bietet Happy Walker in Réthimno. Réthimno, Tombázi 56, Tel. 28 31 052 920, tägl. 17–20.30 Uhr, Juli–Aug. am Wochenende geschl., www.happywalker.com

WANDERN

Zeiten: Die Ímbros-Schlucht ist ganzjährig geöffnet und wird nur bei gefährlichen Wetterverhältnissen geschlossen. Am besten beginnt man die Wanderung vor 10 oder nach 11.30 Uhr. Im Hochsommer sollte man entweder frühmorgens oder nach 14 Uhr starten.

Ausrüstung: Die Wanderung ist mit festen Sportschuhen möglich. Wichtig sind Jacke oder Pullover für den oberen, sehr schattigen Teil und Sonnenschutz für den unteren Teil.

Verpflegung: Unbedingt reichlich Wasser mitnehmen.

An- und Abfahrt: Mehrmals tägl. Linienbusse von Chaniá (ab 8.30 Uhr) und Réthimno (ab 7 Uhr) (www. bus-service-crete-ktel.com). Für die Rückfahrt mit dem Bus (ca. 18.45 Uhr) vom Ende der Schlucht etwa 1,5 km westlich bis zur Kreuzung der Hauptstraße nach Chóra Sfakíon laufen, wo die Busse an der Taverne halten. Wer mit dem Auto anreist, fährt nach der Wanderung entweder mit einem Taxi nach Ímbros zurück, das man in den Tavernen von Komitádes rufen lassen kann, oder nimmt den Bus Richtung Chaniá.

Die Besucher der Ímbros-Schlucht kombinieren gerne Wandern mit Malen.

AUTORENTIPP!

URSPRÜNGLICHKEIT IN DEN BERGEN DER SFAKIÁ

Die Menschen der Askífou-Hochebene, 5 km nördlich von Ímbros, leben vom touristischen Trubel unbeeindruckt. Auf einer fruchtbaren Ebene zwischen den Gipfeln der Lefká Óri bauen sie Getreide und Wein an. Dank der Nähe zu Chaniá sind die fünf Siedlungen der Hochebene bis heute bewohnt. Traditionelle Tavernen bieten ausgezeichnete kretische Küche. In Bäckereien wird der *dákos* noch nach alten Rezepten gebacken. Die Schusterwerkstatt von Níkos und Ierónimos Gialedákis in Ammoudári fertigt sogar noch die typisch kretischen Lederstiefel *stivánia* in Handarbeit. Das private Kriegsmuseum in Karés veranschaulicht u.a. mit einer Sammlung von Waffen und Dokumenten aus dem Zweiten Weltkrieg den Widerstandswillen der Sfakioten. Und im Berghotel Lefkorítis in Ammoudári suchen nicht nur Touristen ländliche Ursprünglichkeit. Hier treffen sich auch Jäger und Kreter zu geselligen Stunden abseits des Stadtlebens.

nächst breite, grob geschotterte Kiesbachbett führt durch Felswände, die imposant bis zu 300 m emporragen. An ihrer schmalsten Stelle misst die Schlucht nur knapp 2 m.

Geschichte

Einst war die Schlucht zwischen Ímbros und Komitádes ein bedeutender Verbindungsweg durch die raue Gebirgswelt und Schauplatz heftiger Kämpfe zwischen den freiheitsliebenden Sfakioten (siehe S. 261) und den osmanischen Soldaten. Eine Marmortafel weist auf eine Höhle hin, in der es 1867 zu einem von vielen Massakern kam. Auf der Askífou-Hochebene kämpften die sfakiotischen Rebellen gegen die Türken; Frauen und Kinder suchten Schutz in einer Höhle der engen Schlucht. Für die Flüchtlinge wurde sie zur Sackgasse, niemand überlebte.

Zu Beginn ein Spaziergang

Mehrere Schilder weisen über verschiedene Zugänge am südlichen Ortsausgang von Ímbros den Weg in die 7 km lange Schlucht. Alle Wege führen zu dem kleinen, steinernen Kassenhäuschen, dem Startpunkt der Wanderung. Bis zum Schluchtanfang geht es zunächst durch ein breiteres Tal, dessen Vegetation von niedrigen, dornigen Büschen, wildem Thymian, Eichen und aromatischen Bergzypressen geprägt wird.

Nach etwa 30 Minuten verengt sich der Weg, und Geröll macht das Gehen etwas beschwerlicher. Die überhängenden Felsen der hier enger zusammenstehenden Schluchtwände spenden Schatten. Wenn am Kassenhäuschen keine Tickets verkauft werden, bekommt man sie an dem kleinen Rastplatz, den man nach gut einer Stunde erreicht. Dort lassen die Felsen auch wieder ein wenig Licht in die Schlucht.

Durch den Tunnel ans Licht

Nach fast zwei Stunden weist eine Holztafel auf das beliebteste Fotomotiv der Ímbros-Schlucht hin: ein tunnelähnliches, natürliches Felsentor. Die Schluchtwände ragen hier etwa 300 m in die Höhe. Schon nach kurzer Zeit wird der Weg breiter und die Felswände spenden keinen Schatten mehr. In dem kargen, sonnenreichen Gelände mit vereinzelten Zypressen ist es ab dem Frühsommer besonders zur Mittagszeit sehr heiß. Schön anzusehen, aber giftig, sind die im Frühling rosafarben blühenden Oleanderbüsche. Etwa 30 Minuten läuft man noch bis zur Hauptstraße durch die trockene Landschaft. Zwischen flachen Hügeln eröffnet sich ein toller Blick zum Libyschen Meer – das Ziel ist fast erreicht. Das Trockenbachbett führt direkt auf die Asphaltstraße, aber man kann in westlicher Richtung auch direkt nach Komitádes gehen, wo einige Tavernen auf hungrige und durstige Wanderer warten.

Die engste Stelle der Schlucht wirkt wie ein Tunnel.

Infos und Adressen

ESSEN UND TRINKEN

Porofarango. Kretische Küche auf einem großen Balkon mit imposantem Blick über die Schlucht. Das Schaf- und Ziegenfleisch stammt aus eigener Zucht. Ímbros, Tel. 28 25 095 450.

Ostria. Das süße Restaurant-Café mit tollem Blick auf das Libysche Meer und Frangokástello erinnert mit seiner blau-weißen Dekoration an die Kykladen. Komitádes, Tel. 28 25 091 309.

Kafenío. Unter einem Maulbeerbaum serviert das *kafenío* oberhalb des Dorfplatzes einfache, aber traditionelle kretische Küche. Unbedingt probieren: die *myzithrópita*, eine Art Pfannkuchen mit Weichkäse und Honig. Askífou, Tel. 28 25 095 228.

ÜBERNACHTEN

Villa Archodiko. Zwei restaurierte Steinhäuser aus dem 18. Jahrhundert für zwei bis acht Personen mit Gemeinschaftspool und Grillmöglichkeiten. Ímbros, Tel. 28 31 055 289, www.marybeach.gr

Giorgos. Giórgos Deligiannákis und seine deutsche Frau Anette vermieten fünf einfache Studios und Apartments. Komitádes, Tel. 28 25 091 005, www.taverna-giorgos-komitades.com

Lefkorítis Mountain Resort. Berghotel mit neun traditionell eingerichteten Apartments und einem Pool. Mountainbike-Verleih und Reitmöglichkeiten. Das Restaurant tischt köstliche Wildgerichte auf. Ammoudári, Askífou-Hochebene, Tel. 28 25 095 455, www.lefkoritis.com

KRETA VON A BIS Z

Vorangehende Doppelseite: Bougainvilleenim Garten der Stella's Traditional Apartments in Káto Zákros. **Oben:** Die Lagune von Bálos erreicht man am besten per Ausflugsschiff. **Mitte:** Beliebtes Vehikel: das Quad. **Unten:** Leider noch viel zu häufig: in der Natur abgestellter Schrott.

Anreise – mit dem Flugzeug

Charter- und Low-Cost-Flüge bringen Besucher zwischen April und Oktober von fast allen deutschen Flughäfen nach Iráklio und Chaniá. Die Flugzeit beträgt rund drei Stunden. Wer per Linienflug anreisen möchte, muss über Athen fliegen. Weiter geht es dann ganzjährig mehrmals täglich mit Aegean Airlines, Olympic Air und Athens Airways nach Iráklio und Chaniá. Mehrmals pro Woche verbinden Olympic Air und Aegean Airlines Athen auch mit Sitía.

Der Flughafen von Iráklio liegt etwa 5 km östlich der Stadt. Linienbusse fahren zwischen 5 und 23 Uhr alle 5–10 Minuten ins Zentrum und zum Fernbusbahnhof (Fahrkarte ca. 1 €). Aktuelle Taxitarife in verschiedene Orte sind am Taxistand ausgehängt. Der Flughafen von Chaniá liegt etwa 14 km östlich auf der Akrotíri-Halbinsel. Busse fahren zwischen 6.40 und 21.45 Uhr ungefähr stündlich (Unterbrechung zwischen 13.30 und 15.40 Uhr) in die Stadt. Ein Taxi kostet ca. 20 €. Den 3 km nördlich der Stadt liegenden Flughafen von Sitía verbinden keine Busse mit dem Zentrum, für ein Taxi bezahlt man etwa 10 €. Hier landen und starten bisher nur Inlandsflüge.

Anreise – mit Auto und Fähre

Eine direkte Fährverbindung von Italien nach Kreta gibt es nicht. Wer mit dem Auto anreisen möchte, muss von Italien nach Pátras auf den Peloponnes übersetzen und dann von Piräus aus die Fähre nach Kreta nehmen. Aktuelle Fährpläne findet man unter www.greekferries.gr

Autofahren und Mietwagen

Auto- und Motorradrundreisen sind auf Kreta problemlos. Tankstellen gibt es genügend. Nachts sind sie allerdings meist geschlossen, selbst an der Hauptverkehrsstraße (New National Road), die sich an der Nordküste von Westen nach Osten zieht. Der ADAC (Tel. +49 89 222 222, Athen: 21 09 601 266) kooperiert in Griechenland mit dem Automobilclub ELPA.

Die Straßen auf Kreta sind recht gut ausgebaut. Vorsicht ist wegen plötzlich auftretender Schlaglöcher, unzureichend abgesicherter Baustellen und wegen des Fahrverhaltens der Kreter geboten (siehe auch S. 96). Die Höchstgeschwindigkeit beträgt innerorts 50 km/h, auf Landstraßen 90 km/h und auf Schnellstraßen 110 km/h. Die Missachtung der Straßenverkehrsordnung kann überaus teuer werden. Die Polizei kassiert drastische Bußgelder: Fahren ohne Sicherheitsgurt oder Motorradhelm kostet 350 €, bei Missachtung roter Ampeln oder eines Stopp-Schilds sind schon 700 € fällig.

In den Flughäfen von Iráklio und Chaniá, in den Städten sowie in fast allen Ferienorten kann man bei zahlreichen Anbietern Autos, Mopeds und Motorräder mieten. Zur Anmietung eines Mietwagens reicht meist der nationale Führerschein aus, bei größeren Unternehmen werden zur Sicherheit auch oft Kreditkarten verlangt. Günstiger sind Mietwagen meist bei Vorausbuchung im Internet, z.B. www.holidayautos.de, für Mitglieder des ADAC unter www.adac.de.

Busse

Das einzige öffentliche Verkehrsmittel auf der Insel ist der Bus. Fernbusse fahren von den Städten in fast alle Dörfer und verbinden die Städte miteinander. Es gibt Winter- und Sommerfahrpläne. Die aktuellen Fahrzeiten erfragt man am besten an den jeweiligen Busbahnhöfen. Dort sind auch oft gedruckte Fahrpläne erhältlich. Teilweise stehen die Fahrpläne auch im Internet: unter www.ktelherlas.gr für Zentral- und Ostkreta und www.bus-service-crete-ktel.com für Westkreta.

Oben: Auf der Lassíthi-Hochebene sind landwirtschaftliche Fahrzeuge stets präsent.
Mitte: Die Südküstenorte wie Chóra Sfakíon begeistern durch ihre Lage zwischen Meer und Gebirge.
Unten: In kleinen Orten werden oft Hauswände als Werbetafeln genutzt.

Die Fahrkarten sind recht günstig und können unterwegs an Kiosken, im Supermarkt und auch in den Bussen erworben werden.

Die Stadtbusse sind hauptsächlich für die Verbindung zwischen den Stadtzentren und den außerhalb liegenden Strandhotels oder den Flughäfen nützlich. Gedruckte Fahrpläne gibt es für diese Busse jedoch nicht. Am besten erkundigt man sich an der Rezeption des Hotels.

Einkaufen, Shopping, Souvenirs

In den Großstädten Iráklio, Réthimno und Chaniá gibt es alles, was Kreter und Besucher brauchen. Weltbekannte Labels sind hier ebenso vertreten wie zahlreiche Filialen griechischer Schuh- und Modemacher. In Souvenirgeschäften findet man sowohl Billigware als auch hochwertige inseltypische Souvenirs wie Keramik, z.B. im Dorf Margarítes (siehe Seite 199) oder farbige Glasobjekte in Kókkino Chorió (siehe Seite 195). Beliebte Mitbringsel sind kulinarische Spezialitäten wie Olivenöl oder Käse, selbst entworfener und hergestellter Gold-, Silber- und Modeschmuck, Lederwaren und Webarbeiten.

Elektrizität

220 Volt Wechselstrom

Eintrittspreise

Bei archäologischen Stätten und staatlichen Museen bekommen Schüler und Studenten aus der EU mit gültigem internationalen Studentenausweis sowie Senioren meist Ermäßigungen bis zu 50 %. An gesetzlichen Feiertagen, jeden Sonntag zwischen November und März, am 1. Sonntag von April bis Mai und Oktober, am letzten Septemberwochenende, am 6. März, 18. April, 18. Mai, 5. Juni und 27. September jeden Jahres ist der Eintritt für alle frei.

Oben: Zahlreiche Schuhläden in Iráklio verraten die neuesten Trends.
Mitte: Das Fingerspiel *kombolói* bekommt man in Souvenirgeschäften in jeder Preiskategorie.
Unten: Gegrillte Meeresfrüchte und Fisch sind ein wichtiger Bestandteil der Inselküche.

Essen und Trinken

Die meisten kretischen Tavernen haben keine Ruhetage. Sie öffnen ab 11 Uhr und servieren noch bis mindestens Mitternacht. Exklusivere Restaurants öffnen meist ab 18 Uhr, Reservierungen sind nur dort üblich. Auf den Rechnungen findet man oft das sogenannte Couvert, ein Betrag zwischen 0,50 € und 5 €, der pro Person erhoben wird.

Feiertage

1. Januar: Neujahr
6. Januar: Taufe Christi
Rosenmontag: 18. März 2013, 3. März 2014, 23. Februar 2015
25. März: Unabhängigkeitstag (Nationalfeiertag) und Mariä Verkündung
Ostern (Karfreitag bis Ostermontag) wird im griechisch-orthodoxen Kirchenjahr nach dem julianischen Kalender gefeiert, sodass es fast immer auf einen anderen Termin fällt als bei uns: 13. bis 16. April 2012, 3.–6. Mai 2013, 18.–21. April 2014
1. Mai: Tag der Arbeit (beweglicher Feiertag)
15. August: Mariä Himmelfahrt
28. Oktober: Óchi-Tag (Nationalfeiertag)
24./25. Dezember: Heiligabend/Weihnachten
31. Dezember: Silvester

Geld

Die Landeswährung in Griechenland ist der Euro, die Centmünzen nennen die Griechen *leptá*. Am liebsten ist den Griechen Bargeld. Man kann es an Automaten mit Scheckkarte (EC/Maestro) oder Kreditkarte und PIN-Code ziehen, teilweise sogar mit deutscher Menüführung, in jedem Fall aber in englischer Sprache. In allen Banken, den meisten Postämtern und den Wechselstuben am Flughafen können Reiseschecks eingelöst oder Bargeld gewechselt werden. An Autovermietungen, den meisten Tankstellen und in vielen Hotels kann man mit Kreditkarten zahlen. Auch in einigen

Oben: »Fast Food« wie *souvláki* gibt es auf den Wochenmärkten.
Mitte: Ostern, das bedeutendste griechische Fest, wird mit der Großfamilie ausgiebig gefeiert.
Unten: Speisekarten und Werbetafeln sind sogar in kleineren Orten meist auch auf Englisch vorhanden.

Oben: Am Voulisméni-See üben sich schon Kinder als Angler.
Mitte: Traditionelle Ortschaft mit viel inseltypischem Charme: Vámos auf der Apokóronas-Halbinsel.
Unten: Kretas Freizeitangebot für Kinder ist groß. Hier: die Kriti Farm nahe Liménas Chersonissou.

Restaurants und Souvenirläden werden sie akzeptiert, sind aber gerade in kleinen Geschäften eher unüblich. Allgemeine Sperrnummer für deutsche Karten bei Kartenverlust: Tel. 00 49 116 116.

Gesundheit (Ärzte, Notruf)

Notarzt und Krankenwagen: 166, Polizei: 100, Feuerwehr: 199.
Zwischen Griechenland und Deutschland sowie Österreich besteht ein Sozialversicherungsabkommen. So kann man sich theoretisch gegen Vorlage der European Health Card der gesetzlichen Krankenversicherung kostenlos behandeln lassen. Bei Notfallbehandlungen, in staatlichen Krankenhäusern und Erste-Hilfe-Stationen klappt das auch für alle Nicht-EU-Bürger problemlos; viele Ärzte erwarten von ausländischen Patienten allerdings Barzahlung. Eine Auslandskrankenversicherung ist auf jeden Fall zu empfehlen. So ist gewährleistet, dass gegen Vorlage einer Quittung vom Arzt das Geld nach der Rückkehr in die Heimat zurückerstattet wird. Im Notfall kommt die Auslandskrankenversicherung auch für einen Krankenrücktransport auf.

Apotheken findet man auf Kreta überall, selbst in kleineren Dörfern. Sie heißen *farmakío* und sind in der Regel gut bestückt, wenn auch meist nicht mit deutschen Medikamenten. Dafür sind viele Standardmedikamente wie Aspirin und andere Schmerzmittel oder Salben wesentlich günstiger. Welche Apotheke gerade Nacht- oder Wochenenddienst hat, erfährt man über Aushänge im Schaufenster oder von ortsansässigen Taxifahrern.

Kinder

Die Griechen nehmen ihre Kinder überall hin mit. Es ist daher nicht ungewöhnlich, dass Kinder spät abends auf Straßen oder Plätzen spielen oder in Cafés und Tavernen mit am Tisch sitzen. Kinderteller gibt es nur in Touristenlokalen. In einheimischen

Restaurants sind bei den *mezedákia* aber immer auch Gerichte dabei, die Kindern schmecken, wie Pommes frites, Spaghetti oder *keftédes*.

Wer mit Babys oder Kleinkindern reist, sollte sich bei kleineren Hotels vorher erkundigen, ob es Babybetten gibt. Windeln und Babynahrung sind in Supermärkten oder Apotheken erhältlich, oft allerdings teurer als bei uns.

Klima und Reisezeit

Mit über 300 Sonnentagen im Jahr ist Kreta ein Ganzjahresziel, wobei die touristische Saison von Mai bis Oktober währt. Diese Monate eignen sich auch am besten für einen Badeurlaub. Im Juli und August (letzterer ist der Ferienmonat für die Griechen) erreichen die Temperaturen oft die 40 °C-Marke. Wer viel wandern oder Rad fahren möchte, sollte diese Zeit meiden.

Von November bis April bieten sich Besichtigungs- und Städtereisen an. Den meisten Niederschlag bekommen Januar und Februar ab. Schnee fällt in den Bergen zwischen Ende November und März. Dann ist für viele von den Kretern an Wochenenden besuchte Hotels und Pensionen in den Bergdörfern Hauptsaison. Botaniker sollten die Reise zwischen März und Mai antreten, wenn vieles blüht.

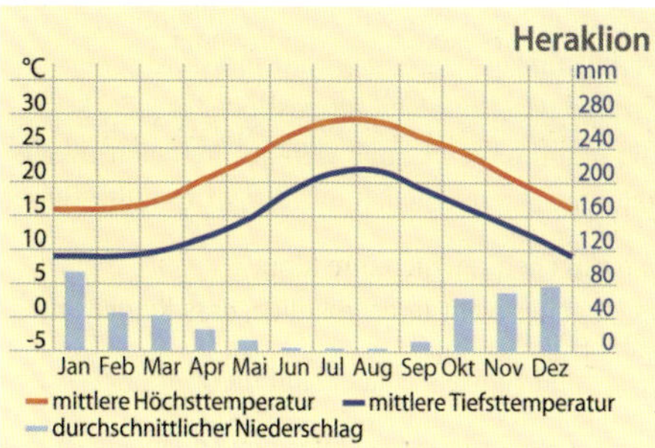

Oben: Die unbewohnte Insel Chrisí verzaubert mit traumhaften Stränden.
Mitte: Auf Kreta gedeihen viele Pflanzen, die eigentlich in Afrika oder Südamerika zuhause sind, z.B. Malven.
Unten: Kreta ist mit seinen vielfältigen Bergregionen ideal zum Wandern oder Radfahren.

Oben: Freizeitangebot für die Gäste: In Vámos finden in den Ruinen der alten Mühle Kochkurse statt.
Mitte: Auf den Spuren der Minoer in Festós.
Unten: Kreter lieben ihre Gewohnheiten und lösen sich nur ungern davon.

Öffnungszeiten

Die Öffnungszeiten von Ausgrabungsstätten und Museen variieren stark. Einheitlich ist nur, dass die meisten staatlichen Einrichtungen montags geschlossen haben. Die Kernöffnungszeiten sind in der Regel von 8.30–15 Uhr, im Sommer ist oft länger geöffnet, teilweise bis 19 oder 20 Uhr. In Klöstern wird viel Wert auf die Mittagsruhe gelegt – sie sollte man vor 13 oder nach 17 Uhr besuchen. Die Supermärkte sind in den Städten Mo–Fr von 8–22 Uhr geöffnet, Sa oft nur bis 16 Uhr. In großen Urlaubsorten haben viele Supermärkte täglich von 8–22 Uhr und länger geöffnet. Auch Souvenirläden sind täglich von 10–23 Uhr geöffnet. Geschäfte für den Bedarf der Einheimischen haben von ca. 13.30–17 Uhr Mittagsruhe. Banken haben von 8–14 Uhr geöffnet, Fr nur bis 13.30 Uhr.

Post

Postkarten und Briefe brauchen innerhalb Europas zwei bis fünf Tage und kosten 75 Cent. Briefmarken gibt es in Geschäften mit Postkarten oder in den Postämtern (*tachidromío*), die in jeder großen Stadt und in den größeren Dörfern zu finden sind.

Rauchen

Rauchen ist auch in Griechenland in allen öffentlichen Gebäuden, Flughäfen und Verkehrsmitteln verboten. In Tavernen, Cafés und Diskotheken versucht der Staat das seit 2009 bestehende Rauchverbot umzusetzen und droht mit drastischen Strafen. Gastronomen interessiert das jedoch wenig und die Kreter noch weniger. In vielen Lokalitäten ersetzen lediglich mit Wasser gefüllte Gläser die Aschenbecher.

Sprache

Orts- und Hinweisschilder sind meist in griechischer und lateinischer Schrift abgefasst. Leider ist die Transkription nicht verbindlich, sodass es z.B. für Ortsnamen verschiedene Schreibweisen gibt, etwa »Chaniá« und »Haniá«. Beinahe jeder Kreter spricht Englisch. Doch freuen sich alle über Gäste, die zumindest einige Brocken Griechisch können.

Telefonieren

Vorwahl für Griechenland: 00 30, Deutschland: 00 49, Österreich: 00 43, Schweiz: 00 41. Griechische Festnetz- und Mobilnummern sind zehnstellig, Ortsvorwahlen gibt es nicht. Auslandstelefonate sind aus der Telefonzelle am günstigsten. Telefonkarten gibt es an jedem Kiosk, bei OTE-Büros (die nationale Telefongesellschaft) und in Supermärkten. Im Mobilfunknetz ist die Flächenabdeckung (bis auf die Bergregionen) ausgezeichnet. Um Roaming-Gebühren zu sparen, kann man sich mit Registrierung des Personalausweises eine griechische Prepaid-Karte (5 €) kaufen, z.B. von Vodafone, Cosmote oder Wind. Griechische Nummer auf die deutsche Mailbox sprechen und los geht's.

Trinkgeld

Trinkgeld gibt man für guten Service, egal ob im Restaurant, im Hotel oder Taxi. In Restaurants und Tavernen lässt man sich das Wechselgeld auszahlen und gibt dem Kellner erst anschließend das Trinkgeld. Häufig legt man es auch erst beim Verlassen des Lokals auf den Tisch.

Übernachten

Das Angebot reicht von Campingplätzen und Jugendherbergen über Studios (*domátia*) und Apartments (*garsoniéres, diamerísmata*) bis zu Pensionen und Luxushotels. In nahezu allen Küstenorten findet man Pensionen. In vielen Bergdörfern wurden alte Dorfhäuser in tolle Unterkünfte verwandelt. Die Hauptsaison ist dort im Winter. Die guten Mittelklassehotels und die Luxushotels aus den Reisekatalogen liegen vor allem an der Nordküste.

Oben: Der griechische Salat *choriátiki saláta* gehört zu jedem Essen .
Mitte: Die Tavernen auf dem Land tischen köstliche traditionelle Gerichte auf.
Unten: In vielen kleinen Urlaubsorten wie in Léndas ist der Massentourismus noch nicht angekommen.

Kleiner Sprachführer

ALPHABET

Groß	Klein	Umschrift
Α	α	a
Β	β	v, w
Γ	γ	g,i
Δ	δ	d (dh)
Ε	ε	e
Ζ	ζ	s,z
Η	η	i
Θ	θ	th
Ι	ι	i,j
Κ	κ	k
Λ	λ	l
Μ	μ	m
Ν	ν	n
Ξ	ξ	ks,x
Ο	ο	o
Π	π	p
Ρ	ρ	r
Σ	σ	s,ss
Τ	τ	t
Υ	υ	i,y
Φ	φ	f
Χ	χ	ch (h)
Ψ	ψ	ps
Ω	ω	o

ZAHLEN

1 éna
2 dío
3 tría
4 téssera
5 pénte
6 éxi
7 eftá
8 ochtó
9 ennéa
10 déka
11 éndeka
12 dódeka
20 íkosi
30 triánda
40 saránda
50 penínda
100 ekató
1000 chília

GRUNDWORTSCHATZ

ja/nein ne (sprich: nä)/óchi
vielleicht íssos
in Ordnung, okay endáxi
bitte parakaló
Bitte sehr! oríste
Danke (sehr) efcharistó (polí)
Entschuldigung signómi
Hilfe! voíthia!
gut/schlecht kaló/kakó
viel/wenig polí/lígo
groß/klein megálo/mikró
oben/unten (e)páno/káto
warm/kalt zestó/krío
ich egó
du esí
er/sie/es aftós–aftí–aftó

Begrüßung
Guten Morgen/guten Tag (bis etwa 13 Uhr) kaliméra
Guten Tag/guten Abend (ab etwa 13 Uhr) kalispéra
Gute Nacht kaliníchta
Hallo, tschüss (Du-/Sie-Form) Jiássou/Jiássas
Ich heiße ... Me léne ...
Wie geht es Dir/Ihnen? Ti kánis/Tí kánete?

Orientierung
Wo ist ...? pu íne ...?
Ich verstehe Sie (nicht) (dhen) sas katalawéno
Dorf chorió
Kirche eklissía
Platz platía
Straße odós
Uferstraße aktí
Stadt póli
Strand paralía
Hafen limáni

Transport
Haltestelle stássi
Bus leoforío
Fähre/Schiff férri-bot/karávi
Auto aftokínito

KULINARISCHES

Im Restaurant
Entschuldigen Sie bitte (Kellner)! Signómi!
Die Rechnung bitte! Ton logariasmó parakaló!
Guten Appetit! Kalí órexi!
Auf unser Wohl! (Prost!) Jiámmas!
Wo ist die Toilette, bitte? Pú íne i tualéta parakaló?
Was empfehlen Sie? Ti sistínete?

Ich möchte ... Thélo ...
Serviette chartopetséta
Wasser neró
Salz aláti
Pfeffer pipéri

Fleisch
Hackbällchen keftédes
Hühnchen kotópoulo
Kaninchen kounélli
Kotelett brizóla
Lammfleisch arní
Lammkoteletts paídákia
Leber sikóti
Rindfleisch moshári
Schweinefleisch chirinó
Schweinerippchen pansétta
Zicklein katsíki

Fisch und Meeresfrüchte
Dorade (Goldbrasse) tsipoúra
Krake chtapódi
Lachs solomós
Languste astakós
Muscheln mídja
Scampi garídes
Sepia (Tintenfisch) soupjés
Scholle/Seezunge glóssa
Thunfisch tónos
Tintenfischringe kalamarákia
Zahnbrasse fangrí

Gemüse und Obst
Apfel mílo
grüne Bohnen fassolákia
Honigmelone peppóni
Kartoffeln patátes
Okraschoten bámjes
Oliven eliés
Orange portokáli
Pommes tiganités patátes
Rote Bete pandsária
Wassermelone karpoúsi
Weintrauben staffília
Zucchini kolokíthia

Süßes
Walnusskuchen karidópitta
Apfelkuchen milópitta
Grießkuchen revaní

Spezialitäten
bekrí mezé Art Gulasch mit Kartoffeln (scharf)
biftéki mit Schafskäse gefüllte Frikadelle
briám Schmorgemüse in Tomatensoße
chochliús Schnecken mit Gewürzen oder Tomatensoße
choriátiki saláta griechischer Salat
dákos doppelt gebackenes Gerstenbrot mit Tomaten und dem Weichkäse mizíthra
dolmádes Weinblätter/Zucchiniblüten mit Reis-(Hackfleisch)-Füllung
gemistá gefüllte Tomaten oder Paprika
giouvétsi (juvétsi) Kalbfleisch mit Nudeln in Tomatensoße
kaltsoúnia Teigtaschen mit Spinat-, Mangold- oder Frischkäse-Füllung
kokkinistó Rindfleisch in Rotweinsauce
kolokithokeftédes Zucchinipuffer
kreatópita Blätterteigtasche mit Fleischfüllung
loukoumádes frittierte Hefeteigbällchen in Honig-Zimt-Soße
melindzanósaláta Auberginenpaste
moussaká Auberginen-Kartoffel-Auflauf
sfakianés pítes eine Art Crepe, gefüllt mit Frischkäse und Honig
soutzoukákia Hackfleischröllchen in Tomatensauce
souvláki Fleischspießchen (Schwein)
stifádo Fleisch mit Zwiebeln in Tomaten-Zimt-Soße
taramósaláta Fischrogen-Püree
tzatzíki (gesprochen: dzadzíki) Joghurt mit Gurken und Knoblauch

REGISTER

Sach- und Ortsregister

Personenregister

Produktmanagement: Annemarie Heinel, Joachim Hellmuth, Stephanie Iber
Lektorat: Petra Sparrer, Köln
Korrektorat: Anke Höhne, München
Layout: graphitecture book, Rosenheim
Bildauswahl: Joachim Hellmuth
Umschlaggestaltung: Fuchs-Design, Sabine Fuchs, München
Repro: Repro Ludwig, Zell am See
Kartografie: Kartographie Huber, Heike Block, München
Herstellung: Bettina Schippel
Printed in Slovenia by Korotan, Ljubljana

Alle Angaben dieses Werkes wurden vom Autor sorgfältig recherchiert und auf den aktuellen Stand gebracht sowie vom Verlag geprüft. Für die Richtigkeit der Angaben kann jedoch keine Haftung übernommen werden.
Für Hinweise und Anregungen sind wir jederzeit dankbar. Bitte richten Sie diese an:

Bruckmann Verlag
Postfach 40 02 09
80702 München
E-Mail: lektorat@verlagshaus.de

Bildnachweis:
Alle Bilder des Innenteils und des Umschlags stammen von Rainer Hackenberg, Köln, außer:

Picture Alliance, Frankfurt a.M.: S. 78 u. (Baumgart, F.)
Klio Verigou: S. 6 (Nr. 3 v.o.), 7 (Nr. 2 v.o.), 19 o., 125, 236 o., 238 M., 240 o., 240 u.

Umschlag:
Vorderseite:
Oben: Grüne Oliven aus Kreta (Picture Alliance/www.bildagentur-online.com).
Mitte links: Porträt einer jungen griechischen Frau.
Mitte rechts: Männer vor einem *kafenion* im Dorf Tzermiado auf der Lassíthi-Hochebene.
Unten: Bunte Fischerboote im Hafen von Elounda.

Rückseite:
Links: Der Lilienprinz in Knossós.
Rechts: Eine einsame Bucht mit Traumstrand bei Xerokambos.

Die Deutsche Nationalbibliothek verzeichnet diese Publikation in der Deutschen Nationalbibliografie; detaillierte bibliografische Daten sind im Internet über http://dnb.d-nb.de abrufbar.

ISBN 978-3-7654-5846-0